Moez Dridi
Verkaufen mit Körpersprache

Bibliografische Information der Deutschen Nationalbibliothek

Die Deutsche Nationalbibliothek verzeichnet diese Publikation in der Deutschen
Nationalbibliografie. Detaillierte bibliografische Daten sind im Internet über: http://dnb.d-nb.de abrufbar.

Dieses Buch ist auch als Onlinekurs unter
verkaufenmitkoerpersprache.de erhältlich.

Hinweis und Haftungsausschluss

Vorwort

Überlegen Sie einmal: Warum werden große Geschäfte selten am Telefon, sondern fast immer persönlich abgeschlossen? Weil unser Gehirn das Visuelle braucht – Worte und Stimme allein reichen nicht aus, um Vertrauen zu bilden. Hier wirken uralte Programme: Der Händedruck, die Körperhaltung, das Aufeinanderzugehen... diese subtilen Signale entscheiden, ob wir jemandem trauen oder nicht.

Genau diese Fähigkeit – Kunden nicht nur zu hören, sondern zu lesen – macht den Unterschied zwischen einem durchschnittlichen und einem herausragenden Verkäufer

Außergewöhnliche Verkaufserfolge verlangen außergewöhnliche Fähigkeiten. Dieses Buch gibt Ihnen genau das an die Hand: Ein erprobtes System, das sich in tausenden Verkaufsgesprächen bewährt hat. Keine Theorien – nur praktische Techniken, mit denen Sie lernen, was Kunden wirklich denken... bevor sie es aussprechen.

Und genau deshalb spielt Körpersprache eine so zentrale Rolle. Vielleicht wundern Sie sich, dass ich ihr eine so große Bedeutung beimesse – immerhin hört man darüber in den meisten Verkaufstrainings kaum ein Wort. Doch wer den entscheidenden Unterschied im Verkauf machen will, kommt an ihr nicht vorbei.

Ohne ein fundiertes Wissen über Körpersprache ist echter Erfolg kaum möglich. Sie ist eine Art „Geheimsprache" unter den Erfolgreichen – und alle wirklich guten Verkäufer kennen ihre Signale. Alle. Ohne Körpersprache geht es nicht. Mit Körpersprache ist alles möglich!

Sie zu beherrschen bedeutet, die naive Brille abzulegen und Menschen realistischer wahrzunehmen – nicht mehr zu idealisieren oder zu dämonisieren, sondern zu sehen, wie sie wirklich sind.

Stellen Sie sich vor, Sie könnten Körpersprache so lernen, dass Ihre Eindrücke überprüfbar wären – nicht nur intuitiv, sondern konkret im Gespräch erkennbar.

Ja, das klingt fast wie ein Menschheitstraum.

Denken Sie einmal darüber nach, was es für unsere Gesellschaft bedeuten würde, wenn wir wüssten, wann jemand lügt – wenn uns niemand mehr etwas vormachen könnte. Wenn wir das in der Welt verbreiten könnten, diese Idee, diesen Ansatz, was würde das ändern? Sehr viel!

Dieser Traum kann für Sie wahr werden.

Doch zurück in die Realität: Gerade heute haben Menschen den tiefen Wunsch, wirklich verstanden zu werden – nicht nur beraten.

Sie wollen, dass wir mit ihnen auf eine Weise sprechen, die ihnen entspricht.

Sie erwarten, dass wir die Sprache wählen, die sie wirklich verstehen – also eine Kommunikation, die sich an ihrem Stil orientiert.

Studien belegen: In rund 80 Prozent aller Verkaufsgespräche scheitern wir nicht am Produkt, nicht am Preis – sondern daran, die passende Kommunikationsebene zu verfehlen.

Kunden wollen nicht überredet werden. Sie wollen sich verstanden fühlen.

„Und doch erleben viele Verkäufer etwas ganz anderes:

„Und wieder nichts verkauft." – Wie oft wiederholt sich diese kleine Tragödie in Ihrem Berufsleben? Vielleicht nicht ganz so dramatisch wie bei mir damals. In meinen ersten 90 Tagen als High-End-Verkäufer habe ich keine einzige Stereoanlage verkauft.

Das Problem war nicht mein Fachwissen. Und bei den meisten Verkäufern ist es das auch nicht. Was ihnen fehlt, ist echte Transparenz – ein klares Bild vom Kunden im Gespräch. Denn die wahren Hürden liegen woanders: Subtile Kaufsignale sind kaum zu erkennen. Echtes Interesse – oder auch Desinteresse – ist schwer einzuschätzen. Die Chance, richtig zu reagieren und den Verkauf erfolgreich abzuschließen, sinkt gegen null.

Es mangelt nicht an guten Argumenten, nicht an Kundenorientierung, nicht an Fachkompetenz – doch all das macht nur einen kleinen Teil erfolgreicher Kommunikation aus.

Wäre es da nicht hilfreich zu wissen, was der Kunde wirklich denkt – und warum er am Ende nicht gekauft hat?

Stellen Sie sich vor, Sie könnten ab sofort einen Vorwand von einem Einwand unterscheiden, bevor er ausgesprochen wird, und Sie wüssten genau, wo Sie ansetzen müssen und was Ihren Kunden dazu veranlasst hat, bei der Konkurrenz zu kaufen, weil Sie die Signale nicht erkannt haben.

Wenn man Wissenschaftlern glaubt, die sich intensiv mit Körpersprache beschäftigen, dann findet Kommunikation zu 30 bis 35 Prozent auf verbaler Ebene statt – und zu 65 bis 70 Prozent über nonverbale Signale. Das heißt: Fast zwei Drittel dessen, was Sie sagen, ist inhaltlich irrelevant.

Was wäre, wenn Sie plötzlich mehr sehen würden als andere?

Wenn Sie Gesprächsmuster erkennen könnten, bevor sich ein Wort ändert? Wenn Sie nicht mehr nur reagieren, sondern führen würden – mit Klarheit, Empathie und dem Blick für das, was zwischen den Zeilen geschieht?

Genau das will dieses Buch Ihnen ermöglichen.

Nicht durch Theorie, sondern durch Praxis. Nicht durch Tricks, sondern durch ein tiefes Verständnis für das, was Menschen wirklich bewegt.

Ein Verkäufer erzählte mir, dass sich sein monatliches Einkommen in nur sieben Monaten von 2.200 auf 7.800 Euro erhöht hat. Eine Immobilienagentur konnte ihre Abschlüsse innerhalb eines Jahres um über 70 Prozent steigern – einfach, weil sie begonnen hat, dieses System konsequent umzusetzen.

Im Verkaufsgespräch spielen die Erwartungen des Kunden an Sie und an das Produkt eine zentrale Rolle. Enttäuschungen entstehen oft, wenn diese Erwartungen nicht richtig erkannt und entsprechend adressiert werden. Dann wird der Kunde nicht bei Ihnen kaufen – und er wird nicht wiederkommen. Warum ist es so wichtig, dass ein Verkäufer die Fähigkeit hat, seine Kunden zu lesen? Schätzen Sie mal, wie viele Kunden Sie nach dem Gespräch verlassen und nie wiederkommen. Zehn Prozent? Oder sogar weniger? Aus dem Beschwerdemanagement wissen wir, dass sich nur jeder fünfundzwanzigste Kunde meldet und sich beschwert. Bedenken Sie dabei: Es kostet Sie jedes Mal bares Geld, wenn ein potenzieller Kunde ohne Kauf geht. Ihre Fixkosten laufen weiter, und Ihre Zeit ist ebenfalls wertvoll.

Eine gute Analogie finden wir in der durchschnittlichen Abschlussquote. Wenn Sie wüssten, warum Ihre „Nicht"-Kunden nicht bei Ihnen kaufen, würden Sie das Verhalten entsprechend anpassen und strategischer vorgehen, oder? Das Problem ist oft, dass sehr wenig zu uns durchdringt – salopp gesagt: Wir bekommen schlichtweg zu wenig mit!

Die meisten Kunden sagen Ihnen nicht, warum sie bei Ihnen nicht kaufen und gehen einfach. Oder die wenigen, die es tun, verraten meist nicht ihre wahren Gründe. Aus Höflichkeit oder Angst nennen sie Ihnen einen oberflächlichen Grund, um Ihr Angebot abzulehnen. Oft gibt der Kunde sogar mehrere falsche Gründe an, weshalb er sich gegen Ihr Produkt entscheidet. Doch genau das ist ein gutes Zeichen: Es zeigt, dass er sich emotional mit Ihrem Angebot beschäftigt hat. Und das wiederum deutet auf echtes Kaufinteresse hin, was für Sie eine echte Umsatzchance bedeutet. Wenn es Ihnen gelingt, schon im direkten Kontakt herauszufinden, was wirklich hinter dem Verhalten Ihres Kunden steckt, wäre das eine riesige Chance – sowohl für Ihr Unternehmen als auch für Sie persönlich.

Was, wenn ich Ihnen sagen würde, dass Sie direkt sehen könnten, was mit Ihrem Kunden gerade passiert – was er denkt und wie er sich fühlt? Wäre es nicht eine unglaubliche Gelegenheit, direkt einzugreifen und den Kunden dort abzuholen, wo er steht? Genau hier möchte ich einen Schritt weitergehen: Sie könnten erkennen, was Ihr Kunde nicht ausdrücken kann – also die Wünsche und Bedürfnisse, die er spürt, aber nicht in Worte fassen kann. Noch einen Schritt weiter: Sie könnten Dinge erkennen, von denen er selbst noch nicht wusste, dass er sie braucht – Bedürfnisse, die ihm noch nicht bewusst sind. Und vor allem: Sie könnten diese Wünsche und Bedürfnisse so klar und präzise formulieren, besser als er es selbst könnte, und ihm so helfen, sie überhaupt zu erkennen. Sie könnten auf seine Bedürfnisse eingehen und seine Probleme lösen. Zumindest würden Sie genau wissen, warum er Sie ohne Kauf verlässt. Eines ist sicher: Der Kunde wird Ihnen seine wahren Bedenken nicht direkt mitteilen. Oft verbirgt er seine wirklichen Gedanken, sei es aus Unsicherheit oder aus Höflichkeit. Doch das bietet Ihnen zwei große Chancen: Erstens die Möglichkeit, einen unzufriedenen oder unentschlossenen Kunden zu erkennen und ihn in einen begeisterten Käufer zu verwandeln.

Zweitens: Sie haben quasi eine kostenlose Unternehmensberatung. Sie werden feststellen, dass diese Art des Verkaufens Sie in ganz andere Sphären führen wird. Ein System wird Ihnen aufgezeigt, mit dem Sie sehr einfach arbeiten können und das Ihnen hilft, Ihre Fähigkeiten im Verkaufsgespräch deutlich zu verbessern. Sie erhalten eine Methode, mit der Sie Ihre Abschlussquote schnell und effizient steigern können. Und noch besser: Sie erfahren, wie Sie herausfinden können, ob Ihr Kunde bereit ist zu kaufen, ohne direkt danach zu fragen. Diese nonverbale Technik werde ich Ihnen in diesem Buch beibringen.

Ich wünsche Ihnen viel Erfolg und Freude bei der Entdeckung neuer Möglichkeiten.

Herzlichst Ihr
Moez Dridi

Einführung

Wenn es stimmt, dass unsere Fähigkeit zu kommunizieren über Erfolg oder Misserfolg entscheidet, dann liegt in diesem Wissen ein enormer Schlüssel. Es ist nicht notwendig, an zahllosen Stellschrauben zu drehen – wer Kommunikation wirklich versteht, wird seine Abschlüsse schneller und nachhaltiger erzielen.

Die Körpersprache ist dabei die Königsdisziplin. Denn den Menschen vor uns – mit all seinen Stimmungen, inneren Widersprüchen und den Masken, die wir alle tragen – wirklich zu durchschauen, ist ein echter Durchbruch. Wer nonverbale Signale erkennen und deuten kann, betritt eine tiefere Ebene der Kommunikation.

Alles beginnt mit dem Erkennen solcher Signale. Signale sind Informationen – und Informationen sind die wertvollsten Gebrauchsgüter, die es gibt. Sie sind der Schlüssel, um ein Ziel zu erreichen. Doch entscheidend ist nicht nur, was wir erkennen, sondern wie wir mit diesen Informationen umgehen: Was bedeuten sie für mich – in diesem Moment, in Echtzeit? Wie kann ich sie nutzen, um mein Gegenüber wirklich zu verstehen?

Wenn das gelingt, entsteht ein Gespräch auf höchstem Niveau – weil wir nicht reagieren, was *gesagt* wird, sondern auf das, was tatsächlich *gebraucht* wird. Der Weg, den wir gemeinsam beschreiten werden, umfasst eine Reihe von Etappen, die sowohl theoretische Ausgangspunkte als auch – und vor allem – praktische Techniken und Anregungen bieten, die uns helfen werden, als Individuen, Unternehmer, Berater und Manager auf allen Ebenen des Marktes voranzukommen.

Die folgenden Kapitel sollen Ihnen helfen, genau das zu tun: Sie mit den Werkzeugen auszurüsten, hinter die Fassade zu blicken. Das gelingt, indem Sie lernen, Vertrauen aufzubauen und eine nonverbale Kommunikationsebene zu etablieren – sodass die Menschen in Ihrer Umgebung nach und nach die Fähigkeit zum Widerstand verlieren, ohne zu wissen, wie oder warum das passiert.

Noch etwas: Die Ideen und Strategien, die hier vorgestellt werden, wurden allesamt in konkreten Verkaufsgesprächen eingesetzt und erprobt. Sie haben sich im direkten Kontakt mit Kunden bewährt. Ziel ist es, Sie mit allen relevanten Aspekten der Körpersprache im Verkauf vertraut zu machen und zugleich – immer dann, wenn es nötig ist – einen Blick auf die psychologischen und physiologischen Hintergründe zu werfen.

Wenn Sie sich darauf einlassen, wird sich Ihr Blick auf Ihre Mitmenschen radikal verändern – und damit auch Ihre Art und Weise, mit ihnen umzugehen.

Jahrelang war ich selbst auf der Suche nach einem praktischen, brauchbaren Ratgeber über Körpersprache, den ich gezielt im Verkauf einsetzen konnte. Da kein solcher Leitfaden existierte, habe ich beschlossen, ihn selbst zu entwickeln. Mit den hier vorgestellten Konzepten liegt nun eine völlig neue Herangehensweise vor, um Ihre Verkaufstechnik und Ihr Verkaufsverhalten weiterzuentwickeln.

Es handelt sich hierbei nicht um einen Deutungskatalog, sondern um eine Sammlung der bedeutendsten Gesetze und Grundmuster der Körpersprache – vor allem im Hinblick auf deren Anwendung im Verkauf.

Der erste Teil dieses Buches führt Sie direkt in zwei zentrale nonverbale Systeme ein: das Verifizierungssystem und das Navigationssystem. Wer Körpersprache im Verkauf wirklich verstehen und nutzen will, muss diese Mechanismen kennen – sie sind der Schlüssel, um das Verhalten Ihrer Kunden richtig zu deuten und in Echtzeit darauf zu reagieren. Sie lernen praxisnahe Strategien kennen, mit denen Sie Körpersprache gezielt im Berufsalltag einsetzen können. Dieses Verständnis schärft nicht nur Ihre Wahrnehmung, sondern legt den Grundstein für mehr Souveränität, Wirkung – und langfristigen Erfolg.

Im zweiten Teil finden Sie 120 einschlägige Fallbeispiele aus dem Verkauf. Diese Beispiele behandeln die vielfältigen nonverbalen Signale und deren praktischen Auswirkungen. Sie lernen sowohl positive als auch negative Signale zu erkennen und zu nutzen, um gezielt durch den Verkaufsgesprächsprozess zu navigieren. Viele Gesichtsausdrücke werden oft falsch wahrgenommen oder gar nicht beachtet. Das bedeutet, es gibt zahlreiche Signale, die Sie möglicherweise nicht erkennen und die zu einem Nichtkauf führen können.

Ich habe diese nonverbalen Signale systematisch von Kopf bis Fuß sortiert und in drei Bereiche unterteilt: Mimik, Hände und Füße. Diese 120 strategischen Manöver zeigen Ihnen, wie Sie Kunden triggern, Widerstände abbauen, Ihre eigenen Aktionen verstärken und den Abschluss finalisieren können. Zu jedem Fallbeispiel erläutere ich detailliert, welche Gesten Verkäufer in ihren Gesprächen häufig sehen und was diese bedeuten. Sie lernen, was hinter den Gesten steckt und können sofort erkennen, welche Reaktionen erforderlich sind.

So verstehen Sie nicht nur die Bedeutung der Körpersprache Ihres Gegenübers, sondern lernen auch, wie Sie mit Ihrer eigenen Körpersprache darauf reagieren können.

Als eine Art Brücke zwischen den beiden Teilen dient ein dritter Abschnitt, der sich allgemein mit den Verkaufsprozessen und der individuellen Einbindung der Körpersprache beschäftigt. Er gibt Ihnen die Möglichkeit, die eigene Körpersprache gezielt für das Verkaufen zu nutzen. Sie lernen, Ihre eigenen Stärken zu entschlüsseln und zu verstehen, wie Sie sich authentisch und souverän im Gespräch präsentieren, um großartige Abschlüsse zu erzielen.

Welchen Nutzen können Sie daraus ziehen? Ganz einfach: Es geht um ein großes Wort: Menschenkenntnis. Je detaillierter Sie beobachten, desto besser wird Ihre Wahrnehmung. Je besser Ihre Wahrnehmung, desto genauer Ihre Menschenkenntnis. Und je besser Ihre Menschenkenntnis, desto erfolgreicher Ihre Beziehungen zu anderen – nicht nur im Verkauf, sondern auch in allen anderen Lebensbereichen.

Eine gute Menschenkenntnis verbessert Ihre Sympathiewerte beim Kunden, und bessere Sympathiewerte führen zu einer besseren Beziehung. Und eine bessere Beziehung ist der Schlüssel zu beruflichem Erfolg. Wir urteilen viel häufiger nach subjektiven Kriterien wie Sympathie und Antipathie als nach objektiven moralischen Maßstäben. Die Körpersprache spielt auch in der Führung eine entscheidende Rolle. Im Geschäftsleben geht es immer um Menschen. Wenn Sie ein guter Menschenkenner sind, wissen Sie, was Ihre Mitmenschen motiviert, wie Sie sie inspirieren und welche Anreize Sie setzen müssen, um ihre Potenziale zu entfalten.

Key-Performance-Indikatoren sind zwar wichtige Ziele, aber um diese Ziele zu erreichen, braucht es vor allem Menschen. Sie, als der Entscheider, der mit den richtigen Impulsen und einem feinen Gespür für die Körpersprache der anderen agiert, sind die Grundlage für den Erfolg. Doch genau hier beginnt die eigentliche Herausforderung. Denn selbst die beste Intuition und das feinste Gespür nützen wenig, wenn sich die Spielregeln des Marktes grundlegend verändern.

Die Art zu verkaufen befindet sich im Umbruch – und wer bestehen will, muss diesen Wandel verstehen.

Verkaufen im digitalen Zeitalter – die neue Herausforderung

Verkaufen ist heute eine der größten Herausforderungen, die Unternehmen im digitalen Zeitalter zu bewältigen haben. In vielen Organisationen wird der Verkaufsabschluss zunehmend zu einem Problem. Die fehlenden Abschlüsse führen zu Enttäuschung und Resignation, was sich nicht nur negativ auf die Moral der Verkäufer auswirkt, sondern auch langfristig erhebliche finanzielle Schäden verursachen kann. Besonders im hochpreisigen Segment sind Verkäufer stärker von diesen Problemen betroffen, da hier die Anforderungen und Erwartungen der Kunden deutlich höher sind. Verkäufer in diesem Bereich müssen nicht nur die Grundlagen des Kundenverständnisses beherrschen, sondern auch spezialisierte Verkaufstechniken anwenden – ganz im Gegensatz zu Verkäufern, die mit alltäglichen Produkten und Dienstleistungen arbeiten.

Im High-End-Sektor entscheiden oft nur wenige, aber finanzstarke Kunden über den Erfolg eines Unternehmens. Hier liegen Sieg und Niederlage eng beieinander. Während im Niedrigpreissektor eine hohe Kundenfrequenz geringere Abschlusszahlen ausgleichen kann, erfordert der High-End-Markt eine tiefere Reflexion über neue Verkaufsstrategien und -techniken. Denn trotz der Exklusivität von Premium-Produkten sind diese immer ähnlicher geworden, und die Märkte sind durch das Internet transparenter denn je. Der Verkaufsprozess hat sich verändert. Heutzutage reicht es nicht mehr aus, sich nur auf die Qualität und den Preis eines Produkts zu verlassen, um sich von der Konkurrenz abzuheben. Der entscheidende Vorteil für einen Top-Verkäufer liegt heute in der Fähigkeit, intensiv und wirkungsvoll zu kommunizieren – und dabei den wahrgenommenen Zusatznutzen eines Produkts sichtbar zu machen.

Denn genau dieser wahrgenommene Wert ist zur Leitgröße modernen Verkaufens geworden. Er beschreibt den Nutzen, den ein Kunde einem Angebot subjektiv zuschreibt – unabhängig davon, wie innovativ oder technisch ausgefeilt es tatsächlich ist. Wer im Premiumsegment erfolgreich verkaufen will, muss lernen, diesen Wert gezielt zu beeinflussen. Nicht durch künstliche Inszenierung, sondern indem man die eigene Kompetenz, Persönlichkeit und den tatsächlichen Mehrwert des Angebots so klar und glaubwürdig vermittelt, dass sie beim Kunden nachhaltig verankert werden. In einer globalisierten und hochkompetitiven Welt, in der Produkte vergleichbar und Märkte jederzeit zugänglich sind, entscheidet nicht das Produkt allein – sondern das Bild, das der Kunde davon hat.

Gerade weil Kunden heute jederzeit Zugriff auf vergleichbare Produkte und Informationen haben, rückt der Mensch im Verkaufsprozess stärker in den Mittelpunkt. Wer verkaufen will, muss mehr bieten als reine Fachkompetenz: Entscheidend sind heute auch soziale und emotionale Intelligenz. In einer Welt, die von Individualisten geprägt ist, werden Empathie und Einfühlungsvermögen zu unverzichtbaren Fähigkeiten. Diese sozialen Kompetenzen sind genau jene Faktoren, die den wahrgenommenen Wert prägen – der Wert, den ein Kunde einem Angebot subjektiv zuschreibt.

Verkäufer müssen sich daher der größten Herausforderung der modernen Welt stellen – der Kommunikation mit Menschen. Das Verständnis für soziale Interaktionen, Körpersprache und die Fähigkeit, nonverbale Signale zu deuten, sind heute wichtiger als je zuvor in der Geschichte der Menschheit. Soziale Intelligenz ist eine der anspruchsvollsten Formen der Intelligenz und spielt heute im Verkauf eine Schlüsselrolle. Verkäufer, die sich nur auf veraltete Verkaufstechniken stützen, werden in der modernen Welt keine Chance haben.

In einer Welt des Überflusses, in der Informationen jederzeit und überall verfügbar sind, wird nicht nur das Produkt, sondern auch der Mensch dahinter bewertet. Es zählt, wie man gesehen wird, welchen Eindruck man hinterlässt – und welchen Nutzen man glaubwürdig vermittelt. Wer im High-End-Verkauf erfolgreich sein will, muss daher mehr bieten als nur funktionale Argumente. Es geht darum, ein stimmiges Gesamtbild zu erzeugen, das den wahrgenommenen Wert stärkt. Verkäufer, die es schaffen, Vertrauen aufzubauen, Relevanz zu zeigen und zwischenmenschlich zu überzeugen, haben im High-End-Verkauf einen echten Wettbewerbsvorteil.

Teil I

Die nonverbalen Systeme: Der Hebelpunkt in Ihrer Karriere

Ist es nicht erstaunlich? In der Schule lernen wir Schreiben und Lesen, Rechnen und Fremdsprachen – aber die bedeutendste aller Kommunikationsformen, die Körpersprache, bleibt außen vor. Dabei ist sie die ursprünglichste und zugleich kraftvollste Sprache, die wir besitzen.

Nun werde ich Sie in die Welt der Körpersprache im Verkauf führen und beschreiben, wie Sie die Signale im Verkaufsgespräch lesen und deuten. Ich werde Ihnen zeigen, wie Sie sich die Prozesse und Wirkungen bewusstmachen können, die bisher eher intuitiv abliefen. Und ich werde Ihnen zeigen, wie Sie Ihre Körpersprache und Ihre Signale in Verkaufsgesprächen gezielt einsetzen können und den Vorteil in Anspruch nehmen, der darin liegt, dass Sie vorhersagen können, was als nächstes passieren wird. Wie Sie herausfinden können, ob Ihr Kunde bereit ist zu kaufen, ohne zu fragen, ist ein nonverbales System, das ich Ihnen beibringen möchte. Es ist wichtig zu verstehen, welche Verkaufsentscheidungen daraus abgeleitet werden können. Zudem zeige ich Ihnen, wie man unterschiedliche Kunden ansprechen und gleichzeitig mehrere Kunden bedienen kann. Wichtig ist nur: Sie dürfen sie nicht auf die gleiche Weise ansprechen, denn: kein Kunde ist gleich! Im Folgenden werden wir all das genauer betrachten.

Jeder von uns braucht eine bestimmte Art von Verkaufsgespräch, denn Kunden wollen nicht nur von einem Produkt überzeugt werden, sondern sie reagieren auch genau auf die Art von Gespräch, das ihnen entspricht. Sie wollen, dass wir so zu ihnen reden, wie es ihnen gefällt. Sie wollen, dass wir die Gesprächsform wählen, die sie verstehen. Also das Gespräch, das zu dem Kunden passt. Kunden sind unterschiedlich. Deshalb können wir nicht mit allen gleich reden. Klingt doch logisch, oder? Dennoch werden Sie feststellen, dass über 99 Prozent aller Verkäufer, wenn sie eine Idee oder ein Produkt verkaufen wollen, bei jedem Kunden die gleiche Vorgehensweise wählen.

Alle Kunden im Verkaufsgespräch werden hier anhand von zwei Modellen analysiert. Danach können Sie sie ganz leicht einordnen. Jeder Kunde ist danach sofort zu erkennen. Nach kurzer Zeit werden Muster einfach offensichtlich. Wenn ich Ihnen das einmal erklärt habe, werden Sie das nie wieder vergessen. Mit dem Erkennen von Interesse oder Desinteresse anhand der Körpersprache können Sie ein ganz anderes Gespräch führen. Mit dem Einsetzen dieses einfachen Systems im Verkaufsprozess ist es vielen erfolgreichen Verkäufern gelungen, einen Volltreffer zu landen, indem sie ein schnelles Verständnis für ihre Kunden bekamen, um folglich ihre Abschlüsse zu verdreifachen. Sobald Sie dieses analytische Vorgehen verinnerlicht haben, werden Sie auch seltener ein moralisches Urteil über andere fällen; stattdessen werden Sie die Kunden und ihre Fehler als Teil der menschlichen Natur akzeptieren. Ihre Kunden werden ihrerseits Ihre tolerante Einstellung unbewusst registrieren und Sie automatisch sympathischer finden. Welchen Ablauf hat dieses System? Wie genau geht man vor, um so ein fulminantes Ergebnis zu erzielen?

Dieses System besteht aus zwei Bausteinen:

Das Verifizierungssystem

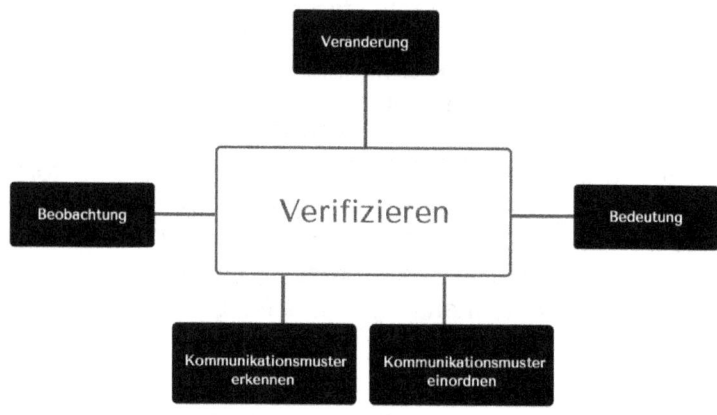

Das Navigationssystem

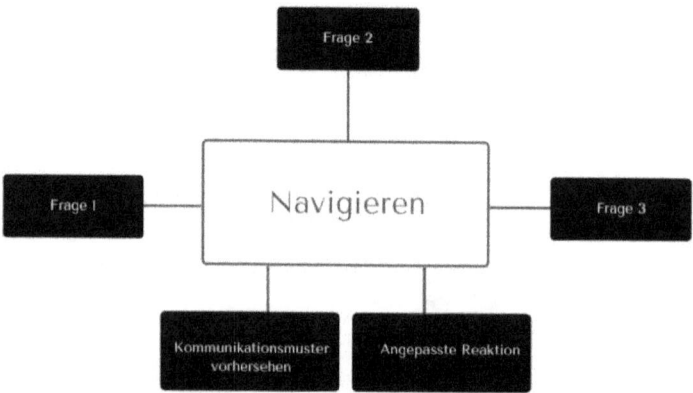

Durch das Verständnis dieser Bausteine wird Ihre Verkaufsarbeit beim Kunden viel erfolgreicher sein und vor allem sind sie sehr einfach umzusetzen. Alle Interessens- oder Desinteressenssignale der Kunden, die wir lesen, können aus zwei Gründen erfolgen. Wenn Sie dem Kunden als Verkäufer auf einer persönlichen Ebene begegnen, haben Sie große Chancen, dass Sie sympathischer wirken. Strahlen Sie zudem auch noch Kompetenz und Vertrauen aus, werden Sie bei dem Kunden jene körpersprachlichen Signale feststellen, die für Interesse stehen. Ein gegenteiliges Verhalten Ihrerseits wird demnach auch eine gegenteilige Reaktion des Kunden nach sich ziehen. Wenn Sie unsympathisch und inkompetent auftreten, wird der Kunde Ihnen auf körpersprachlicher Ebene entsprechend Desinteresse signalisieren.

Auf der anderen Seite: ist Ihr Produkt sehr interessant und Sie als Person oder Verkäufer spielen eine untergeordnete Rolle bei der Betrachtung des Objekts der Begierde, so werden die gleichen Signale zum Vorschein treten. In den meisten Fällen funktioniert dies im Sinne eines Zusammenspiels. Die Qualität des Verkäufers spielt jedoch immer eine größere Rolle, da die Kunden fast immer die Qualität des Verkäufers mit der des Produktes assoziieren. Die Krönung bei diesem Spiel ist unsere Reaktion darauf. Was machen wir mit diesen Informationen und wie können wir sie gewinnbringend für uns nutzen, denn es wird dem Kunden unmöglich sein, nicht körpersprachlich mit Ihnen zu kommunizieren. Schon vor der Begrüßung entsteht der Ausdruck durch Veränderung. Das heißt, bevor Sie in die körpersprachlichen Bewertungen des Kunden gehen, müssen Sie genau wissen, wie er tickt. Besser gesagt muss das, was wir machen und sagen, im Kontext zur Situation passen, in der Sie sich gerade befinden. Die Beziehung zwischen Situation, verbalem Inhalt und Bewegung ist entscheidend. Es ist wichtig, den Vorgang als Ganzes zu sehen und nicht bloß die einzelne Bewegung. Sie können Körpersprache nur im Kontext der gesamten Situation interpretieren. Mehrere Gedanken können mit der gleichen Bewegung repräsentiert werden. Das hat mit unserem Bewegungsvokabular zu tun, wie wir bereits gelernt haben. Das Gedankenspektrum ist viel größer als das Spektrum der Bewegung. Verschiedene Bewegungen von unterschiedlichen Körperbereichen lassen sich miteinander kombinieren. Deshalb ist der Kontext beim Lesen der Körpersprache eminent wichtig. Wer den Arm über den Kopf hebt, kann verschiedenes damit zum Ausdruck bringen wollen: vielleicht ist es eine Begrüßungs- (oder Abschieds-) Geste, vielleicht aber auch eine Drohgebärde oder der Ausdruck überschwänglicher Freude – je nach Kontext.

Machen Sie auch niemals den Fehler und versuchen, einzelne Bewegungen isoliert zu betrachten. Sie müssen immer den ganzen Körper als Gesamtprojektionsfläche in Betracht ziehen. Ein Gesichtsausdruck kann unmöglich der einzige Hinweis bei der Gefühlswahrnehmung sein, denn emotionale Signale verraten uns an sich nichts über ihren Ursprung. Wir können seine Bedeutung jedoch aus unserem Wissen über den unmittelbaren Zusammenhang herleiten.

Es gibt verschiedenartige emotionale Hinweisreize. Eine wichtige Informationsquelle sind dabei die nonverbalen Hinweise, die von bestimmten Körperteilen oder der gesamten Körperhaltung ausgesendet werden. Wer beispielsweise die Hände ringt, den Kopf hängen lässt, oder die Arme vor der Brust verschränkt, erzählt uns genauso viel über seine Gefühle wie sein Gesichtsausdruck verrät. Und dann spielt natürlich auch die Stimme eine große Rolle, wie dies in Hörspielen etwa besonders deutlich wird. Ob ängstlich, schrill, zitternd oder schluchzend – wahrscheinlich gibt es keinen deutlicheren Hinweis auf den emotionalen Zustand eines Menschen als durch seine Stimme. Selbst wenn das Gesicht nicht zu erkennen ist und man die Stimme nicht hören kann, ist es doch möglich, den emotionalen Zustand einer Person zu erraten – anhand ihrer Verhaltensweise. Wenn wir zum Beispiel aus großer Entfernung sehen, wie ein Kind vor einem großen Hund davonläuft, nehmen wir automatisch an, dass das Kind Angst hat, auch wenn wir seinen Gesichtsausdruck nicht erkennen und sein Schreien nicht hören können. Also nutzen wir unterschiedlichste Informationsquellen, aus denen wir auf den Gemütszustand eines Kunden schließen können, nicht nur den Gesichtsausdruck. Die Körpersprache und bestimmte charakteristische Verhaltensweisen erlauben entsprechende Rückschlüsse. Unsere Wahrnehmung wird dabei in dem Maße genauer, in dem wir neben dem Gesichtsausdruck noch möglichst viele andere Hinweisreize erhalten. Tatsache ist, dass wir aus so vielen verschiedenen emotionalen Kanälen Informationen bekommen, dass wir uns schließlich auch im alltäglichen Leben selten täuschen: gewöhnlich nehmen wir nämlich nicht nur den Gesichtsausdruck des anderen wahr, sondern hören ihn gleichzeitig auch und registrieren die zum Ausdruck kommenden Botschaften in seiner Gestik. Und das alles gleichzeitig.

Vermeiden Sie zu Beginn den üblichen Fehler, schon nach dem ersten Eindruck ein Urteil zu fällen. Manchmal können solche Eindrücke sehr aufschlussreich sein, meistens sind sie jedoch irreführend. Das hat verschiedene Gründe. Bei einem ersten Treffen sind

Sie selbst meist nervös, verschlossen und nach innen gerichtet. Sie können dem Gegenüber nicht die notwendige Achtsamkeit schenken. Außerdem haben die meisten Menschen, denen Sie begegnen, sich ein gewisses Auftreten antrainiert. Sie besitzen eine nicht-authentische Persönlichkeit, die sie für die Öffentlichkeit nutzen, um sich zu schützen. Diese Maske werden Sie nach dieser Lektüre hoffentlich wahrnehmen und entsprechend bewerten. Ich hatte am Anfang Kunden, die ich für besonders einflussreich und entscheidungsfreudig hielt, was sie aber nicht waren, weil sie ihre Ängste kaschierten und sehr viel weniger Entscheidungsmacht besaßen, als sie vermitteln wollten. Der Eindruck, den Sie von Kunden gewinnen, muss nach und nach in einem Prozess entstehen. Das Ergebnis ist ein viel realistischeres Bild vom Charakter des Kunden als ein erster Eindruck jemals vermitteln könnte. Geben Sie also nicht der natürlichen Versuchung nach, sofort zu urteilen, sondern warten Sie ab, bis alle Schritte vollzogen sind. Im Laufe der nächsten Begegnungen werden Sie das Wesen eines Kunden immer besser und schneller begreifen, und es wird sich immer klarer abzeichnen, wer diese Person in Wirklichkeit ist.

Die Verifizierung – Entschlüsselung der Kunden

»Wer Augen hat zu sehen und Ohren zu hören, überzeugt sich, dass die Sterblichen kein Geheimnis verbergen können. Wessen Lippen schweigen, der schwätzt mit den Fingerspitzen. Aus allen Poren dringt ihm der Verrat.«

Sigmund Freud

Das Verifizierungssystem erfolgt in drei Schritten

1. Gründliche Beobachtung – Die Spionagestrategie

Schauen Sie Ihren Kunden genau an und seien Sie diskret dabei. Bevor Sie anfangen, seine Gesten zu interpretieren, müssen Sie sich anschauen, wie sich Ihr Gegenüber gibt. So können Sie seine Referenz-Körpersprache ausmachen. Das heißt, Sie finden heraus, welche Körpersprache und Körperhaltung Ihr Kunde in einem neutralen Zustand hat. Schauen Sie, wie sich Ihr Kunde verhält und wie er sich gibt, wenn er sich unbeobachtet fühlt. Achten Sie auf alles, die gesamte Körperhaltung, die Mimik, die Arme, die Hände, die Finger, die Beine, die Stellung der Füße und die Distanz. Ist er Ihnen zu- oder abgewandt? Wenn sich jemand sowieso immer am Nacken kratzt, ist das die Referenzhaltung und als bewusste Geste irrelevant. Relevant ist jede Abweichung von der Referenzhaltung. Es könnte auch sein, dass der Kunde Schmerzen hat oder er erinnert sich an eine Situation, die mit der gegenwärtigen Situation nichts zu tun hat. Darum dürfen Sie Veränderungen dieser Art nicht überbewerten und nur mit Vorsicht genießen. Veränderungen beim Atmen oder Schwitzen, zunehmendes Schlucken und ein sehr trockener Mund sind Anzeichen für intensive Emotionen.

Durch die Beobachtung einer Person über einen längeren Zeitraum etablieren Sie den Ausdruck und die Stimmung, Eigenschaften, die für Sie nun die Referenz sind. Manche Menschen sind von Natur aus ruhig und reserviert, und ihre Mimik offenbart das. Einige sind lebhaft und energiegeladen, während wieder andere dazu neigen, sich nervös umzuschauen. Wenn Sie wissen, wie sich jemand normalerweise verhält, können Sie größere Aufmerksamkeit auf eventuelle Abweichungen richten, zum Beispiel wenn jemand, der normalerweise reserviert ist, plötzlich lebhaft wird, oder wenn jemand, der tendenziell ein nervöser Typ ist, einen entspannten Gesichtsausdruck aufsetzt. Sobald Sie diese Baseline einer Person kennen, wird es für Sie viel leichter sein zu beurteilen, ob sie sich unwohl fühlt oder verstellt. In Bezug auf den etablierten Referenzausdruck sollten Sie versuchen, dieselbe Person in verschiedenen Umgebungen zu beobachten und zu prüfen, inwieweit sich die nonverbalen Signale ändern, wenn sie beispielsweise mit ihrem Ehepartner, Vorgesetzten oder Angestellten spricht.

Normatives Zuhören – Der Passivmodus

Vorausgesetzt, Sie wollen diese Technik perfektionieren, dann brauchen Sie eine hohe Zuhörkompetenz. Ich zweifle nicht an Ihrer Beobachtungsgabe, jedoch möchte ich anmerken, dass Sie, wenn Sie Ihren Kunden mit solch einer Kompetenz begegnen, darauf vertrauen können, dass Sie etwas komplett Neues und Unerwartetes sehen werden, vielleicht sogar eine Erfahrung, die schwer in Worte zu fassen ist, nur durch richtiges Zuhören. Wir sind alle mit einem erstaunlichen Hilfsmittel ausgestattet, um eine Beziehung zu anderen einzugehen, um eine nachhaltige Verbindung zu erlangen. Ich rede vom normativen Zuhören. Wenn es kultiviert und richtig eingesetzt wird, gewährt es uns Einblicke in die geistige und emotionale Verfassung unserer Kunden, wodurch wir im Grunde erst die Fähigkeit erhalten, ihre Handlungen vorherzusehen und ihren Widerstand zu brechen. Sanft zu brechen. Dieses Werkzeug wird jedoch häufig durch unsere gewohnheitsmäßige Selbstbezogenheit gedämpft. Das ist schade, denn wer sehr gut zuhören kann, beweist oft auch ein großes Redetalent und kann andere Menschen leichter von seiner Meinung überzeugen.

Die fünf Ebenen des Zuhörens

1. Keine Beachtung
2. Selektive Ignoranz
3. Inhaltliches Zuhören
4. Aufmerksames Zuhören
5. Normatives Zuhören

Kennen Sie mein wichtigstes Unterscheidungsmerkmal zwischen einem Profi und einem schlechten Verkäufer? Der schlechte Verkäufer beschäftigt sich mehr mit sich selbst, der Profi ist ein exzellenter Zuhörer. Viele Verkäufer treten immer noch dogmatisch und manipulativ auf. Sie sind geschult darin, ihren Kunden den Eindruck zu vermitteln, als hörten sie ihnen genau zu, tatsächlich warten sie aber nur darauf, wieder das Wort zu ergreifen. Ihre Leidenschaft zu überzeugen, zu überreden oder sogar zu finalisieren wird zum Zweck, der jedes Mittel rechtfertigt. Die meisten Menschen halten sich für gute Zuhörer, aber nur die Wenigsten sind es wirklich. Achten Sie mal darauf, wie viele Ihrer Freunde und Verwandten hören Ihnen wirklich zu? Niemand hat es uns jemals beigebracht. Wir haben nur das Sprechen gelernt, doch das Zuhören ist es, das uns mit anderen wirklich verbindet. Ein guter Zuhörer wird immer mehr geschätzt als ein guter Redner, weil diese Fähigkeit seltener ist als jede andere positive Eigenschaft. Wenn jemand zu uns spricht, hören wir normalerweise auf einer von mehreren Ebenen zu. Es fängt beim niedrigsten Niveau an, indem wir den anderen ignorieren, ihm gar nicht wirklich zuhören. Oder wir können so tun, als ob wir zuhören, während wir mit etwas anderem beschäftigt sind. Wir können auch partiell zuhören, also nur bestimmte Teile des Gesprächs mitbekommen. Manchmal hören wir unserem Gesprächspartner auch richtig zu und können inhaltlich das wiedergeben, was er gesagt hat. Ergo, Sie können den Inhalt mit eigenen Worten neu formulieren. Fortgeschrittene üben aufmerksames Zuhören aus, indem sie auf den genauen

Wortlaut dessen achten, was gesagt wird, und es jederzeit abrufen können, aber das Ganze bleibt auf die verbale Ebene beschränkt. Und dann gibt es das normative Zuhören, das die höchste Ebene des Zuhörens darstellt. Jene Ebene, die wir von Natur aus eigentlich haben, die aber nur von ganz wenigen von uns aktiv genutzt wird.

Wie schon gesagt, manchmal tun wir nur so, als hörten wir zu. Das ist menschlich. In einer Verkaufssituation kann dies aber sehr gefährlich sein, denn unsere Kunden bemerken unsere Unaufmerksamkeit viel schneller als wir denken. Selbst wenn sie während der Zusammenkunft nichts merken, können wir fast darauf wetten, dass sie es spätestens bei unserem Lösungsvorschlag bemerken werden. Denn wenn wir nicht zuhören, werden wir nicht dazu in der Lage sein, eine akzeptable Lösung vorzuschlagen. Das können wir deutlich besser mit dem inhaltlichen Zuhören. Dies bedeutet, das Gesagte noch einmal in eigenen Worten zusammenzufassen und das dient unter anderem dazu, die Beziehung zum Gesprächspartner positiv zu gestalten. Wir zeigen durch inhaltliches Zuhören Interesse am Gespräch und damit an unserem Gesprächspartner.

Was der entscheidende Unterschied zu allen anderen Ebenen des Zuhörens ist, ist die Intensität der Wahrnehmung dessen, was und wie der Sprecher es sagt. Sich in die Psychologie der anderen Person hineinversetzen, ist die Idee, dass wir eine Macht haben, eine verborgene Macht. Es ist fast wie eine Macht des Typen Superman, die wir nicht nutzen, und diese Macht ist das normative Zuhören. Es ist unsere Fähigkeit, in anderen Menschen zu denken, um auch in anderen Objekten zu denken. Es ist eine Art Ursprung der Wissenschaft selbst, und daher ist diese empathische Qualität nicht etwas Intellektuelles. Es ist eine viszerale emotionale Eigenschaft, die wir haben. Wir können fühlen, was andere Leute fühlen, indem wir uns komplett auf das Zuhören konzentrieren. Ich kann nicht wirklich wissen, was Sie gerade denken. Einen Bildschirm zu haben, der mir alles über Sie verrät, ist unmöglich, aber viszeral kann ich Ihre Stimmung durch Dinge spüren, die sich verbal und nonverbal kommunizieren lassen, und so ist diese Fähigkeit, in die Stimmungen anderer Menschen, ihre Emotionen und ihr Verhalten einzutauchen, für mich die Essenz des normativen Zuhörens.

Diese normative Wahrnehmung ist uns verloren gegangen, weil uns bestimmte Programme begleiten, die uns in eine permanente Innenzentriertheit drängen und infolgedessen die Beziehung zur Außenwelt massiv stören. Das steckt leider in dem Betriebssystem unserer Gesellschaft oder in unserer kulturellen DNA. Jedes Säugetier auf diesem Planeten entwickelt instinktiv ein natürliches Gleichgewicht mit seiner Umgebung; wir Menschen tun dies nicht mehr. Die Wurzel dieser Innenzentriertheit und mangelnden Beziehung zur Außenwelt ist eine große Angst – eine der ursprünglichsten Ängste des Menschen und vielleicht die am wenigsten verstandene. Zu Beginn der Menschheit bildeten unsere primitiven Vorfahren Gruppen zum Schutz der Einzelnen. Um ein Zusammengehörigkeitsgefühl zu entwickeln, führten sie Verhaltensregeln, Tabus und gemeinsame Rituale ein. Außerdem schufen sie Mythen, in denen ihr Stamm als von Gott auserwählt galt. Die Mitglieder der anderen Stämme und Clans pflegten unbekannte Rituale und hatten unbekannte Glaubenssysteme sowie ihre eigenen Götter und Herkunftsmythen. Aber sie waren anders. Sie repräsentierten das andere – etwas Dunkles, Bedrohliches und eine Herausforderung für das Überlegenheitsgefühl der Clans. Das war über Jahrtausende unsere psychologische Beschaffenheit. Sie verwandelte sich in eine große Angst vor anderen Kulturen und Denkweisen – und trotz jahrtausendalter Zivilisation ist diese Angst bis heute in uns wach, und zwar in Form eines mentalen Prozesses, mit dessen Hilfe wir die Welt in Bekanntes und Unbekanntes, Reines und Unreines unterteilen. Wir entwickeln bestimmte Ideen und Werte; wir gehen mit den Menschen um, die unsere Werte teilen, die den Teil unseres engsten Kreises, unserer Clique bilden. Wir schaffen Fraktionen mit starren Überzeugungen – rechts oder links, für dieses oder jenes. Wir leben in unserer Wahrnehmung mit den immer selben Gedanken und Ideen und verschließen uns vor der Außenwelt. Wenn wir mit Menschen konfrontiert werden, die andere Werte und Glaubenssysteme haben, fühlen wir uns bedroht. Unsere erste Reaktion ist Unverständnis und Dämonisierung des schattenhaften Anderen. Alternativ können wir uns durch das Prisma der eigenen Werte betrachten und annehmen, sie würden unsere Werte teilen. Wir verwandeln das andere mental in etwas Vertrautes, in dem Sinne »sie stammen vielleicht aus einer völlig anderen Kultur, aber schließlich müssen sie dasselbe wollen wie wir«. Das bedeutet jedoch nur, dass wir unsere Wahrnehmung nicht öffnen, um unsere Umgebung zu verstehen und sensibler für Nuancen zu sein. Alles muss schwarz oder weiß, rein oder unrein sein.

Der Naturprozess selbst ist gnadenlos. Wir haben das, was wir als menschliche Errungenschaften bezeichnen, erreicht, indem wir uns in gewissem Sinn aus dem Tierreich herausdefiniert und eine ganze Reihe von Schutzrechten und Umgangsformen etabliert haben. Wir haben gerade dem sogenannten Gesetz der Natur die Gültigkeit entzogen, und deswegen sind wir jetzt so, wie wir jetzt sind. Um wieder eine grundsätzliche Beziehung zu unserer Umwelt herzustellen, müssen wir unsere Distanz aufgeben und unseren Blick für die Beobachtung der Menschen schulen, aber stattdessen ziehen wir es oft vor, in unserer eigenen Wahrnehmung zu verharren, inmitten unserer eigenen Gedanken und Träume. Wir werden unsensibel für die Unterschiede zwischen den Menschen, für die Details, die sie zu Individuen machen. Die Innenzentriertheit, in die wir uns begeben haben, ist das Problem. Bevor wir diese Innenzentriertheit übernommen haben, besaßen unsere Vorfahren naturgemäß eine umfassend komplette Wahrnehmung.

Ein kleiner Zeitsprung in die Welt vor 15.000 Jahren: Sie streifen durch die Wälder und über die Steppen und Ihre Sinne sind absolut wach. Jede Mulde, die vor Ihnen liegt, jeder Abdruck am Boden wird untersucht, weil es ein Hinweis auf ein Raubtier sein könnte. Jedes Rascheln im Gras neben Ihnen nehmen Sie wahr, weil es eine Schlange sein könnte, die Ihr Leben bedroht. D. h., Ihre Wahrnehmung ist absolut wach und geschärft, Sie nehmen nicht nur die Dinge vor Ihnen wahr, sondern Ihr Blick und Gehör sind auch peripher orientiert. Das bedeutet, Sie nehmen auch Geräusche außerhalb Ihres Blickfeldes wahr, um vor Gefahren möglichst frühzeitig gewarnt zu werden. Mit scharfem Blick beobachten Sie das Laub von Bäumen, um Früchte, Bienenstöcke oder Vogelnester zu entdecken. Die Wahrnehmungsfähigkeit unserer Vorfahren war aus Überlebensgründen wesentlich wacher und schärfer als unsere heutige Wahrnehmung. Gelegentlich greifen wir auf diese Fähigkeit zurück, zum Beispiel, wenn wir in einer unbekannten Umgebung sind. Nehmen wir einmal an, dass wir in ein fremdes Land reisen, das wir nie zuvor besucht haben und das außerhalb unserer üblichen Komfortzone liegt. Plötzlich springen unsere Sinne an und alles, was wir sehen und hören, ist ein bisschen lebhafter. Um Probleme oder gefährliche Situationen an diesem unbekannten Ort zu vermeiden, müssen wir aufmerksam sein.

Die gute Nachricht ist: eigentlich müssen wir unsere Sinne nur wieder reaktivieren, d. h. eigentlich müssen wir unsere Sinne aus dem Dornröschenschlaf, in dem sie gerade schlummern, wieder aufwecken. Denn in dem Moment, wo wir lernen, normativ zuzuhören, sind wir präsent und haben einen zusätzlichen Kanal, um unsere Beobachtungsgabe zu schärfen.

Durch normatives Zuhören beim Beobachten können Sie in Ihrem Geschäft das Ganze auf die Spitze treiben. Es geht um nichts weniger als die Fähigkeit, den Kunden so realistisch wie nur möglich wahrzunehmen. Indem wir unsere gewohnte Ichbezogenheit ablegen, können wir lernen, uns intensiv auf andere einzulassen. Wir verstehen ihr Verhalten, sehen und hören, was sie motiviert, und erkennen ihre Versuche, uns etwas vorzumachen. Gelingt es uns, so haben wir mehr Zeit und Energie für unsere strategische Vorgehensweise, unser Produkt zu verkaufen. Dadurch stellen wir sicher, was mit dem Kunden im Verkaufsgespräch passiert. Wir holen uns zuverlässige Informationen, die uns das Innenleben des Kunden beschreiben. Das bedeutet, wenn wir unsere Aufmerksamkeit nicht nach innen richten, sondern nach außen, auf den Kunden, haben wir Zugang zu einer Kommunikationsform, die weitgehend nonverbal und auf ihre Weise sehr effektiv ist. Wir wollen ihm helfen, seine Probleme zu lösen, doch dazu müssen wir erstmal wissen, was ihn bewegt. Im Verkaufsgespräch kann viel passieren. Wenn Sie von Natur aus fordernd und dominant sind oder drängend und antreibend, werden einige Kunden Sie als sehr aggressiv empfinden, während andere Sie als entscheidungskompetent begrüßen. Die Kunden geben zwar verbale Informationen an uns weiter, aber wir wissen, dass diese Informationen aus unterschiedlichsten Gründen nicht immer so zuverlässig sind, um diese nachhaltig zu nutzen. Um normatives Zuhören umzusetzen und in Ihren Kunden folglich im Verkaufsgespräch wie in einem Buch lesen zu können, brauchen Sie Geduld, Offenheit und den Wunsch, ihn zu verstehen. In diesem Stadium sollte Ihr Gesprächsanteil maximal 30 Prozent betragen. Eine durchschnittliche Person spricht zwischen 100 und 150 Wörtern in der Minute, obwohl wir eigentlich dazu in der Lage sind, eine Sprechfrequenz von 600 Wörtern in der Minute zu verstehen. Folglich haben wir viel Zeit übrig, um unser Gehirn anderweitig zu beschäftigen, während jemand spricht. Diese verbleibende Zeit sollten wir effektiv nutzen. Das geht am besten mit der 30:70-Regel.

Die 30:70-Regel – Nehmen Sie eine neue Perspektive ein
Wer zuhört, lernt. Wer selbst redet, bleibt auf dem bisherigen Stand. Das normative Zuhören funktioniert tatsächlich am besten mit der 30:70-Regel. Diese besagt, dass Ihr Gesprächsanteil maximal bei 30 Prozent liegen darf, der Ihres Gegenübers aber 70 Prozent ausmachen sollte. Anders können Sie nicht auf der normativen Ebene kommunizieren.

Am besten beginnen Sie sofort damit, sich bei der nächsten Konversation auf Ihre Achtsamkeit zu fokussieren. Versuchen Sie, dem üblichen Drang zu widerstehen zu reden und Ihre Meinung zu äußern, und versuchen Sie stattdessen mehr über die Ansichten Ihres Gegenübers zu erfahren. Sie werden möglicherweise staunen, was Sie zu hören bekommen. Unterbinden Sie dabei bewusst Ihre ständigen inneren Monologe, auch wenn es schwerfällt. Richten Sie Ihre volle Aufmerksamkeit auf Ihren Gesprächspartner. Wichtig ist, dass Sie sich komplett auf ihn einlassen, damit Sie in der Lage sind, im weiteren Verlauf der Konversation das zu spiegeln, was der Kunde gesagt hat oder durch Andeutungen hat anklingen lassen. Beachten Sie folgende Punkte.

Achten Sie auf die Details – Kunden beim Wort nehmen

Wenn Ihr Kunde 70 Prozent des Gesprächs redet, erhalten Sie eine Fülle an zusätzlichen Informationen. In der Bedarfsermittlung sagen die Kunden Ihnen genau, was sie wollen. Bewusst und unbewusst. Sie liefern viele Informationen. Sie meinen nämlich genau das, was sie formulieren. Kommt das Wort »muss« in einem Satz vor, dann meint er das auch so. Nehmen Sie ihn buchstäblich beim Wort und handeln Sie danach. Wenn Sie das dann auch möglichst exakt wiedergeben können, ist Ihr Kunde beeindruckt und denkt: »Donnerwetter! Endlich jemand, der mir zuhört.« Wenn Sie gegenüber dem Kunden falsche Informationen wiederholen, die nicht mit dem übereinstimmen, was er Ihnen bei der Bedarfsermittlung mitgeteilt hat, wird der Kunde denken: »Entweder haben Sie nicht zugehört oder Sie sind inkompetent.«

Nehmen Sie ihn beim Wort. Jedes Wort ist wichtig, weil Ihr Gegenüber die Worte, die er benutzt, auch genau so meint. Der Kunde liefert Informationen über seine Bedürfnisse, nämlich dass er bereit ist, in eine bestimmte Richtung Geld auszugeben. Ihr Kunde wählt nicht zufällig die Begriffe, die er ausspricht. Achten Sie vor allem auf diese vier Verben: MUSS, SOLL, WILL und KANN. Achten Sie auch auf die Hierarchie und sortieren Sie im Kopf nach der folgenden Prioritätenliste:

- MUSS kommt an oberster Stelle
- SOLL kommt vor WILL
- WILL oder MÖCHTE kommt vor KANN

Ein MUSS ist verbindlich, das »KANN« kann ausgetauscht werden (gegen zweimal »wäre schön«) und so weiter. Wenn Sie mit Ihrer eigenen Sprache das Gesagte des Kunden verarbeiten und daraus ein Angebot erstellen, werden Sie den Wünschen des

Kunden nicht hundertprozentig gerecht. Dann sind Sie beim inhaltlichen Zuhören, was ganz OK wäre. Wenn Sie aber das Wort MUSS und KANN in Ihrer Bewertung vertauschen, kommen Sie zu einem anderen Ergebnis. Die Aussage Ihres Gegenübers meint etwas komplett anderes als das, was Sie verstanden haben. Gewöhnen Sie sich an, jede Aussage des Kunden zu seinen Wünschen und zu seinen Bedürfnissen so präzise wie möglich zu reflektieren und in seinen Worten *nachzudenken*. Ihr Kunde bestimmt, wie Sie Ihr Angebot formulieren. Im engeren Sinne gibt er Ihnen streng vor, was Sie zu sagen haben. Da haben Sie keine Wahl, Sie müssen seine Sprache verstehen lernen. Und ich weiß, dass Ihre Intuition Ihnen dabei durchaus helfen kann. Viel besser ist es jedoch, wenn Sie buchstäblich wissen, was Ihr Kunde will und was er Ihnen unbewusst verrät. Wenn Sie ein einziges Wort in seiner Aussage austauschen, kann das auf Anhieb den kompletten Verkaufsprozess negativ beeinflussen. Manchmal entsteht der Eindruck, dass der Kunde nicht kaufen will, obwohl wir alles richtig machen. Halten uns Kunden bewusst hin? Häufig haben wir ihnen die Dringlichkeit, etwas zu kaufen, nicht deutlich genug gemacht. Selbst wenn wir ihnen erfolgreich erörtert haben, welchen Nutzen unsere Ware beziehungsweise Dienstleistung für sie haben könnte, ist es uns nicht gelungen, sie zu einer bedingungslosen Zusage zu motivieren. Dies kann aus den beiden folgenden Gründen geschehen:

- Wir haben die Kauf- oder Warnsignale des Kunden nicht bemerkt, falsch eingeschätzt oder interpretiert. Folglich konnten wir nicht darauf reagieren.

- Wir haben das dominante Kaufmotiv missverstanden oder sind nicht genug darauf eingegangen, weil wir beim Zuhören die Kunden nicht beim Wort genommen haben. Auch die Grammatik oder Wortwahl könnte eine Rolle spielen.

Benutzt er mehr Verben oder Substantive? Macht es Sinn, dass sich der Kunde so stark an Verben orientiert? Sie können davon ausgehen, dass er tatkräftig zupacken kann und praktisch veranlagt ist. Benutzt er hingegen mehr Substantive, können Sie davon ausgehen, dass er viel Wert auf das Unveränderliche legt. Aus dieser Perspektive stellen Substantive Dinge da, welche die Zeiten überdauern, während Verben (wie Tätigkeiten) auf das Hier und Jetzt beschränkt und morgen aus dem Blick entschwunden sind.

Wie sieht es mit Adverbien und Adjektiven aus? Zeitbezogene Verben und Adverbien wie: »Wie leicht können Sie die Ware liefern?« Wörter wie »bereits«, »noch«, »aufhören«, »anfangen«, »fortfahren«, »beginnen«, »nicht mehr« sind ebenfalls gute Wörter, um Annahmen des Kunden zu verstehen. Nehmen wir folgende Beispiele: »Glücklicherweise«, »erfreulicherweise«, »zum Glück«, »offensichtlich« und »leider« sind Wörter mit einem linguistischen Muster, welches alles, was folgt, als wahr voraussetzt.

Die Begriffe, die er ständig benutzt, wirken sich auf seine Werturteile und somit auf seine Denkweise aus. In welcher Zeitform spricht Ihr Kunde? Spricht er eher in der Vergangenheits- oder Zukunftsform? Menschen, die ihre Aufmerksamkeit auf Bestätigungen in der Vergangenheit richten, reagieren positiv auf Angebote, die ihnen eine ganze Reihe von Beweisstücken liefern. Sie können dann sicher sein, dass sich ihre Wahl bewähren wird. Zeigen Sie ihm am besten vier Briefe von zufriedenen Kunden (oder mehr), damit Sie sein Bedürfnis nach Bestätigung erfüllen. Warum das so ist? Diese Bestätigungen aus der Vergangenheit sind in Wirklichkeit Probleme und infolgedessen einfach nur Verschaltungen im Gehirn. Erinnerungen beispielsweise! Jede dieser Erinnerungen ist verbunden mit bestimmten Menschen, Ereignissen, Orten und Zeiten. Und weil unser Gehirn eine Aufzeichnungsmaschine ist und wir morgens sofort anfangen, an unsere Probleme zu denken, leben wir in der Vergangenheit und jede dieser Erinnerungen ist mit einer Emotion verknüpft. Emotionen sind die Endprodukte vergangener Erfahrungen, und wie wir denken und wie wir fühlen bestimmt unseren aktuellen Seinszustand. Die vertraute Vergangenheit bestimmt die vorhersagbare Zukunft.

Menschen, die ihre Aufmerksamkeit auf Möglichkeiten in der Zukunft richten, orientieren sich mehr am blauen Himmel. Sie haben Freude an den Chancen, die in den unbegrenzten Möglichkeiten stecken. Sie fühlen sich angezogen vom größeren Risiko. Dieses Phänomen lässt sich so erklären, dass es eine Art Zukunftsspannung gibt, also etwas, was unser Bewusstsein immer in den Gedanken an morgen und übermorgen und in 30 Jahren hineinzieht. Dies ist ein neues Phänomen unserer Zeit. Und wenn das nicht in eine Gesamtvorstellung eingebettet ist, dann fällt das sehr stark auf das Individuum zurück. Und es gibt eben auch nicht mehr die alles überwölbende Idee eines Gottes, der die Verantwortung für alles übernimmt, man also sagen kann, wenn die Sache richtig schiefläuft, dann ist es Gottes Wille, Schicksal oder es ist determiniert Jedenfalls kann man selbst nichts dafür, sondern man ist tatsächlich an einem Punkt, wo eigentlich über jedem von uns »selbst schuld« steht. Seitdem wir nicht mehr an Gott glauben, haben wir pausenlos Angst, unser Leben zu verpfuschen. Weil wir die Urheber des Verpfuschens sind.

Sie sehen, die Beherrschung dieser Technik ist ein fortgeschrittenes Beispiel für starke Zuhörkompetenz. Je mehr Sie sich bemühen, die Bedeutung verschiedener Begriffe zu verstehen, desto stärker werden Ihre Antworten die tiefgreifende Wirkung auf die Gefühle Ihrer Kunden nicht verfehlen.

Ein weiterer Grund auf die buchstäbliche Wortbedeutung zu achten, ist die Art, wie wir handeln. Wir alle tun es nach bestimmten Denk- und Sprachmustern. Als Muster gibt es den visuellen, den akustischen, den gefühlsorientierten und den geruchs- / geschmacksorientierten Typ. Wenn Ihr Kunde bevorzugt seine Gedanken visuell zu sortieren, macht es wenig Sinn, sich auf der Ebene der Gefühle auszutauschen. Mit anderen Worten: wenn er sehen will, wie Ihr Produkt aussieht, macht es wenig Sinn, sich mit ihm über die haptischen Qualitäten zu sprechen. Zeigen Sie es ihm. Wir werden auf den nächsten Seiten etwas ausführlicher über die Augenzugangshinweise sprechen.

Wir haben über die Übersetzung von verbaler Sprache in Motorik – also Körpersprache – gesprochen, sowohl physisch als auch abstrakt-materiell, also mental. Wenn jemand zu Ihnen mit ausgestreckter Hand sagt: »Kommen Sie mit?«, lässt sich erstmal nicht entscheiden, ob er es wörtlich oder im übertragenen Sinn meint. Zwei verschiedene Bereiche, ein Satz. Gerade die deutsche Sprache ist in der Beschreibung des körpersprachlichen Vokabulars besonders reich.

Die verbale Sprache deckt immer innere Prozesse ab. Nehmen wir die genannte Frage noch einmal auf. Welche Voraussetzungen müssen erfüllt sein, um mitzukommen? Sie können das nur tun, wenn Sie bereit sind, Ihren gegenwärtigen Standpunkt zu verlassen. Wenn Sie Ihren Standpunkt nicht verlassen, können Sie auch nicht mitkommen. Wer hier glaubt, es sei eine Schwäche, seinen Standpunkt zu verlassen, der verkrampft sich, und hält verbissen an seiner Position fest. Wer aber mitkommt, also seinen Standpunkt verlässt, der ist in der Lage, den Dialog aufzunehmen. Denn nur, wenn man aufeinander wirkt, kommt der Dialog in Fluss. Vorauszugehen hat die Bereitschaft, eigene Standpunkte zu verlassen, um neue Standpunkte zu erschließen. Indem man den Kunden wörtlich nimmt, überträgt sich das Abstrakte ins Praktische. Auch bei Reklamationen.

Nennen Sie die Emotionen Ihres Kunden beim Namen. Dem verärgerten Kunden sagen: »Ich wäre auch sauer an Ihrer Stelle.« Ihm zu signalisieren, dass er sich *nicht* ärgern soll, stachelt die Emotion nur weiter an, da er sich nun nicht ernst genommen fühlt. Profis im Beschwerde-Management wie Hotelpersonal und Call-center-Mitarbeiter wissen, dass man aufgebrachten Kunden nicht mit einem dilettantischen »Beruhigen Sie sich doch« begegnet. Vielmehr hört man ihnen genau zu und lässt sie reden. Gerade in Konfliktsituationen fühlen sich die wenigsten Menschen verstanden und sind regelrecht überrascht, wenn Sie ihnen mit diesen Techniken begegnen. Die negativen Emotionen weichen und das Gehirn wird beim Kunden wieder eingeschaltet und wir verwandeln einen verärgerten Kunden in einen begeisterten Kunden.

Ein weiterer Punkt ist, dass die Kunden sich häufig versprechen, was viel Potenzial bietet. In dieser Technik steckt viel Power. Emotionen, die in dem Moment auftauchen, die der Kunde aber verbergen will, können durch Worte verraten werden. Sigmund Freud publizierte 1901 sein Werk »Psychopathologie des Alltagslebens«. Er analysierte darin unter anderem den Versprecher. Hier wendet er die Technik der Psychoanalyse auf verschiedene Beispiele an – meist solche aus seinem eigenen Leben, von Patienten oder Freunden – und führt Versprecher auf unterbewusste Vorgänge zurück (»Freudscher Versprecher«). Ebenso beantwortet er in diesem Werk die Frage, ob es nun einen freien Willen gibt oder nicht. Sobald wir das erste Wort eines Satzes beginnen, so Freud, realisieren wir innerlich bereits alle folgenden. Versprecher können solche Wörter sein, die man nicht aussprechen will, an die man aber denkt. Man sieht, dass das meiste auf dem Unbewussten basiert, das an die Oberfläche kommt. Die Unterdrückung der Absicht Ihres Kunden, etwas beim Verkaufsgespräch über den Kauf zu sagen, ist die Voraussetzung dafür, dass er sich verspricht. Nachdem ein Versprecher einmal in der Welt ist, kann der Sprecher sich entweder unmittelbar korrigieren oder er hat den Versprecher gar nicht bemerkt. Aus diesem versehentlichen falschen Aussprechen eines Begriffs, der unbewusst jedoch einen Sinn ergibt, könnten Sie einiges über die Motive Ihres Kunden ableiten und ergründen.

Kundenfokus

Als Zuhörer sind Sie ein viel effektiverer Beobachter, wenn Sie es schaffen, dass der Kunde das Gefühl hat, über sich sprechen zu können. So wird er den Eindruck haben, dass Sie ein sehr guter

Gesprächspartner sind, weil Sie ihm das ermöglicht haben. Wen mögen wir auf der ganzen Welt am liebsten? Uns selbst. So führen wir den gewünschten Zustand mit Glückshormonen, ergo positiven Gefühlen herbei und Ihr Kunde ist auf eine bestimmte Art hypnotisiert und trifft so eine zielführende Entscheidung.

Strategische Vorgehensweise
Ein weiterer Grund für die 30:70-Regel ist, dass Sie die Zeit haben, um sich Alternativen auszudenken, während Ihr Kunde redet und dabei für Sie unerwartete Probleme auftauchen können. Wenn Sie selbst reden, können Sie das weniger. Aber Vorsicht! Die Gefahr bei der strategischen Vorgehensweise ist, dass Sie schnell in die Reflexionsfalle tappen.

Sie kennen das bestimmt: wenn Sie einen sehr guten Vortrag hören, passen Sie zur Hälfte nicht auf, weil bestimmte Dinge, die in dem Vortrag gesagt werden, Sie sofort dazu bringen, bei bestimmten Dingen weiterzudenken oder Ihre eigenen Gedanken mit dem Gehörten zu verknüpfen. Erst wenn Sie mit Ihren Reflexionen fertig sind, steigen Sie wieder in den laufenden Vortrag ein. So würden Sie sagen, dass Sie zur Hälfte nicht aufgepasst haben, weil die andere Hälfte, die Sie aufgenommen haben, zu gut war.

Antworten Sie Ihrem Kunden mit Kommentaren wie »was ich heraushöre, ist ...« oder »erzählen Sie mir mehr ...« Achten Sie dabei mehr auf die beabsichtigte Lösung als auf die Probleme, die er Ihnen schildert. Vor allem achten Sie auf die Dinge, die unerwähnt bleiben, und lernen Sie, zwischen den Zeilen zu lesen. Streiten Sie nie mit dem Kunden und widerstehen Sie der Versuchung zu widersprechen. Das Wichtigste bei der strategischen Vorgehensweise ist, dass Sie auf Informationen achten, die nützlich sein können. Man weiß nie, wofür man die gerade gewonnenen Informationen irgendwann mal gebrauchen kann.

Innerer Monolog
Für William James, einem US-amerikanischen Professor für Psychologie und Philosophie an der Harvard University, war der Mensch das vermutlich einzige Tier, das sich mit sich selbst unterhält. Tagtäglich, Stunde um Stunde, Minute um Minute kommentiert das Me, unser Selbst, das I, das Ich. Wenn wir nur einen Schritt zurücktreten und irgendwie unsere täglichen Gedankengänge untersuchen könnten, dann würden wir erkennen, dass sie sich in der Regel immer um dieselben Ängste, Fantasien und Abneigungen drehen, wie in einer Dauerschleife. Selbst wenn wir einen Spaziergang machen oder ein Gespräch mit jemandem füh-

ren, bleiben wir normalerweise mit diesem inneren Monolog verbunden und bekommen nur die Hälfte von dem mit, was wir sehen oder hören. Sobald Sie Ihren inneren Monolog unterbrechen und Ihre absolute Aufmerksamkeit auf Ihren Kunden fokussieren, fangen Sie bereits an, dessen Signale zu empfangen, die Sie dann als Emotionen oder Sinneswahrnehmung registrieren. Vertrauen Sie erstmal diesen Sinneswahrnehmungen. Sie können Ihnen etwas vermitteln, das wir unter normalen Umständen in fahrlässiger Weise missachten, da wir es nur schwer in Worte fassen können. Etwas später in diesem Prozess können Sie dann versuchen, hinter diesen Hinweisen ein Muster zu entdecken und ihre Bedeutung zu analysieren.

Richtig hinsehen
Richtig hinsehen beim Zuhören? Das liest sich ein wenig paradox, oder? Aber das ist genau die perfekte Methode und ermöglicht eine ganzheitliche Beobachtung. Sie führen ein Gespräch auf allerhöchstem Niveau, wenn Sie erkennen, was Ihr Gegenüber gerade macht.

Ihr Kunde hat einen mentalen Bildschirm, der ungefähr auch eine Armlänge von seinem Gesicht entfernt ist. Dort finden seine Gedankengänge statt. Hat er zu Ende gesprochen? Möchte er Sie gerade unterbrechen? Wo schaut er hin? Wie ist sein Atemmuster? Setzt er zum Einatmen an, um etwas mitzuteilen? Wie ist sein Schluckreflex? Blinzelt er beim Reden? Nutzen Sie die Macht der Spiegelneuronen. Wie erinnern uns: Spiegelneuronen sind Nervenzellen, die im eigenen Körper aktiv werden, wenn man beobachtet oder auf andere Weise miterlebt, wie ein anderes Individuum dieses Programm in die Tat umsetzt. Wenn wir unseren Kunden offen und positiv gegenüberstehen, wird er auch uns positiv gegenüberstehen. Unser Gegenüber teilt Emotionen oftmals unbewusst über Tonfall, Atmung, Gestik und Mimik mit und wir können das aufnehmen.

Das genaue Hinsehen ist der letzte Baustein, der normatives Zuhören erst möglich macht. Wer Abweichungen erkennen kann, ist zwar in der Lage, die unterdrückten Gefühle wie unterdrückte Scham oder versteckte Freude zu entlarven. Doch damit hat er lediglich einen Ausdruck erkannt und nicht die Ursache. Im nächsten Baustein werden Sie lernen, diese Reaktionen zu kontextualisieren. Was macht der Kunde mit den Augen, Stimme, Körper und Atmung?

Beim normativen Zuhören müssen Sie entspannt sein, während Sie nicken und dauerhaft Augenkontakt halten. Mit der Zeit werden

Sie in der Lage sein, Ihre Aufmerksamkeit besser aufzuteilen – einerseits, um aufmerksam auf das zu hören, was jemand zu sagen hat, also jene Ebene, die der expliziten Aussage eines Satzes als zusätzliche, implizite Bedeutungsebene unterlegt ist. Andererseits werden Sie lernen, auch sorgfältig auf seine nonverbale Kommunikation zu achten. Sie werden womöglich Signale registrieren, die Ihnen zuvor entgangen sind, und dabei kontinuierlich Ihr Vokabular erweitern. Bedenken Sie, dass alles, was Menschen tun, eine Art Zeichen ist: es gibt keine Geste, die nichts aussagt. Sie werden das Schweigen der Menschen zur Kenntnis nehmen, ihre Kleidung, die Anordnung der Dinge auf ihrem Schreibtisch, ihre Atemmuster, die Spannung in bestimmten Muskelpartien (vor allem im Nacken), den Subtext ihrer Konversation – was nicht gesagt oder was impliziert wird. All diese Entdeckungen sollten faszinierend sein und Sie dazu motivieren, sich weiter mit diesem Thema auseinanderzusetzen.

Achten Sie auf folgende Fehler beim Zuhören:

- Sie denken an etwas anderes, während Ihr Kunde spricht?
- Sie warten während eines Kundengesprächs darauf, dass Ihr Kunde eine Pause macht, damit Sie etwas loswerden können?
- Es fällt Ihnen schwer, ruhig zu bleiben? Sagen Sie gelegentlich Dinge, ohne nachzudenken?
- Tun Sie nur so, als würden Sie zuhören, um Stichworte für Ihre eigene Kommentare zu finden?
- Haben Sie ein selektives Gehör? Hören Sie nur die Dinge, die Sie auf Basis Ihrer eigenen Vorurteile hören wollen?
- Fällt Ihnen die Botschaft nicht auf, die Ihr Gesprächspartner mit seiner Körpersprache, zum Beispiel Gesichtsausdruck, Blickkontakt und Stimmlage, vermittelt?
- Lassen Sie Hintergrundgeräusche zu, die Ihre Fähigkeit zuzuhören einschränken?
- Hören Sie durch die Filter vergangener Erfahrungen oder einer ähnlichen Situation mit einem früheren Kunden?
- Den Kunden unterbrechen. Den Gesprächspartner zu unterbrechen hat nur Nachteile. Vor allem wird die Chance minimiert, die Botschaft wirklich zu verstehen, weil nur ein Teil davon zu hören war. Außerdem wird der Gesprächspartner enttäuscht oder sogar verärgert sein, wenn er unterbrochen wird.
- Den Blickkontakt abbrechen.

Was Sie in solchen Situationen niemals tun dürfen, ist, auf Ihre Armbanduhr oder eine Uhr an der Wand zu schauen. Schon ein kleiner Blick auf einen Zeitmesser kann Ihre Interessenten ablenken, weil sie Sie bereits anschauen und auf Ihren nächsten Schritt warten. Außerdem signalisieren Sie damit Ihrem Gegenüber eindeutig, dass er Ihnen in dem Moment nicht wichtig ist. Das musste ein ehemaliger US-Präsident schmerzhaft erfahren. Viele Polit-Experten meinen, dass genau das George Bush Senior die Wiederwahl gekostet hat. Bei der TV-Debatte der US-Präsidentschaft ist ihm das passiert. Was auch bei uns im Verkauf gilt, gilt allgemein erst recht für Spitzenpolitiker: Der Eindruck ist wichtiger als die Aussage. George Bush ließ sich 1992 zu einem Blick auf die Armbanduhr hinreißen. Das wirkte, als könnte er das Ende der Debatte mit Bill Clinton nicht abwarten. Bush verlor die Wahl.

Es ist ein Phänomen. Viele meiner Klienten, die das normative Zuhören anwenden, werden für gute Gesellschafter und Gesprächspartner gehalten, während sie in Wirklichkeit nur zuhören und ihre Kunden zum Sprechen ermuntern.

2. Die Veränderung – Nehmen Sie die Vogelperspektive ein

Verständlich ist das, was ich sehe, nicht allein durch die Beobachtung. Mindestens ebenso wichtig ist die Veränderung, welche uns den Kontext näherbringt. Am Anfang des Gesprächs lassen sich manche Verhaltensweisen Ihres Kunden damit erklären, dass er einfach nur nervös ist; das sehen Sie, wenn er hin- und herrutscht oder seinen Blick zum Ausgang richtet. In diesem Fall müssen Sie geduldig sein, bis er sich entspannt hat, um dann seine eigentliche Referenzhaltung zu erkunden. Das ist die Haltung, die wir brauchen, um die darauffolgenden Bewegungen zu deuten. Nachdem Sie ins Gespräch gekommen sind, achten Sie auf seine Haltungsveränderungen. Es wird sich etwas verändert haben. Fragen Sie sich, wann genau und in welcher Situation die Veränderung eingesetzt hat. Was war der Anlass? Was war der verbale Inhalt der Situation? Diese Veränderung können Sie nur registrieren, wenn Sie vorher die Referenzhaltung festgemacht haben.

Schauen Sie genau hin, denn eine innere Empfindung ist meist schwach in ihrer motorischen Übersetzung. Ist die Emotion mäßig, können wir davon ausgehen, dass die dazugehörige Bewegung klein sein wird. Die eigentliche Wurzel zu ergründen und unter die Oberfläche zu tauchen und tief hinabzuschauen ist der nächste Schritt. Starke äußere Veränderungen gehen oft einher mit viel größeren inneren Veränderungen. Zum Beispiel: Sie bringen ein Argument oder ein neues Thema ins Gespräch ein und Ihr Kunde verspannt sich plötzlich. Werden seine Augen groß? Oder zeigen seine Füße plötzlich von Ihnen weg? Nehmen Sie Freude oder Stress wahr? Wenn Sie merken, dass Ihr Kunde andauernd zur Körperverlagerung auf das linke Bein tendiert, dann können Sie das bewerten, weil es ein zuverlässiger Impuls ist und mehr als nur Zufall, und das können Sie verbal oder durch sein Verhalten in der jeweiligen Situation überprüfen. Wenn Sie jetzt trotzdem nicht wissen, was passiert ist, so können Sie auf Grund Ihrer Beobachtungen der Veränderungen darauf schließen, indem Sie folgende Abfolge anwenden:

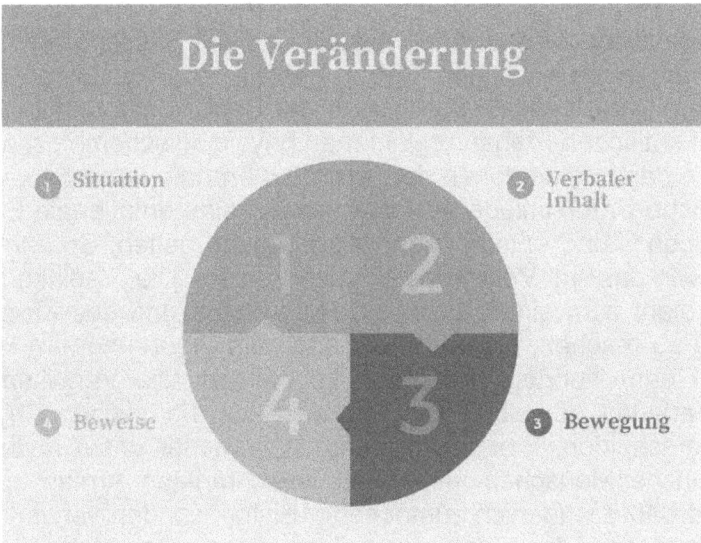

1. Situation

Die kommunikative Funktion der Emotionen ist für uns in gewisser Weise auch tückisch. Wir kommunizieren Wut, obwohl wir in Wirklichkeit etwas anderes empfinden, oder unsere Wut richtet sich eigentlich gegen eine völlig andere Person, doch unser »Opfer« kann dies nicht sehen und nimmt unsere Wut als persönlichen Angriff wahr, der eine Reihe von Fehlinterpretationen hervorrufen kann.

Sobald ein neues wechselseitiges aufeinander Einwirken entsteht, haben wir eine neue Situation. Nehmen Sie die gegenwärtige Situation bewusst wahr. In welchem Zustand befindet sich der Kunde gerade? Welche Verhältnisse herrschen in dem Moment bei Ihnen? Welche bestimmte Konstellation besteht? Ist der Kunde zurückhaltend oder bringt er sich ein? Kalibrieren Sie, was das normale Verhalten dieser Person ist. Finden Sie heraus, wie es um seine normale Haltung bestellt ist.

Die Verlinkungs-Technik

Für das Kalibrieren ist die Verlinkungs-Technik optimal, um die Referenzhaltung ausfindig zu machen. Nehmen wir das Lügende-tektor-Verhör als Beispiel. Hier werden zwei Arten von Fragen gestellt: die neutralen und die kritischen Fragen. Neutrale Fragen sind etwa: »Wann sind Sie geboren?« oder »Was machen Sie beruflich?«»Wie heißen Ihre Geschwister?«. Da diese Fragen keine besonderen emotionalen Reaktionen auslösen, liefern sie eine Art Baseline: sie zeigen, wie der Befragte reagiert, wenn er sich nicht in einem Zustand emotionaler Erregung befindet. Wenn diese persönliche Messung festgestellt und die Baseline ermittelt wurde, werden die kritischen Fragen gestellt. Zum Beispiel: »Waren Sie am Tag des Raubüberfalls in der Bank?« Die unmittelbar nach den kritischen Fragen registrierten physiologischen Messwerte werden danach mit denen der neutralen Fragen verglichen, wobei deutliche Unterschiede als Hinweise auf eine emotionale Erregung dienen – und entsprechend als »Lügen« gelten. So ähnlich können wir das im Verkauf auch handhaben. Die Verlinkungs-Technik dient zum einen dazu, die Referenzhaltung des Kunden ausfindig zu machen, und sie dient auch als Steuerung, um konstant mit dem Kunden verbunden zu bleiben. Die Verlinkungs-Technik erkennt Abweichungen, die sich vom natürlichen Rhythmus unterscheiden. Ein Beispiel wäre hier wieder unser Mythos, dass manche Menschen immer mit verschränkten Armen sprechen und dabei »innerlich zumachen«. Einige Kunden verwenden diese Geste, um immer mit verschränkten Armen zu stehen oder zu sitzen. Das bedeutet nicht, dass sie grundsätzlich verschlossen auf Ihren Reiz reagieren. Nein, es ist nur ihre Gewohnheit, es ist normal und deshalb tun sie das auch. Ich kann daraus keine Rückschlüsse auf ihren inneren Zustand ziehen. Situativ relevant ist es auch, wenn sich die Dynamik durch einen neuen Akteur ändert. Sie kennen das bestimmt, sobald jemand Neues dazu kommt, ändert sich irgendetwas, aber es ist etwas Gespürtes und nicht Gedachtes. Was Sie suchen, ist etwas, das sich ändert, wenn es einen sichtbaren Auslöser gibt. Stellen Sie sich vor, jemand steht vor Ihnen und befindet sich in einer normalen Position mit offenen Armen. Wenn sich jetzt jemand neu dem Kreis der interagierenden Personen nähert und dieser Kunde vor Ihnen beginnt seine Arme zu verschränken, ist dies ein Zeichen dafür, dass etwas nicht stimmt, weil ein Element dazugekommen ist, das etwas in einer Situation verändert hat. Suchen Sie nach den Momenten des Wandels und was sie ausgelöst haben.

2. Verbaler Inhalt

Die Kunden sagen Ihnen genau, was sie wollen, Sie liefern viele Informationen, die für uns beim Deuten der Körpersprache sehr wichtig sind. Der verbale Inhalt geht sowohl vom Kunden als auch von Ihnen selbst aus. Das bedeutet, sobald Sie etwas sagen oder der Kunde antwortet, müssen Sie seine körpersprachlichen Reaktionen beachten. Achten Sie darauf, dass die Wörter das widerspiegeln, was damit gemeint ist. Wenn ein Kunde mit verschränkten Armen sitzt oder steht und sich offensichtlich wohlfühlt, dann reflektiert er das, was drinnen ist. Etwas, was man draußen sieht, entspricht immer dem, was im Innern passiert. Wenn sich der Kunde unwohl fühlt, dann werden Sie es auch sehen. Beobachten Sie also, was zur Körpersprache und was zu den Wörtern passt. Achten Sie sehr darauf, wie sich die Körpersprache zu den Worten verhält. Wenn es einen Unterschied gibt zwischen dem, was die Körpersprache ausdrückt, und dem, was die Wörter sagen, ist das verdächtig. Schauen Sie sich diese Elemente an.

Kongruente Kommunikation: Was sagen Ihre Wörter und Körpersprache?

Meistens bemerken wir diesen Kampf, wenn sich das Gesprochene inkongruent zur Körpersprache verhält. Die stärkste und authentischste Form der Kommunikation ist die synchrone Kommunikation. Da Geste und Wort oft als Einheit verstanden werden, wirkt eine Mitteilung immer dann am stärksten, wenn Geste und Wort zeitgleich eine identische Ideeneinheit ausdrücken. Für eine sinnvolle und effektive Kommunikation sollten daher beide Kommunikationsformen »kongruent« (deckungsgleich) sein. Angenommen, ein Gefühl hat bereits begonnen einzusetzen, unser Verhalten zu diktieren und wir versuchen, die Situation mit dem, was wir tun zu beeinflussen. Wenn wir uns in dieser Phase befinden, in der wir keinen Zugang zu Informationen haben, die unser Gefühl zu ändern vermögen, wollen wir unsere Gefühle nicht unterdrücken. Was immer diese Gefühle zu uns sagen und antreiben zu tun, scheint uns gerechtfertigt und notwendig. Versuchen wir, Kontrolle zu erlangen über das, was wir tun und sagen, kommt es zu einem Ringen zwischen unseren wesentlichen Bestrebungen und unserem unwillkürlichen emotionalen Verhalten. Dieser Kampf wird für diejenigen unter uns besonders heftig ausfallen, die rascher und intensiver zu Emotionen neigen als andere. Das hat einen Grund: unsere steinzeitlichen Vorfahren, die Jäger und Sammler waren, konnten nur überleben, indem sie ständig durch nonverbale Signale miteinander kommunizierten. Deswegen ist die menschliche Mimik und Gestik so expressiv. Sie wurde über eine lange Zeit hinweg entwickelt und ist tief in uns verwurzelt. Wir haben den ständigen Drang, unsere Gefühle zu kommunizieren, die wir aber gleichzeitig verbergen müssen, um sozial zu funktionieren. Weil diese Kräfte in uns toben, können wir nicht vollständig kontrollieren, was wir kommunizieren. Unsere wahren Gefühle sickern ständig in Form von Gesten, Tonlage, Mimik und Körperhaltung durch. Egal, was wir sagen. Sie haben bestimmt schon einmal jemanden getroffen, dem Sie nicht geglaubt haben, ohne zu wissen, warum. Was diese Person sagte, klang eigentlich vernünftig, aber aus unerklärlichen Gründen konnten Sie ihr trotzdem nicht glauben. Wenn man inkongruent ist, arbeitet der Verstand so intensiv, dass der Körper nicht synchron funktioniert. Das passiert ganz unbewusst, z. B. wenn wir nicht das meinen, was wir sagen. Wenn Sie Ihrem Kunden eine Frage gestellt haben, mag er zwar mit »Ja« antworten, hat aber dabei blöderweise gleichzeitig verneinend den Kopf geschüttelt. Oder er sagte: »Ich finde Ihr Angebot gut.« Seine Körpersprache signalisiert jedoch, dass er etwas anderes denkt. Ein Teil von ihm war positiv gestimmt, während ein anderer Teil seiner Körpersprache eine negative Botschaft vermittelte.   Durch seine langsame, leise und monotone Rede war sein gesamter Bewegungsablauf blockiert. Seine Mimik war wie versteinert und er war gebeugt. Er vermied Blickkontakt und schaute stattdessen auf den Boden. Die Inkongruenz arbeitete gegen ihn, weil er versucht hat, gleichzeitig in zwei verschiedene Richtungen zu gehen.

Das Ganze kann sich auch anders äußern. Grundsätzlich kann ein Mangel an Emotionalität am Gesagten die Abnahme des Bewegungsniveaus erklären. Menschen verwenden weniger Körpersprache als sonst, wenn sie nicht handeln, sich langweilen, nicht interessiert oder tieftraurig sind. Wer Interesse oder Begeisterung vortäuscht, dem wird es wahrscheinlich nicht gelingen, seine Rede oder sein Verkaufsgespräch mit ebensolcher Körpersprache zu begleiten, und wird sich dadurch verraten, dass die Kongruenz nicht stimmig ist. Dies wird noch deutlicher, wenn eine Person sich nicht entscheiden kann, was genau sie sagen will. Wer zum ersten oder zweiten Mal eine Rede hält, sei es ein Vortrag oder ein Verkaufsgespräch, wird weniger Körpersprache parat haben als bei späteren Anlässen, wenn weniger Mühe investiert werden muss, die richtigen Worte zu finden. Immer, wenn beim Sprechen Vorsicht geboten ist, ist weniger Körpersprache beteiligt. Am eindeutigsten können wir das bei Ambivalenzen erkennen. Diese innere Zerrissenheit zwischen zwei Gefühlen und der Frage, was man sagen und wie man etwas formulieren soll. Auch bei einstudierten und auswendig gelernten Texten, die man im Verkaufsgespräch oder im Vortrag präsentiert, fällt die Körpersprache sparsamer aus. Manche Emotionen, vor allem Angst, können zusammenhängendes Sprechen stören. Der Drang, nahezu alle intensiven Emotionen in den Griff bekommen zu müssen, lenkt von den Prozessen ab, die mit der Aneinanderreihung von Worten verbunden sind. Die Emotionen müssen nicht nur kontrolliert, sondern auch verheimlicht werden. So wird wahrscheinlich auch der Verkäufer mit einem gut vorbereiteten Text Schwierigkeiten haben, ihn vorzutragen, sodass er weniger Körpersprache einsetzt, die seine Performance unterstützt. Es ist vielmehr so, dass sie arbeitet gegen ihn arbeitet, denn sein Gesagtes wird von einer asymmetrischen und nach unten hängenden Körpersprache ausgedrückt, die eine buchstäblich eigene Sprache spricht.

Körpersprache ist ein Mittel der emotionalen Einstimmung. Es ist zwar schwer für uns, die Gedanken einer anderen Person zu lesen, aber durch die Gefühle und Stimmungen lassen sich die Gedanken viel leichter erfassen. Wir alle können die Emotionen einer anderen Person auffangen. Die körperlichen Grenzen zwischen uns und anderen sind viel durchlässiger als wir meinen. Unsere Stimmungen werden kontinuierlich durch andere beeinflusst. Was wir dabei tun, ist, eine physiologische Reaktion in Information zu verwandeln. Achten Sie genau auf die Stimmung Ihres Gegenübers, die sich im verbalen Inhalt, seiner Körpersprache und seinem Tonfall bemerkbar macht. Wenn er redet, ist seine Gefühlstönung entweder im Einklang mit seiner Aussage oder nicht. Diese Tönung kann beispielsweise Selbstbewusstsein, Frustration, Freude, Unsicherheit oder Arroganz zum Ausdruck bringen und manifestiert sich nicht nur in seiner Gestik, Mimik, Körperhaltung und Atmung, sondern auch in seiner Stimme. Versuchen Sie in jeder Interaktion, dies zu erkennen, sogar noch bevor Sie darauf achten, was Ihr Kunde sagt. Sie werden zunächst die Stimmungen instinktiv registrieren, und zwar in Ihrer eigenen körperlichen Reaktion. Wenn Ihr Gegenüber einen defensiven Tonfall hat, wird dies tendenziell dazu führen, dass Sie ein ähnliches Gefühl verspüren.

Übung

Achten Sie darauf, sich nicht gleich mit zu vielen Informationen zu überfrachten. Machen Sie erste Schritte, um kleine, aber tägliche Fortschritte zu sehen. In einer zwanglosen Konversation setzen Sie sich etwa das Ziel, bei Ihrem Gegenüber ein oder zwei Gesichtsausdrücke zu entdecken, die seinen Äußerungen zu widersprechen scheinen oder Hinweise auf zusätzliche Informationen liefern könnten. Sobald Ihnen diese einfache Übung gelingt, wiederholen Sie sie bei jemand anderem, aber fokussieren Sie sich immer auf das Gesicht. Sobald Sie feststellen, dass es Ihnen leichter fällt, den Gesichtsausdruck anderer zu lesen, gehen Sie anschließend zu der Stimme der Person über und achten Sie auf jeden Hinweis einer Veränderung des Sprechtempos oder der Tonlage. Die Stimme sagt viel über unser Selbstbewusstsein und Zufriedenheit aus. Unsere Stimme ist unsere Identität. Die Stimme verrät alles über uns – wie wir ticken, wie wir denken und woran wir glauben. Später können Sie Elemente der Körpersprache miteinander vergleichen, wie beispielsweise die Haltung, Gesten und Beinposition. Halten Sie diese Übungen einfach. Schreiben Sie auf, was Sie beobachten, vor allem die Muster, die Sie erkennen. Wenn Sie diese Übungen machen, müssen Sie locker und offen sein für das, was Sie sehen. Versuchen Sie nicht, Ihre Beobachtungen mit Worten zu beschreiben, sondern lassen Sie das einfach wirken. Voraussetzung hierfür ist, dass Sie am Gespräch beteiligt sind, während Sie die 30:70-Regel einhalten und weniger reden und gleichzeitig Ihren Gesprächspartner dazu animieren, mehr von sich preiszugeben. Versuchen Sie immer wieder – auch unabhängig davon – den anderen zu spiegeln und anzudocken, machen Sie Bemerkungen und geben Sie im Wortlaut wider, was er gesagt hat, was ein Hinweis dafür ist, dass Sie ihm zuhören. Dies wird dazu führen, dass sich Ihr Gegenüber entspannt, mehr redet und mehr nonverbale Signale aussendet. Doch Ihre Beobachtung anderer Personen darf niemals offensichtlich sein. Wenn der andere das Gefühl hat, beobachtet zu werden, verkrampft er sich und versucht, seine Mimik oder Gestik zu kontrollieren, was wiederum zur Inkongruenz führt. Auch zu viel direkter Augenkontakt wird Ihre wahren Absichten offenbaren. Sie müssen neutral und aufmerksam wirken und Ihrem Gesprächspartner nur einige wenige, schnelle und heimliche Blicke zuwerfen, um mimische, gestische und stimmliche Veränderungen zu bemerken.

3. Bewegung

Die Bewegung steht zwar an dritter Stelle der Abfolge, wird aber bereits synchron oder kurz nach dem Gesagten erfolgen. Unmittelbar nachdem der Kunde den verbalen Inhalt vermittelt hat oder Sie diesen formuliert haben, schauen Sie sich seine Körpersprache an. Gibt es jetzt eine Veränderung? Hat sich irgendetwas bewegt? Jede Veränderung ist zu kontextualisieren, weil jede Bewegung auf einen Grund zurückgeführt werden kann. Was genau hat sich verändert? Hat der Kunde »Ja« gesagt und genickt oder hat er den Kopf verneinend geschüttelt? Hat er gesagt, wie fantastisch er Ihr Angebot findet und sind seine Hände daraufhin in die Hosentaschen gewandert? Wie ist sein Verhalten grundsätzlich? Alles hat jetzt Mitteilungscharakter. Sind Sie in einer Verhandlung? Geht es um viel? Setzt Ihr Gegenüber ein Pokerface auf? Denken Sie daran, Ihr Gegenüber kann nicht nicht kommunizieren. Handeln oder Nichthandeln, Worte oder Schweigen haben alle Mitteilungscharakter und sagen eine Menge aus. Normalerweise beobachten und verschleiern die Kunden ihr Verhalten nicht. Es ist unmöglich, dass ein Mensch es schafft, erfolgreich alles, von der Stirn bis zu den Fußspitzen, unter Kontrolle zu bringen. Es wird körpersprachlich irgendetwas passieren.

Passt eine Bewegung nicht zur Situation oder zum Gesagten, ist es sinnvoll, sich zu fragen, was da gerade geschieht und ob man mehr darüber wissen sollte. Sind die Veränderungen im Verhalten, die wichtig sind, Veränderungen, die auftreten, wenn es zu einem Themenwechsel im Gespräch kommt? Falls Ihr Kunde zum Beispiel beim Sprechen zögert oder versucht, sich an zurückliegende Ereignisse zu erinnern, sollte dies nicht automatisch als Ablehnung empfunden werden – es sei denn, das Zögern ist im Vergleich zu einem früheren Zeitpunkt im Verkaufsgespräch deutlich gestiegen. Wenn das Zögern stärker wird, könnte dies darauf hindeuten, dass der Kunde versucht, seine wahren Wünsche vor Ihnen zu verbergen.

Ein und dasselbe Signal kann verschiedene Bedeutungen haben. Konversationssignale können einen Unterschied machen, denn wenn man z. B. die Augenbrauen nach oben bewegt, kann dies bedeuten, dass jemand Angst hat, überrascht ist oder nur das Gesagte betont, also ein Gesprächssignal. Betrachten Sie das Timing der Bewegung und den Kontext. Wenn jemand etwas in dem Moment sagt, in dem es eigentlich keinen Sinn ergibt, dass ein bestimmter Mikroausdruck oder eine bestimmte Emotion in diesem spezifischen Moment auftritt, ist es wahrscheinlich nur ein Gesprächssignal.

4. Beweise

Ihnen muss Folgendes klar sein: Widerstände kommen nie aus heiterem Himmel. Es gibt immer Vorzeichen. Es wäre viel zu anstrengend für die andere Person, solche starken Gefühle zu unterdrücken. Das Problem ist nicht nur, dass wir unaufmerksam sind, sondern dass der Gedanke an Konflikte oder Unstimmigkeiten unangenehm ist. Wir ziehen es daher vor, nicht darüber nachzudenken und lieber anzunehmen, dass unsere Mitmenschen auf unserer Seite oder zumindest neutral sind. Meist spüren wir, dass etwas mit der anderen Person nicht ganz stimmt, aber wir ignorieren dieses Gefühl. Dieses Gefühl drückt sich in einer Art intuitiver Reaktion aus. Obwohl es verlockend ist, ein solches vorzeitiges Urteil zu fällen, müssen wir mit einer Uneindeutigkeit zurechtkommen, bis wir weitere Informationen sammeln können. Erst dann können wir sicher sein, wie es um Ihren Kunden wirklich bestellt ist. Um dieses Urteil fällen zu können, braucht man einen größeren Verhaltensausschnitt, der diese intuitive Reaktion mit Kontext anreichert. Wir müssen lernen, in zweierlei Hinsicht jenen intuitiven Reaktionen zu vertrauen und nach Zeichen zu suchen, die eine genauere Untersuchung der Beweislage nötig machen.

Erstens: konzentrieren Sie sich nicht nur auf einen Beobachtungskanal wie z. B. die Mimik, sondern betrachten Sie den Menschen als Ganzes mit all den Signalen, die er in einem Augenblick aussendet. In diese Beobachtung ist auch immer seine Bewegung einzubeziehen, also ihn nicht nur statisch wie eine Fotografie zu betrachten, sondern seine Bewegungen im Zeitverlauf zu betrachten. Der ganzkörperliche Ansatz wird dazu führen, dass wir menschliches Verhalten noch besser verstehen, denn dieser ganzheitliche Blick eröffnet Ihnen neue Sichtweisen. Verschränkt Ihr Kunde die Arme und legt dabei den Kopf zurück oder zur Seite? Durch den ganzheitlichen Blick können zum Beispiel kulturübergreifende Ausdrücke verschiedener Emotionen entdeckt werden. Ein Beispiel: was ist der Unterschied zwischen Freude, Stolz und Liebe? Alle drei Emotionen kennzeichnen sich dadurch, dass die Augen lachen. Doch wenn wir nur das Gesicht betrachten, dann gibt es keinen Unterschied zwischen Freude, Stolz und Liebe. Die drei Emotionen unterscheiden sich aber sehr wohl in ihrer Neurobiologie durch die ausgeschütteten Hormone voneinander. Freude zum Beispiel ist gekennzeichnet durch den Neurotransmitter Dopamin. Wie wir bereits wissen, könnte man ihn als unseren Belohnungstransmitter bezeichnen. Stolz wiederum ist gekennzeichnet durch das Dominanzhormon Testosteron, d. h. wenn ein Mensch in seiner Körpersprache Stolz zeigt, dann ist der Testosteronspiegel erhöht. Liebe hingegen wird durch das Bindungs- und Kuschelhormon Oxytocin charakterisiert. Wie unterscheiden sich Freude, Stolz und Liebe also in der Körpersprache? Die Antwort ist: allein durch den Kopfneigungswinkel. Bei Freude lassen wir den Kopf in einer neutralen Position. Bei Stolz hingegen heben wir das Kinn leicht an. Wir legen den Kopf leicht in den Nacken. Die Forschung hat gezeigt, dass der Kopfneigungswinkel ungefähr 20° beträgt. Und in der Liebe legen wir den Kopf zur Seite. D. h., allein durch die Kopfhaltung können wir den Unterschied zwischen den ausgeschütteten Hormonen Dopamin, Testosteron und Oxytocin bestimmen.

Zweitens: wir brauchen drei Interpretationen, die in drei verschiedenen Informationen sichtbar werden. Das kann etwas Ausgesprochenes plus zwei aufeinander laufende Bewegungen sein. Am besten wäre es, wenn wir mindestens drei Informationen hätten. Diese drei objektiven Interpretationen helfen uns bei der Beweisfindung, sodass wir uns sicher sein können, dass die Bedeutung, die wir ihr beimessen, auch stimmt.

Beachten Sie diese Kriterien bei jeder einzelnen Interpretation. Denn wenn das nicht auf die Bewegung angewendet wird, liegen Sie mit Ihrer Interpretation möglicherweise völlig falsch. Das gilt für jede einzelne Interpretation, die Sie durchführen werden. Das heißt, dass Sie mehrere Interpretationen haben können – sei sie verbal oder nonverbal – und die Botschaften, die Sie von dem Kunden erhalten, müssen das bestätigen, von dem Sie denken, dass es das sein könnte. Mit anderen Worten, wenn Sie eine Verhandlung haben und vor Ihren Kunden sitzen und anfangen, über einen Preis zu sprechen, und Ihr Kunde verschränkt währenddessen nur seine Arme, ist es wahrscheinlich, dass er nicht interessiert ist, aber Sie können nicht hundertprozentig sicher sein. Wenn Ihr Kunde aber in dem Moment, in dem Sie den Preis nennen, seine Arme verschränkt und zusätzlich seinen Atem anhält, die Lippen zusammenpresst, sich am Kopf kratzt und sich die Augen reibt, dann wissen Sie, dass diese fünf Zeichen eine sehr hohe Trefferquote für Ihre Annahme liefern. Die Kombinationen einer ähnlichen oder derselben Sache bestätigen somit Ihre Annahmen. Die meisten einzelnen Interpretationen, die wir im Verkauf derzeit behandeln, haben eine Trefferquote von annähernd 80 Prozent. Das bedeutet, dass die Interpretation meistens korrekt ist. Wenn Sie jedoch weitere Beweise sammeln, dann haben Sie eine x-mal höhere Chance, korrekt zu liegen, und das erhöht Ihre Chancen auf eine sattelfeste Interpretation.

Ein Verkäufer, der sich nur auf eine Interpretation verlässt, kennt nur eine feste Perspektive. Wenn Sie nur zwei Interpretationen haben, die möglicherweise nicht deckungsgleich sind, befinden Sie sich schnell in einem Dilemma. Wenn Sie drei oder mehr Perspektiven haben, wird das Bild objektiver. Wenn Sie sich angewöhnen, mehrere Interpretationen zu suchen, wechseln Sie von einer festen zu einer flexibleren Perspektive. Wenn Sie beispielsweise drei mögliche Interpretationen haben, fragen Sie sich, woher weiß ich, welche der drei genauer ist? Wenn die erste Interpretation wahr ist, würden wir als Nächstes überprüfen, ob die zweite Interpretation die erste stützt und so weiter. Stellen Sie dieselbe Frage für die anderen Interpretationen. Was würde als Nächstes zu sehen sein? Was würde jede der Interpretationen unterstützen? Das Schöne an diesem Prozess ist, dass er einfach ist, sodass Sie nicht in der Welt der Interpretationen verharren müssen. Je mehr Beweise Sie haben, umso schneller gelangen Sie in die Welt der objektiven Realität Ihres Gegenübers. Solange die beiden Welten getrennt sind, bleibt die Welt der Subjektivität und Objektivität intakt und wird respektiert. Was nicht funktioniert, ist, wenn jemand seine intrinsische subjektive Welt – was meist eine eigene Reflexion über Werte und Überzeugungen meint – nutzt und denkt, dass er damit auch die Welt der Realität des Kunden tatsächlich versteht. Ihre Reaktion auf die Realität gibt nur unzureichend wieder, was Realität ist. Der Vorteil der Beweisfindung besteht darin, dass mehrere Interpretationen Sie automatisch dazu zwingen, außerhalb Ihrer selbst zu bleiben, sich in der objektiven Realität zu bewegen und sicherzustellen, dass Sie eine flexible Perspektive anstelle einer festen Perspektive einnehmen. Seien Sie sich Ihrer eigenen Annahmen bewusst. Wenn Sie bei Ihrem Gegenüber bewusst nach etwas Bestimmtem suchen, werden Sie es wahrscheinlich finden oder Sie werden denken, Sie hätten es gefunden. Wenn Sie also nach winzigen Anzeichen von Lügen Ausschau halten oder nach Anzeichen dafür, dass sie etwas nicht mögen, werden Sie es wahrscheinlich finden. Und vielleicht werden Sie diese Anzeichen nur mit Ihren Worten unterbewusst anregen oder anziehen, also seien Sie sich darüber im Klaren, dass es auch nur Ihre eigenen Annahmen sein könnten und dass Sie die Ursache dafür sind. Sie erschaffen Ihre eigene Realität, die Sie vor sich sehen, anstatt die Ihres Kunden zu sehen. Seien Sie sich also Ihrer eigenen Annahmen bewusst, denn sie könnten Einfluss darauf haben, was Sie sehen, und vielleicht ist es nicht passiert, aber Sie haben nur gedacht, dass es passiert ist, weil Sie davon ausgegangen sind, dass es passieren würde. Sie sollten sich ständig der gängigsten Fehler bewusst sein, die Ihnen unterlaufen können. Wir wissen, dass Wörter eine direkte Information ausdrücken. Wir können darüber streiten, was jemand meint, wenn er etwas sagt, aber die Deutungsmöglichkeiten sind relativ begrenzt. Körpersprache ist wesentlich ambivalenter und indirekter. Es gibt kein Wörterbuch, das Ihnen sagt, was dieser oder jener mimische Ausdruck bedeutet. Es hängt vom Individuum, dem Kontext und dem Vokabular ab. Wenn Sie sich nicht an die Verifizierung halten, werden Sie die Zeichen zwar schnell aufgreifen, sie aber schnell so interpretieren, dass sie Ihren eigenen emotionalen Vorurteilen über Menschen entsprechen – was Ihre Beobachtungen nicht nur nutzlos, sondern auch gefährlich macht. Wenn Sie etwa jemanden beobachten, gegen den Sie ohnehin eine Abneigung haben oder der Sie an eine Person aus Ihrer Vergangenheit erinnert, die Ihnen unsympathisch war, werden Sie dazu neigen, fast jeden Hinweisreiz als ablehnend oder feindselig zu deuten.

Bei diesem Prozess müssen Sie sich daher bemühen, keine persönlichen Vorlieben und Vorurteile in Ihre Beobachtung einfließen zu lassen. Gehen Sie professionell vor. Das ist das, was Sie wahrnehmen können: verbal, wie sich der Kunde bewegt und wie er atmet. Was ist außerhalb von Ihnen los? Und auf keinen Fall sind Sie an dieser Stelle in Ihre persönliche intrinsische Welt involviert und dürfen darauf reagieren. Wenn Sie als Beobachter etwas in der objektiven Realität sehen, haben Sie mehrere mögliche Interpretationen. Wenn Sie jedoch diszipliniert sind und sich bemühen, Beweise für die objektive Realität zu sammeln, indem Sie die Situation, die verbalen Inhalte, Bewegungen und Atmung berücksichtigen, können Sie zu einer klaren Interpretation gelangen. Folglich haben wir den Gesamtkontext definiert und verhindern das, was als Othello-Effekt bekannt ist. Im Theaterstück von Shakespeare nimmt die Titelfigur Othello an, dass seine Frau Desdemona Ehebruch begangen hat, weil sie nervös reagiert, als sie wegen angeblicher Beweise ihrer Tat zu Rede gestellt wird. In einer Befragungssituation, die potenziell – bei Bestätigung des Vorwurfes – eine schwerwiegende Konsequenz für die befragte Person nach sich ziehen kann, kann diese Person, die tatsächlich unschuldig ist und die Wahrheit sagt, nervös, ängstlich oder widersprüchlich agieren. Der Verhörende kann dadurch das Verhalten der verhörten Person mit dem nervös-ängstlichen Verhalten eines tatsächlichen Lügners verwechseln, der Angst hat, entlarvt zu werden. Der Verhörende begeht also möglicherweise einen Fehler, wenn er nicht erkennt, dass auch der Stress der Befragungssituation die gleiche Auswirkung auf Verhaltensweise und Körpersprache haben kann wie die Angst aus Sorge vor der Überführung einer Lüge. Natürlich ist Desdemona in Wirklichkeit unschuldig, aber Othellos paranoide Art und seine bedrohlichen Fragen beunruhigen sie, was er als Zeichen ihrer Schuld missdeutet.

3. Die Bedeutung

Die Aufmerksamkeit, die wir bekommen, überschätzen wir – aber nicht, weil wir egoistisch oder narzisstisch sind. Wir tun es, weil wir alle im Zentrum unseres eigenen Universums stehen und nicht anders können, als die Welt aus unserer eigenen Perspektive zu sehen. Das lässt uns annehmen, dass andere sie auch aus unserer Perspektive sehen. Dies ist besonders dann der Fall, wenn wir uns unwohl fühlen, wenn wir einen schlechten Tag haben oder wenn wir etwas Dummes gesagt haben. In all diesen Fällen werden die meisten von uns die Anzahl der Personen, die unsere Verfassung bemerken, überschätzen, weil wir uns in unserer intrinsischen und subjektiven Realität aufhalten und nicht das Gesamtmuster sehen.

Um das Gesamtmuster zu verstehen, zerlegen wir den Prozess in Signalarten und analysieren jedes einzelne Signal und seine Bedeutung. Aus der Perspektive einer objektiven Realität stellt sich nun die Frage, was die wahrgenommenen Veränderungen bedeuten. Um das Verhalten des Kunden besser deuten zu können, hilft es Ihnen, die Veränderungen in Kauf- und Nichtkaufsignale zu übersetzen. Wenn Sie Ihren Wortschatz der Körpersprache erweitern, werden Sie in der Lage sein, Gesten mit möglichen Emotionen in Beziehung zu setzen.

Erweitern Sie Ihr nonverbales Vokabular

Generell kann man bei Kunden, die nonverbale Kaufsignale zeigen, beobachten, wie sich der Körper frei und entspannt bewegt. Alle Gesten, die uns größer machen, wie zum Beispiel das Strecken oder das Öffnen der Hände Ihnen gegenüber, deuten auf Kaufsignale hin. Wenn Ihr Kunde sich freier bewegt, reagiert er positiv auf das von Ihnen geführte Verkaufsgespräch. Dies hat mit dem Wohlbefinden zu tun und den damit verbundenen Emotionen. Fühlt sich Ihr Kunde gut, bewegt er sich großzügiger im Raum und nimmt diesen in Anspruch. Das Zurücklehnen mit dem Kopf, der ein wenig geneigt ist, offene Arme und ein damit einhergehendes Lächeln zeigen ebenfalls eindeutige Kaufabsichten. Das ist ein positives Feedback für Sie. Alle Bewegungen, die nicht schützend und nicht als Barriere genutzt werden, können Sie ebenfalls als positive Reaktion bewerten. Wenn wir uns unwohl fühlen, haben wir den Drang, den Bauch mit unseren Armen zu schützen, denn dort befinden sich die lebensnotwendigen Organe. Bei offener Haltung sagen wir nichts anderes, als dass wir nichts zu verbergen haben, und es zeigt, dass wir uns so sicher fühlen, dass wir unseren Bauch nicht zu verdecken brauchen.

Wenn ein Kunde seinen Blick etwas länger auf ein Produkt richtet, dann können Sie davon ausgehen, dass er interessiert ist. Wenn außerdem die Augenbrauen gleichzeitig nach oben gehen, ist der Kunde emotional mit dem Produkt verbunden.

Grundsätzlich gibt es sieben Indikatoren, die Ihnen helfen sollen, positive von negativen Signalen auf Anhieb zu unterscheiden und so Ihr nonverbales Vokabular zu erweitern.

Bauch

Für die japanischen Samurai lag der Schwerpunkt auf unseren empfindlicheren Nerven und unsere Verbindung zum Leben im Bauch, den Eingeweiden; das war auch der Mittelpunkt ihrer Verbindung zum Tod, und sie meditieren so eindringlich wie möglich über diese Empfindung, um ein körperliches Todesbewusstsein zu erschaffen. Unser Bauch ist ein guter Indikator, denn dort befinden sich unsere lebenswichtigsten Organe. Bei Stress oder Unwohlsein und wenn wir uns unsicher fühlen, schützen wir ihn. Wenn wir uns sicher fühlen, ist das nicht nötig. Das limbische System unterscheidet nicht zwischen dem Stress unseres Zeitalters und dem Stress jener Zeit, als es um Leben und Tod ging. Deshalb übernimmt es die Kontrolle, sobald Sie sich in einer für Sie unangenehmen Situation befinden. Dann signalisiert es Gefahr und unser Gehirn schüttet Stresshormone aus. Dem Körper wird signalisiert, dass er in Gefahr ist, und der Bauch wird durch verschränkte Arme oder durch ein Zusammenziehen des Körpers geschützt, um die Bauchfläche zu verkleinern. Genauso funktioniert es umgekehrt: das limbische System signalisiert, dass wir uns sicher fühlen und unserem Gegenüber vertrauen können, so dass keine Gefahr besteht. Dadurch öffnen wir uns und machen die Bauchfläche frei, indem wir uns ausstrecken und eine Angriffsfläche bieten.

Achten Sie immer auf den Kontext. Da der Bauch zu den verwundbarsten Stellen unseres Körpers zählt, neigen wir dazu, ihn von Personen abzuwenden, die uns unsympathisch sind, die uns ein ungutes Gefühl vermitteln oder deren Äußerungen uns missfallen. Wenn wir jemanden begrüßen, an dem uns nichts liegt, zeigen wir vielleicht einen freundlichen Gesichtsausdruck, wenden aber unbewusst unseren Bauch von ihm ab. Im Grunde verweigern wir durch diese Bewegung unserem Gegenüber den Zugriff auf diese verletzliche Region unseres Körpers. Wenn wir einen Menschen mögen, wenden wir ihm unsere verwundbarsten Körperregionen – unseren Bauch – zu. Dieses Verhalten lässt sich schon bei kleinen Kindern beobachten. Wir signalisieren durch diese Körperhaltung Interesse an einer Person und zeigen an, dass wir uns in ihrer Gegenwart wohlfühlen. Wenn wir neben einem Menschen zu sitzen kommen, der sich als sympathisch herausstellt, wenden wir ihm nach und nach auch unsere Brust und unsere Schultern zu. Wenn jemand plötzlich seinen Bauch mit einem Gegenstand – zum Beispiel mit einer Geldbörse oder einer Aktentasche – bedeckt, lässt dies auf Unsicherheit oder die Tatsache schließen, dass ihm das Gespräch unangenehm ist. Wenn sie sich angegriffen oder verletzt fühlen, finden Menschen viele Wege, um die verwundbarste Region ihres Körpers zu bedecken – mit einem Kissen, indem sie ihr Haustier an sich drücken oder indem sie die Knie an den Bauch ziehen. Das ist das Wesen der funktionalen Körpersprache.

Schwerkraft

Bewegungen entgegen der Schwerkraft sind ebenfalls gute Indikatoren für Interesse. Sie kennen das bestimmt: wenn es Ihnen so richtig gut geht oder Sie glücklich sind, neigen Sie sprichwörtlich dazu, vom Boden abzuheben. Bei verliebten Paaren oder bei Kindern mit Vorfreude auf ein Geschenk kann man das sehr gut erkennen. Diese Verhaltensweisen können Sie eindeutig als Kaufsignale deuten, weil sie offensichtlich sind. Erzählen Menschen begeistert positive Dinge, gehen ihre Hände völlig automatisch in den oberen Bereich. Argumentieren wir sachlich, bleiben sie im Regelfall in der Mitte, circa auf Höhe des Bauchnabels. Wenn wir beispielsweise zur Vorsicht mahnen und sagen »Seien Sie achtsam!«, gehen die Hände oft in den Bereich rund um den Gürtel oder sogar noch tiefer, also den unteren Körperbereich. Das Spannende ist, dass kein Mensch das trainieren muss. Es passiert intuitiv, weil unsere Gestik und Mimik nicht von unserem Verstand gesteuert wird, außer, wir machen ganz bewusste Zeigegesten oder Sachbewegungen. Probieren Sie es selbst einmal aus: wenn Sie bedrückt sind oder weinen und damit aufhören möchten, sehen Sie einfach nach oben. Straffen Sie Ihre Schultern und versetzen Sie sich in einen visuellen Zustand. Ihre Gefühle werden sich fast sofort ändern.

Symmetrie

Alle asymmetrischen Ausdrücke suggerieren, dass etwas nicht stimmt. Das einseitige Zucken mit der Schulter bedeutet, dass der Körper den Worten widerspricht. Die einseitige Bewegung der Lippen in Richtung Ohr entspricht Verachtung. Dies sind eindeutige Signale für eine nötige Kurskorrektur. Das falsche Lächeln ist asymmetrischer als ein tatsächlich empfundenes. Asymmetrie deutet auf eine Art Störung in der Interaktion hin und ist ein Ausdruck des Körpers, der deutlich macht, dass es eine immanente Disharmonie und eine buchstäbliche Dysbalance gibt.

Symmetrie in der nonverbalen Kommunikation bedeutet, dass sich alles im Gleichgewicht befindet. Das strahlen wir so aus, dass aus der Sicht des Betrachters die linke und die rechte Körperhälfte gespiegelt sind. Auch eine frontale Haltung, aufrechter Kopf, gerade Hüften, gleichmäßige Gewichtsverteilung auf beide Beine und symmetrische Gestik sind wichtig. Ähnlich wie bei dem Versprecher gibt es auch Ausrutscher bei Körperbewegungen, die Informationen sichtbar werden lassen, die die Person zu verbergen bemüht. Diese sind meist einseitige Bewegungen und sie gelten nur für kulturelle Gesten, die durchsickern, die wir verbal äußern wollen. Wenn wir wütend sind, könnte der Stinkefinger als unterdrückte Wut sichtbar werden. Diese Gesten werden meist nicht in der Darstellungsposition, die sich vom Hals bis zur Taille erstreckt, gezeigt, sondern außerhalb. Vielen Menschen ist nicht klar, dass sie als Ausrutscher erscheinen können.

Künstlich erzeugte Gesichtsausdrücke sind asymmetrischer als spontane und echte Ausdrücke, obwohl es nur leichte Unterschiede gibt und sie ohne spezielles Training nicht so einfach auszumachen sind. Eine seitlichere Haltung zum Gegenüber trägt zu einer asymmetrischen Wirkung bei – Schulter zur Seite geneigt, Hüften schräg, Körpergewicht ungleichmäßig auf die Beine verteilt – und die Gestik bewegt sich nicht gleichmäßig.

Neutralität

Sobald Sie während des Verkaufsgesprächs bei Ihrem Kunden sehen, dass die Stirn nicht in Falten geworfen ist, die vollen Lippen zu sehen sind (weder zusammengepresst noch schmal), der Augenbereich entspannt wirkt und der Kopf zur Seite geneigt ist, gibt es keinen Zweifel, dass Sie seine Aufmerksamkeit haben und er positiv angeregt ist. Grundsätzlich haben Sie sehr gute Chancen, den Kauf erfolgreich abzuschließen.

Pupillengröße

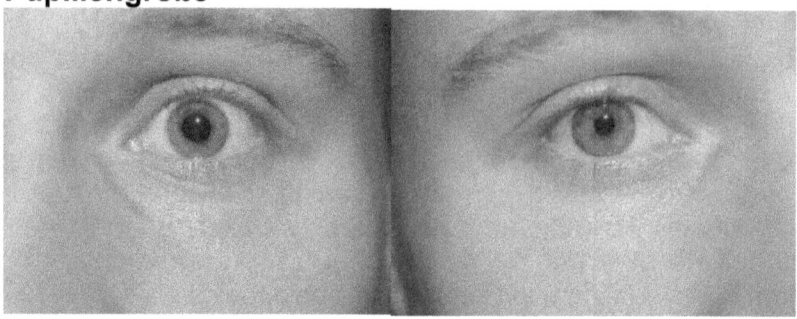

Ein einfacher und sicherer Indikator für Interesse und Desinteresse sind unsere Pupillen. Die Pupillenerweiterung wird vom vegetativen Nervensystem gesteuert, das auch die Veränderung des Speichelflusses reguliert und die Atmung steuert. Unsere Pupillen weiten sich bei allem, was wir begehren, und verengen sich bei allem, was wir ablehnen. Ergo: empfindet Ihr Kunde gerade positive Gefühle in Bezug auf Ihr Produkt, sind seine Pupillen geweitet, er ist davon richtig angetan und das Verkaufsgespräch wird in die richtige Richtung laufen. Das Gehirn sagt: »Mir gefällt, was ich sehe, ich will mehr davon.« Empfindet der Kunde hingegen schwache oder sogar negative Emotionen, werden Sie feststellen, dass seine Pupillen verengt sind. Bei Gleichgültigkeit haben sie zumindest ihre normale Größe. Leider wird diese Information so gut wie nicht genutzt, weil man nicht genau hinschaut oder ihr nicht die Beachtung schenkt, die sie verdient. Das ist auch verständlich, denn wir achten in der Regel nicht auf die Pupillen, weil ein intensiver Augenkontakt normalerweise mit eindeutigen sexuellen Konnotationen behaftet ist. Außerdem will man seinen Gegenüber nicht anstarren.

Wir sollten daher üben, einen schnellen Blick auf die Pupillen unseres Gegenübers zu werfen. Es ist wirklich einfach. Bei dunkleren Augen müssen Sie etwas genauer hinschauen. Ein Kunde, der im Verkaufsgespräch erweiterte Pupillen zeigt, hat praktisch schon gekauft. Denn diese Veränderung heißt, dass er das Produkt begehrt und er vor seinem inneren Auge bereits einen Film gesehen hat, wie es sein wird, das Produkt zu besitzen. Jetzt liegt es an Ihnen.

Achtung: in dunklen Räumen weiten sich die Pupillen automatisch, weil sie mehr Licht brauchen, und bei zu hellen Räumen verengen sie sich, um das Auge zu schützen. Das sollten Sie bei Ihrer Beobachtung berücksichtigen!

Beruhigungsgesten

Wir berühren uns ständig selbst, meist im Gesicht zwischen 400- und 800-mal am Tag. Auch hier unterscheiden wir zwischen einer Sachbewegung und einer Emotionsbewegung. Bei der Sachbewegung streichen Sie Ihren Arm, und Ihr Gehirn kann vorhersagen, was passiert und wie sich das anfühlen wird. Tatsächlich blendet das Gehirn diese Information dann aus. Es unterdrückt also das Gefühl, das aufkommt, wenn Sie Ihren eigenen Arm streichen. Und zwar dadurch, dass es weiß, was passieren wird. Bei einer Emotionsbewegung hingegen nehmen wir die Berührungen nicht bewusst wahr, weil dieser Berührungsreiz für unseren Organismus wichtig ist. Was da passiert, ist, dass das Gehirn, wenn wir gestreichelt werden, ein Signal nach unten schickt, in niedrigere Verarbeitungsstufen, also vielleicht im Thalamus (bildet den größten Teil des Zwischenhirns) oder im Rückenmark und den Neuronen dort signalisiert: »Schwächt eure Aktivität ab. Wir werden gestreichelt. Es ist alles gut. Es ist jemand da.« Ob tatsächlich schon so der Schmerz herunterreguliert werden kann und wie genau er gedämpft wird, ist heute noch nicht bekannt, und das gilt nicht nur bei körperlichen Schmerzen

Wir alle kennen das Gefühl: wir tun uns weh. Und sofort berühren und streicheln wir die schmerzende Stelle unbewusst und intuitiv. Die Wissenschaft sagt: das ergibt Sinn. Studien zeigen, dass Berührungen einen positiven, also schmerzhemmenden Einfluss bei akutem Schmerz haben. Also wenn Probanden zum Beispiel mit elektrischen oder mit thermischen Reizen konfrontiert werden, also mit Hitzereizen, und dadurch Schmerz ausgelöst wird, kann Berührung unmittelbar die Schmerzantwort lindern. Wenn Sie eine Mücke sticht, dann streicheln Sie diese Stelle. Dieses Verhalten wird nicht unbedingt physisch, sondern vor allem psychisch konditioniert. Eine Forschungsgruppe von Martin Grunwald in Leipzig hat eine ausgefallene Studie ersonnen. Die Versuchspersonen bekamen die Aufgabe, verschiedene Muster auf kleinen Platten zu ertasten, sich die Struktur zu merken und später aufzuzeichnen. Dass sie dabei gefilmt wurden, um ihre Hirnströme parallel zu den Selbstberührungen auswerten zu können, wussten sie nicht. Während der Phase, in der sie versuchten, dass Ertastete im Gedächtnis zu behalten, ertönten dann plötzlich störende Geräusche. Laute Sirenen, Klingeln, Kinderstimmen. Das EEG hat gezeigt: Stress pur für die Probanden. Dieses Experiment hat es zum ersten Mal in einer Laborsituation möglich gemacht, dem Gehirn dabei zuzuschauen und zu beobachten, wie es sich selbst reguliert, sprich:

wie der Organismus versucht, sich selbst zu beruhigen. Die störenden Geräusche haben die Konzentration gestört und der Inhalt im Arbeitsgedächtnis drohte verloren zu gehen. Ein Gefühl der Überforderung trat auf. Gerade in solchen Momenten treten Selbstberührungen besonders häufig auf. Die Auswertung der Gehirnströme hat gezeigt, dass schon kurze Berührungen die Gehirnaktivität regulieren. Sie ging zurück auf ein mittleres Erregungsniveau. Dadurch konnten die Probanden ihre Aufmerksamkeit wieder besser fokussieren.

Berührungen kommen von außen und wirken tief in unserem Inneren. Sie helfen uns dabei, unser emotionales Gleichgewicht zu bewahren.

Beruhigungsgesten umfassen alle jene Bewegungen, bei denen ein Körperteil ein anderes Körperteil pflegt, massiert, reibt, hält, kneift, zupft, kratzt oder sonst irgendwie beruhigt. Beruhigungsgesten können sehr kurz sein oder sich über Minuten hinziehen. Einige der kürzeren scheinen einen klaren Zweck zu verfolgen: das Haar wird in Ordnung gebracht, Ohrenschmalz wird aus dem Gehörgang entfernt, ein Körperteil wird gekratzt. Andere Beruhigungsgesten, vor allem die, die länger andauern, scheinen keinem direkten Zweck zu folgen: Haarsträhnen werden aufgedreht und wieder entflochten, Finger werden gerieben, man tippt mit einem Fuß auf dem Boden. Typischerweise löst die Hand die Beruhigungsgeste aus, obwohl auch sie, wie jedes andere Körperteil, das Objekt einer Beruhigungsgeste sein kann. Bekannte Objekte sind Hals, Ohren, Nase oder Schritt. Auch im Gesicht kommen beruhigungsgestische Aktionen zur Anwendung – die Zunge stößt gegen die Wange, die Zähne beißen ein wenig auf die Lippen. Auch Hilfsmittel können zu Bestandteilen des beruhigungsgestischen Akts werden: Streichholz, Bleistift, Büroklammer oder Zigarette. Wenngleich die meisten Menschen so erzogen wurden, dieses »Badezimmerverhalten« nicht in der Öffentlichkeit zu zeigen, haben sie nicht gelernt, damit aufzuhören, sondern nur aufgehört zu bemerken, dass sie es immer noch tun. Beruhigungsgesten finden am Rande des Bewusstseins statt. Selbst wenn man es sich vornimmt, gelingt es manchmal nicht, Beruhigungsgesten für längere Zeit abzustellen, weil man daran gewöhnt ist. Beruhigungsgesten sind funktional. Ich habe mich oft gefragt, warum Menschen gerade eine bestimmte Beruhigungsgeste bevorzugen und nicht eine andere. Hat es irgendetwas zu bedeuten, wenn lieber gerieben als gedrückt wird oder wenn jemand ein Zupfen dem Kratzen vorzieht? Und lässt sich daraus eine Botschaft herauslesen oder hat die eine Geste andere Funktionen als die andere? Macht es einen

Unterschied, ob beispielsweise die Hand, das Ohr oder die Nase berührt wird? Die Antwort lautet, dass Menschen ihre individuellen Referenzhaltungen haben und entsprechend ihre Lieblingstätigkeiten im Hinblick auf eine spezielle Art der Beruhigungsgeste, die ihr spezielles Kennzeichen ist, individuell ausdrücken. Also personenspezifisch. Bei dem einen ist es vielleicht das Streicheln eines Armes, ein anderer zupft seine Nagelhaut, und ein Dritter zwirbelt seinen Bart. Fakt ist: mit steigendem Unbehagen nehmen Beruhigungsgesten zu. In solchen stressigen Momenten brauchen wir eigentlich jemanden, der uns beruhigt, da aber häufig niemand da ist, machen wir das selbst. In Stresssituationen, wenn wir uns schwach oder traurig fühlen, suchen wir uns selbst und brauchen mehr von uns. Wenn wir uns beispielsweise kleiner machen oder zusammenziehen, haben wir das Bedürfnis uns selbst zu spüren und mehr von uns zu erfahren. Wir machen uns klein, wenn wir uns schlecht fühlen, nicht nur, weil wir uns schützen möchten, sondern auch, weil wir mehr von uns selbst brauchen. Wenn Sie Vertrauen zu Ihrem Kunden aufbauen wollen, dürfen Sie diese Beruhigungsgesten beim Verkaufsgespräch nicht zeigen. Ihr Kunde wird dies mit Unsicherheit assoziieren, was sich auf Ihr Produkt oder Ihr Unternehmen niederschlägt. Im schlimmsten Fall wird Ihr Kunde Sie als unehrlich einstufen, weil diese Gesten implizieren, dass etwas nicht stimmt.

Gemischte Gefühle

Das Erreichen eines authentischen Selbstbildes erfordert, dass wir völlig im Einklang mit unseren wahrsten Gefühlen, Überzeugungen, Fähigkeiten und Werten sind. Das fällt uns aber schwer, wenn wir gemischte und widersprüchliche Gefühle empfinden. Wir wirken dann absolut nicht überzeugend. Und so wie ein kraftvoller Zustand sich selbst verstärkt, verstärkt sich auch Unsicherheit in der Motorik. Wie wir bereits wissen, ist es wichtig, bei der Kongruenz zu beobachten, ob das gesprochene Wort mit der Körpersprache übereinstimmt. Sollten Störungen auftreten, wenn der Kunde etwas sagt, dem seine Körpersprache widerspricht, kommt es zur Inkongruenz. Das gleiche Phänomen gibt es auch bei körpersprachlichen Signalen. Das mag zunächst widersprüchlich klingen, doch natürlich gibt es im Körper auch widersprüchliche Signale. Ein Teil meines Körpers ist offen, während sich ein anderer Teil zurückzieht. Darin zeigt sich, dass wir Menschen kompliziert und nicht so eindeutig strukturiert sind. Widersprüchlichkeiten in unserem Körper sind in Ordnung und begründet. Diese immanenten

Widersprüche und Konflikte sind ein Teil von uns und wir müssen sie akzeptieren. Aus dieser Perspektive erkennen wir auch jene widersprüchlichen Signale, die ein Mensch aussendet, und aus der Art, wie er auf uns zukommt und wie er reagiert, sein Wesen. In seinem Verhalten erkennen wir das Muster seines Denkens und sogar seiner Weltanschauung. Wir sprechen dann in diesem Zusammenhang von einer buchstäblichen Stellungnahme. Die Stellung, die der Körper einnimmt, ist auch die Stellung, die er zum Leben einnimmt. Solche gemischten Signale sind keine Seltenheit. Sie vertreten eine entscheidende Meinung, auf die eine andere Person mit einem Augenrollen reagiert, das sie sogleich mit einem Lächeln zu kaschieren versucht. Der überwiegende Teil der gemischten Signale vermittelt in diesem Fall tatsächlich negative Emotionen. Sie sollten den negativen Signalen in jedem Fall mehr Gewicht beimessen, weil sie die wahren Gefühle einer Person anzeigen. Diese sind wahrhaftig und unser Messinstrument. Emotionen, die durch ein Lächeln maskiert werden, sind für den ungeübten Verkäufer immer schwer zu fassen, aber Sie als nun Trainierter können die Unwahrheit erfassen, weil Sie wissen, dass die gefühlte Emotion in den oberen Augenlidern, den Augenbrauen und der Stirn durchkommt. Sie werden auch erfassen, dass Gesichtsausdrücke in den Augen und dem Mund manchmal eine unterschiedliche Sprache sprechen. Natürlich können alle diese Variationen der Mimik gemischt werden. Alle diese Signale finden im Gesicht statt, und alle mimischen Kombinationen können miteinander kombiniert werden, und das gilt auch für ganz verschiedene Arten von Emotionen. So kann unser Gesicht Wut, Verachtung und Ekel gleichzeitig spiegeln. Dies hat sich in der Coronakrise massiv verstärkt, auch wenn (oder weil?) wir alle Masken tragen mussten. Das Ergebnis ist nämlich nicht ein weniger an Emotionen, sondern ein veränderter Blick darauf. Das gesamte mimische Theater hat sich u. a. in das obere Gesichtsdrittel verschoben, sagt Olivier Klein, Professor für Sozialpsychologie an der Université Libre in Brüssel. Da das Gesicht fast nicht mehr zu sehen ist, achten wir jetzt mehr auf andere Dinge als zuvor. Man darf die Bedeutung der unteren Gesichtshälfte nicht überbewerten, sagt Oliver Klein, denn es ist der ganze Körper, der uns die Informationen vermittelt. Dazu gehören nicht nur Mund, Kinn und Nase, sondern auch die obere Gesichtshälfte, sprich die Augenbrauen und Augenfalten. Aber auch die Bewegungen des Kopfes als Ganzes und die des Körpers vermitteln jede Menge Informationen. Im Großen und Ganzen ist der Informationsverlust also weniger katastrophal, wie man zu Beginn des Lockdowns meinte. Es gibt viele

Körperpartien, die mit dazu beitragen, Missverständnisse in der Kommunikation zu verhindern. Hinzu kommt: wenn wir eine Maske tragen, sind wir uns dessen bewusst und kompensieren das, indem wir andere Körperteile einsetzen, um unsere Botschaft zu vermitteln. Wir sind sehr gut darin, unsere Kommunikation an den Kommunikationskanal des anderen anzupassen. Zurück zum eigentlichen Thema dieses Abschnitts: gemischte Emotionen sehen wir überall. Selbst auf so kleinen Flächen wie dem oberen Gesichtsdrittel sickern sie durch und unser Körper lernt schnell, die Kommunikationsfläche mit den entsprechenden Expressionen zu projizieren. Wenn wir beispielsweise aus der Ferne über Videokonferenzen kommunizieren, sind wir uns bewusst, dass unsere untere Körperhälfte nichts zur Kommunikation beitragen kann. Wenn wir vor Ort wären und wir uns gegenüberstünden, würden wir, zumindest nonverbal, ganz anders kommunizieren.

Diesen sieben Indikatoren wollen wir ihre völlige objektive Notwendigkeit zugestehen, weil sie die Referenzhaltung ausmachen und uns helfen, die Veränderungen zu erkennen. Daraus ergibt sich ein Muster. Jetzt können Sie das körpersprachliche Verhaltensmuster Ihres Kunden erkennen. Dieses Verhalten ist zwar grundsätzlich individuell, bei dem gleichen Kunden in ähnlicher Situation aber immer ähnlich. Aufgrund der körperlichen Reaktionen wissen Sie, wohin die Reise geht. Warten Sie daher stets die gedankliche Reaktion Ihres Gegenübers ab. Raten Sie nie! Warten Sie immer, bis sich die Zeichen einstellen. Verlieren Sie nicht die Geduld. Sie werden erstaunt sein, wie ein anderer Mensch beim Denken körperlich reagiert. Sein ganzer Körper bewegt sich. Jeder kleinste Muskel. Diese verräterischen Muskelkontraktionen sind auch am Kopf, an der Schulter und an der Stirn sicht- und nicht kontrollierbar. Selbst wenn sich Ihr Gegenüber noch so sehr bemüht, seine körperlichen Reaktionen zu unterdrücken, wird es ihm nicht gelingen. Es gibt keinen Knopf, den man drücken kann, um die emotionalen Reaktionen zu stoppen. Kein Mensch kann seine Gedanken verbergen, kein Mensch kann verhindern, zu denken. Auch wenn man sich bewusst dagegenstemmt und versucht, etwas anderes zu denken, um Sie in die Irre zu führen, so sind das wieder Gedanken und Gefühle, die in Körpersprache übersetzt und gelesen werden können. Wie ist das möglich? Die Körpersprache zeigt die verborgene Emotion und das ist immer das Ergebnis von Unterdrückung oder Verdrängung. Wenn man sich bewusst dagegen wehrt und etwas anderes denkt, schließt das auf ein Verhalten, das Sie erkennen können.

Hier ein kleines Beispiel: ein Kunde wirkt entspannt, kurz nachdem Sie sich begrüßt haben und sich gegenüberstehen. Seine Beine stehen parallel, schulterbreit und gleichmäßig auseinander. Seine Füße zeigen beide in Ihre Richtung. Die beiden Schultern zeigen eine normale, gleichmäßige Haltung. Seine Pupillen sind normal geweitet. Nachdem Sie seinen Bedarf geklärt haben und in die Produktvorstellung gehen, stellen Sie fest, dass Ihr Kunde plötzlich eine andere Haltung eingenommen hat, die sich von der Referenzhaltung, also jener, die er hatte, als es noch nicht um das Produkt ging, signifikant unterscheidet. Er steht etwas angespannter als vorher. Jetzt dreht er das rechte Bein nach vorne, während er vorher mit beiden Beinen parallel stand. Diese Haltung ermöglicht eine schnelle Reaktion, wenn es um Flucht oder Kampf gehen würde. Seine Füße zeigen beide weg von Ihnen, das heißt, egal in welche Richtung er gehen würde, er würde an Ihnen vorbeilaufen. Seine rechte Schulter hält er ein bisschen höher als die linke und seine Pupillen sind jetzt verengt. All das verrät Ihnen über den Kunden, dass er sich nicht gut fühlt. Nicht gut genug, um zu kaufen. Denn gute Gefühle braucht es, um einen Kaufreiz zu stimulieren. Die dargestellte Reihenfolge einzuhalten ist sehr wichtig. Die Schritte können sinnvollerweise nicht als einzelne bestehen, sonst wird es zu vielen Missverständnissen kommen.

Nehmen wir an, Sie sind mit einem Kunden unterwegs und sehen, wie er seine Arme hinter sich platziert. Jetzt analysieren wir: was ist der komplette, augenblickliche Kontext? Was wurde besprochen und in welcher Situation sind wir gerade und wann hat er sich bewegt, also wann ist die Veränderung passiert? Diese Geste kann je nach Situation komplett diametral anders verstanden werden. Sie kann eine unterwürfige Geste sein. Das merken Sie, wenn er mit etwas gesenktem Kopf läuft. Dies könnte einem Mitarbeiter entsprechen, der in der untersten Hierarchiestufe ist und beflissen seinem Chef zuhört. Körpersprachlich sagt er, schau her, ich bin ganz brav, so brav, dass ich dir meinen Bauch ungeschützt überlasse. Damit zeigen wir, dass wir uns verwundbar dem anderen ergeben. Das können Sie bei Hunden feststellen, die dem Stärkeren bei der Konfrontation ihren freien Bauch anbieten. Andererseits lässt sich dieselbe Geste als eine Dominanzgeste verstehen. Das können Sie bei Vorstandschefs in Rundgängen erleben. Selbstsicher gehen sie ihres Weges und suggerieren uns: »Ich habe keine Angst. Ich handle nicht. Ich schaue erstmal, was passiert. Erstmal tasten. Meine Tastorgane prüfen.« Sie sind in gewisser Weise in einer Wartesituation ohne Konfrontation. Übrigens: kommt eine weitere Geste dazu, kann es die Situation vollständig verändern. In diesem Kontext handelt es sich um eine sehr ausgeprägte Dominanzgeste. Sie signalisiert klar und deutlich: Schaut her, ich bin so stark und sicher, dass ich sogar meinen freien Bauch ungeschützt lasse, und ich bin mir so sicher, dass ich mich im Zweifelsfall nicht verteidigen könnte, da ich es nicht müssen werde. All diesen Kontext müssen wir mitbedenken.

Wenn Sie beispielsweise einen wichtigen Termin haben, achten Sie auf die Darstellung nach außen. Sie umfasst sowohl die Gestaltung des direkten Umfelds als auch die der äußeren Erscheinung und des Auftritts. Hier eine Top 10 als unterstützende Kriterien:

1. Wie sehen die Räumlichkeiten des Kunden aus?
2. Wie werden Sie von der Assistentin empfangen?
3. Trägt der Kunde einen vornehmen maßgeschneiderten Anzug oder abgetragene Hosen oder ist das Sakko an den Ärmeln bereits abgenutzt?
4. Können Sie abschätzen, ob er Sie absichtlich warten lässt, oder werden Sie auf die Minute pünktlich empfangen?
5. Wie agiert Ihr Kunde? Höflich, zurückhaltend oder ruppig-aggressiv?
6. Wirkt er unsicher oder souverän?
7. Wie ist sein Händedruck?
8. Wie ist sein Blick?
9. Versteht er schnell oder fragt er dreimal nach?
10. Scheint er entschlossen oder zögerlich?

Viele dieser Punkte können Sie auch schon bei Ihrer Vorbereitung auf das erste Gespräch überprüfen wie zum Beispiel:

- Mit welchem Foto lässt sich Ihr Kunde in der Branchenpresse abbilden?
- Klingt seine Vita vom Ton her bescheiden oder heldenhaft?
- Wie sind sein LinkedIn-Auftritt und Facebook-Account gehalten?

Der erste Schritt ist daher der wichtigste: die Einsicht, dass wir über ein erstaunliches soziales Werkzeug verfügen, das wir bislang noch nicht kultiviert haben. Das bemerken Sie am ehesten, indem Sie es einfach ausprobieren. Stoppen Sie Ihren permanenten inneren Monolog, bewegen Sie sich raus aus der intrinsischen Komfortzone und schenken Sie Ihren Mitmenschen mehr Beachtung. Stimmen Sie sich auf die sich ändernden Stimmungen der Individuen und der Gruppe ein. Durchleuchten Sie die Psyche jeder Person und erfassen, was sie motiviert. Versuchen Sie ihre Perspektive einzunehmen, in ihre Weltsicht und in ihr Wertesystem einzutauchen. Sie werden sich plötzlich einer ganzen Welt nonverbaler Verhaltensmuster bewusst, von deren Existenz Sie zuvor nichts ahnten. Es kommt Ihnen mit einem Mal so vor, als ob Sie plötzlich ultraviolettes Licht sehen könnten. Sobald Sie diese Kraft spüren, werden Sie ihre Bedeutsamkeit fühlen und die neuen sozialen Möglichkeiten erkennen, die Ihnen nun offenstehen.

Übung

Was Ihnen auch helfen kann Ihr nonverbales Vokabular zu erweitern, ist das Kino. Ich selbst bin ein leidenschaftlicher Kinogänger. Netflix tut es auch. Wahrnehmung steigern durch bewusstes Hinsehen. Filme sind eine wunderbare Wahrnehmungsschulung, wenn Sie ganz bewusst die verschiedenen Szenen eines Films oder einer Serie mit dem Fokus auf die Körpersprache der Schauspieler betrachten. Denken Sie an dieses Buch und schauen Sie sich die gezeigten Szenen genauer an. Folgende Fragen können Ihnen helfen, die Bedeutung der Signale zu entschlüsseln:

1. Dominant oder unterwürfig?

Welchen Status zeigt der Schauspieler? Wie wirkt sich dieser Status auf seine Rolle und die Rollen der anderen Schauspieler aus?

2. Symmetrisch oder asymmetrisch?

Welche Schauspieler stehen oder bewegen sich symmetrisch, welche asymmetrisch? Passen die verschiedenen Haltungen zu den gezeigten Szenen?

3. Positive oder negative Körpersprache?

Erkennen Sie die positive und negative Körpersprache der Schauspieler? Wie wirkt die jeweilige Körpersprache auf Sie persönlich? Wird der Bauch verdeckt? Zeigen Sie eine eher offene oder eine geschlossene Körpersprache.

4. Interesse oder Desinteresse?

Es gibt immer wieder interessante Gesprächsszenen in Filmen und Serien. Erkennen Sie, welcher Schauspieler wem gegenüber Interesse oder Desinteresse zeigt? Wie sieht es mit Beruhigungsgesten aus?

5. Beziehungs- oder Sachebene?

Wie sprechen die Protagonisten und Nebendarsteller? Welche Stimmmuster nutzen sie? Welche Wirkung haben die persönliche und freundliche Stimme auf Sie? Welche Wirkung haben die sachorientierte und trockene Stimme auf Sie? Befinden sie sich auf der Beziehungs- oder der Sachebene?

6. Synchrone Kommunikation?

Achten Sie auf Situationen, in welchen die Schauspieler das Gesagte synchron mit der Gestik untermauern!

Oder setzen Sie sich in ein Café oder einen anderen öffentlichen Bereich und beobachten Sie die Menschen, die Sie umgeben, ohne sich *selbst an einer Konversation zu beteiligen. Achten Sie auf stimmliche Signale, Gangbilder und die allgemeine Körpersprache. Machen Sie sich, falls möglich, Notizen. Wenn Sie im Laufe der Zeit Ihren Blick verfeinern, können Sie versuchen, die Berufe der Menschen anhand ihrer Körpersprache zu erraten und etwas über ihre Persönlichkeit auszusagen. Es sollte ein unterhaltsames Spiel sein.*

Wenn Sie sich trotzdem am Anfang schwertun sollten, hier zwei Tipps:

- Wenn Sie gar nicht mehr wissen, was das zu bedeuten hat, ist es sinnvoll Ihrem ersten intuitiven Hinweis zu folgen. Sie haben eine Bewegung gesehen und Ihre Intuition sagt Ihnen etwas. Was sagt sie, was sagt diese kleine Stimme in Ihrem Kopf, welche Emotion hier eine Rolle spielt?

- Eine zweite mögliche Technik, um Emotionen und insbesondere Mikro-Ausdrücke (wir kommen später darauf zu sprechen) zu erkennen, besteht darin, die Bewegung selbst zu wiederholen. Es ist sehr einfach, die Bewegung selbst zu wiederholen und das gibt Ihnen ein bisschen mehr Zeit darüber nachzudenken. Gleichzeitig bewirkt die Wiederholung einer Bewegung tatsächlich, dass die Spiegelneuronen anfangen zu arbeiten und so wird es für Ihr Gehirn einfacher sein, die richtige Familie, die richtige Kategorie, das richtige Wort für die Emotion zu finden, weil Sie es einfach selbst fühlen.

Das Navigationssystem

Ohne die basale Fähigkeit der nonverbalen Intelligenz kann ich den anderen gar nicht verstehen. Wenn jemand anderes etwas sagt, muss ich mir ein Bild davon machen, wie er die Welt sieht, wo er gerade hinschaut, welche Grundbedürfnisse er hat und welche Absichten er verfolgt; das ist schwierig, weil dies zwar eine Fähigkeit ist, die uns allen gegeben ist, da sie aber unbewusst abläuft, fällt uns das nicht auf. Und weil sie eben unbewusst ist, können wir die Absichten, Wünsche und Überzeugungen der anderen auch nicht direkt ablesen. Ein Beispiel: ich sehe, Sie gucken in meine Richtung, aber ich muss mir erstmal ein Bild davon machen, was und wie Sie mich sehen (Identität). Und ich muss mir darüber klar werden, wie Sie die äußere Umgebung wahrnehmen, ob Sie zum Beispiel auch die schwarze Katze erblicken, die über die Straße läuft. Haben Sie dasselbe Bild von dieser Katze wie ich? Was meinen Sie konkret, wenn Sie das Wort Katze verwenden? Bedeutet Ihr ausgestreckter Arm, dass Sie mir etwas zeigen wollen? Zur nonverbalen Intelligenz gehört nicht nur, dass ich darüber nachdenke, welche Grundbedürfnisse der Kunde hat, was er sieht und was er gerade denkt, sondern ich habe auch eine Art Personenkartei erstellt, könnte man sagen. Ich habe mir ein Bild gemacht. Je besser ich eine Person kenne, desto detaillierter ist ihre Kartei. Dadurch weiß ich mehr über sie, auch wenn das nicht bewusst geschieht. Ein automatisiertes Programm in mir läuft ab, das meinem Überleben dient: was passiert gerade und was braucht diese Person? Was für ein Mensch ist sie? Meint sie das Gesagte oder drückt ihre Geste eher eine negative oder positive Haltung aus? Dank ihrer Körpersprache kann ich aus diesen wenigen geäußerten Worten noch mehr herausziehen. Wenn ich das entschlüsselt habe und der Kunde sich verstanden fühlt, und wenn ich ihm jetzt noch eine Frage stelle, an die er noch gar nicht gedacht hat, wird das eine enorme Auswirkung auf den Kunden haben. Vielleicht gefällt ihm diese Frage auch nicht, was ihm aber noch gar nicht bewusst ist. Dann frage ich ihn, »Herr Sowieso, gibt es da irgendetwas, von dem Sie denken, da bin ich mir nicht ganz so sicher, ob das so richtig ist?« Wie Sie seine Zweifel aufnehmen und formulieren, ist eigentlich egal. Wichtig ist nur, dass Sie ihm das Gefühl geben, seine Bedenken ernst zu nehmen, auch wenn er seinen Einwand noch gar nicht begrifflich fassen kann. Er hat ihn schon, wenn auch nicht ausformuliert im Kopf, aber emotional ist er schon präsent, und das sehen Sie. Sie helfen ihm auf die Sprünge, damit er Sie fragen kann. Für dieses tiefe beidseitige

Verständnis brauchen wir ein Leitsystem, Verkehrsschilder wie im Straßenverkehr, die uns durch die Gespräche führen.

Körpersprache verkauft – Die drei Anpassungs Fragen

Es geht jetzt nicht mehr nur darum, zu lernen, das Auto zu fahren, sondern damit an das gewünschte Ziel zu kommen. Es geht nicht mehr darum, was Sie sehen und verstehen, sondern es geht jetzt darum, was Sie tun sollen. Nehmen wir an, Ihr Ziel ist es, die Beziehung mit dem Kunden zu vertiefen oder den Kauf abzuschließen. Was auch immer Ihr Ziel ist: der Straßenverkehr symbolisiert das Verkaufsgespräch und die Verkehrsschilder die Körpersprache Ihres Gegenübers. Es mag am Anfang schwierig erscheinen, aber eigentlich ist es das Gleiche wie Autofahren. Die körpersprachlichen Signale führen uns durch das Verkaufsgespräch, sodass wir in die richtige Richtung gelenkt werden. Es braucht etwas Übung. Wenn Sie also auf die Straße gehen und anfangen, in Ihrem Geschäftstreffen oder mit Ihrem Partner oder mit Freunden zu trainieren, dann lernen Sie die Bedeutung all dieser Signale. Wenn Sie diese beherrschen, wissen Sie, wie man im Straßenverkehr fahren soll. Mit einem Navigationssystem können Sie nun ein Ziel bestimmen. Denn ohne Ziel fahren Sie nur kreuz und quer herum. Manche wissen, wohin sie fahren wollen, aber nicht, wie sie dahin kommen. Der Weg verläuft niemals linear, sondern variiert in alle Richtungen. Wenn Sie einen Ort finden wollen, brauchen Sie ein GPS und Sie müssen manchmal nach links, manchmal nach rechts fahren und manchmal stecken Sie im Stau, manchmal gibt es eine Ampel, manchmal müssen Sie wenden und zurückfahren. Manchmal muss man Gas geben, manchmal muss man in eine 30er-Zone fahren oder 200 km/h auf der linken Spur der Autobahn und manchmal muss man auch rückwärts einparken oder durch eine Baustelle schleichen. Aber irgendwann erreichen Sie schließlich Ihr Ziel.

Das Gespräch mit den drei Anpassungs-Fragen funktioniert nach dem gleichen Prinzip. Sie prüfen verschiedene Hypothesen, verschiedene Annahmen und gehen ein bisschen nach links mit der einen Annahme und dann ein bisschen nach rechts mit der anderen Annahme und schließlich gelangen Sie dorthin, wo Sie hinwollen. Das Navigationssystem hat Sie schließlich zum Ziel gebracht. Das Ziel ist der erfolgreiche Abschluss des Gesprächs. Es gibt Navigationssysteme, die Sie nie dahin bringen werden, wo Sie ankommen möchten, weil sie Sie in eine Einbahnstraße oder in eine Sackgasse führen. Manchmal hat man zwar ein gutes Navigationssystem, aber man kommt trotzdem nicht an, weil man von da, wo man sich gerade befindet, nicht weg kann. Es gibt zu viele Hindernisse, die man nicht sieht oder der geographische Standort macht ein Weiterkommen unmöglich. Nun sind Ihre Offenheit und Ihre Flexibilität gefragt. Sie müssen bereit sein, Ihre eigenen Prinzipien an die Bedürfnisse des Kunden anzupassen.

Zur Körpersprache gehört unbedingt die Fähigkeit zur Empathie, und weil wir im Verkauf ständig Fremde ansprechen, müssen wir als Sprecher folglich schnell kommunikativen Zugriff bekommen. Also bietet unser Navigationssystem immer die Fähigkeit, in anderen Personen emotionale Spuren zu suchen. Um die Körpersprache des Kunden zu lesen, müssen Sie nun den folgenden Prozess durchlaufen. Damit Sie Fortschritte machen können, benötigen Sie eine Art Feedback, das auf drei Arten erfolgen kann:

1. Will der Kunde, dass ich mit dem weitermache, was ich gerade tue?

2. Will der Kunde, dass ich mit dem aufhöre, was ich gerade tue?

3. Will der Kunde, dass ich etwas anderes tue als das, was ich gerade tue?

Auch ein Mangel an Timing kann die Kommunikation zerstören und die Beziehung gefährden. Das Navigationssystem führt auch Ihr Timing zum Erfolg. Um die Qualität Ihres Timings und Ihres Feedbacks zu heben, gibt es die oben genannten Anpassungs-Fragen, die Sie sich nach der Deutung stellen.

Mit der Navigation beginnt das Vorhersehen eines Kommunikationsmusters, das die wichtigste Ebene des Verkaufens mit Körpersprache ist. Es ist das Resultat aus dem Übergang von der Verifizierung, die das Erkennen und Einordnen der Kommunikationsmuster zuvor abgeschlossen hat. Wenn Sie in einem Verkaufsgespräch die emotionale Haltung des Kunden Ihnen gegenüber aufgrund der vorangegangenen nonverbalen Hinweise bereits erkennen und einordnen konnten, werden Sie nun die Kommunikationsmuster des Kunden vorhersehen und seinen nächsten Schritt berechnen können. Viele Verkäufer bevorzugen eine klare, vorhersehbare Struktur und jede einzelne Variable bringt sie durcheinander. Sie werden überrascht. Überraschung ist der Tod im Verkauf. Das kann uns nicht passieren, weil unser gesamter

Verkaufsprozess eigentlich nichts anderes ist als eine Reihe ineinandergreifender Zu- und Absagen, die damit beginnt, dass wir einen Kunden zum ersten Mal treffen. Während dieses Prozesses begibt sich der Kunde auf eine emotionale Reise aus Hochs und Tiefs. Wenn wir die Zu- und Absage als etwas betrachten, das nur am Ende des Verkaufsprozesses geschieht, verstehen wir ganz offensichtlich die Tragweite der Begriffe nicht richtig. Fragen Sie Ihren Kunden offen nach seinen Gedanken und Gefühlen, um einen Eindruck davon zu bekommen, ob Sie mit Ihren Annahmen über ihn richtig liegen. Dies muss diskret sein und auf einem gewissen Vertrauen beruhen, kann aber ein sehr genauer Maßstab für Ihre Fähigkeit sein. Intelligent in einem wichtigen Verkaufsgespräch zu reagieren, bedeutet auch zu erkennen, ob Sie überhaupt die Erlaubnis respektive die »Freigabe« von Seiten des Kunden haben, zur nächsten Aktion überzugehen. Mit wachsender Achtsamkeit werden Sie sich letztendlich die Frage stellen, »ob« eine Reaktion Ihrerseits in einer bestimmten Situation überhaupt angebracht ist. Es geht also bei der Zustimmung des Kunden darum, das ideale Timing einzuschätzen und auch die entsprechende soziale Position innezuhaben, um effektvoll kommunizieren zu können. Oftmals verfolgen Verkäufer die besten Absichten und verfügen über wertvolles Wissen, doch es fehlt ihnen am passenden Status oder am perfekten Timing, damit ihre Botschaft bei den Kunden auf fruchtbaren Boden fällt.

Bleiben Sie geduldig – Die Kunst, die eigene Stimme und die eigenen Intuitionen beim Verkaufen zu entwickeln und zu prüfen

Sie verkaufen jetzt auf einem anderen Niveau, denn während Sie mit Ihrem Kunden beschäftigt sind, können Sie folgende Entscheidung treffen: wollen Sie etwas entgegen dem Gefühl unternehmen, wenn Sie merken, dass der Kunde sich von Ihnen abwendet, oder wollen Sie es zunächst einfach nur beobachten? Die Schwierigkeit, etwas dagegen zu tun, beschreibt die sogenannte Refraktärphase, die uns stur bleiben lässt, weil sie uns den Zugang von äußeren oder in unserem Gehirn gespeicherten Informationen versagt, da sie den herrschenden Emotionen zuwiderlaufen kann. Die Refraktärzeit beschreibt den Zeitraum bis zur möglichen neuen Aktivierung von Muskel- oder Nervenfasern. Die Zelle kann daher für einen gewissen Zeitraum nicht erneut auf einen Reiz reagieren.

Die absolute Refraktärzeit beträgt in der Regel etwa 1-2 Millisekunden für Nervenzellen und Skelettmuskelzellen. Daher ist es einfacher, eine Neubewertung mit den drei A-Fragen durchzuführen, wenn die Refraktärzeit abgelaufen ist. Diese Fragen umfassen, was Sie sagen oder tun sollten, was Sie auf gar keinen Fall sagen oder tun sollten und ob Sie etwas anderes sagen oder tun sollten. In der Tat wäre das alles nicht so einfach zu verinnerlichen und umzusetzen, wenn diese Abläufe nur abstrakt und ohne aufeinanderfolgende Prozesse zusammengestellt wären, weil wir gleichzeitig etwas empfinden und imstande sein müssten, einen Schritt zurückzutreten – und zwar noch während wir das Gefühl empfinden –, sodass wir uns fragen können, ob wir mit dem, was unser Gefühl uns zu tun heißt, fortfahren oder ob wir eine bewusste Entscheidung treffen wollen, wie es mit unserem Gefühl weitergehen soll. Dazu gehört mehr, als sich nur dessen bewusst zu werden, was wir empfinden; es handelt sich um eine andere entwickelte und schwer zu beschreibende Form des Bewusstseins.

In dem Moment, in dem Sie diese Abfolge korrekt übersetzen können, wissen Sie genau, wie Ihr Kunde sich fühlt, auch wenn er kein Wort sagt. Gab es Konflikte und haben Sie sie vollständig aufgelöst, um die Beziehung auf eine bessere und höhere Ebene zu bringen? Hier können Sie erkennen, ob Sie bei Ihrem Kunden ankommen. Eventuell können Sie sich zurücknehmen, damit er sich auf Sie einlassen kann. Dann können Sie anschließend Ihre Botschaft und Ihr Angebot erfolgreicher vermitteln. Hier wird die Frage beantwortet, wann es vorteilhafter ist, sich zurückzuziehen, und wann es besser wäre, ein bisschen dynamischer zu sein. Muss ich Kurskorrekturen bei der Kommunikation vornehmen? Gefällt das dem anderen, was ich gerade tue? Es ist wichtig, dass wir bei jedem Schritt bemerken, wenn der Kunde reserviert ist oder angespannt wirkt. Dann sollten wir stets einen Schritt zurückgehen und immer wieder eine der A-Fragen stellen. An diesem Punkt stellt sich oft die Frage, was tun wir, wenn der Kunde uns ständig unterbricht? Warum unterbricht er Sie? Er möchte das Gespräch beschleunigen, Sie sind ihm zu langsam. Und Sie haben zuvor nicht zugehört und nicht normativ angedockt. Sie haben keine Erlaubnis zu sprechen. Wenn der Kunde spricht, dann möchte er nicht, dass Sie sprechen, sondern er möchte reden. A-Frage 2!

Machen Sie das so lange, bis Sie die Schritte respektieren, die Ihnen der Kunde nonverbal mitteilt. Je mehr Sie diese Schritte respektieren, desto mehr Vertrauen bekommen Sie zurückgezahlt. Das ist ein Ritual. Unbewusst nimmt Ihr Gegenüber wahr, dass Sie keine Gefahr darstellen, weil Sie diese Schritte respektieren. Und genau dafür ist das Navigationssystem da. In dem Moment gehen Sie Schritt für Schritt in den Prozess. Der Kunde wird Ihnen immer signalisieren, ob er das akzeptiert, was Sie gerade tun, oder nicht. Sie können Konflikte erkennen und entspannt auflösen. Mit ein bisschen Übung werden Sie Gesprächssituationen blitzschnell erfassen, Gedanken von Menschen lesen, Stimmungen erkennen, Widersprüche zwischen verbalen Aussagen und körperlichen Signalen wahrnehmen und die eigene Körpersprache so einsetzen, dass Sie wirklich überzeugend und authentisch wirken. Nur dann können Sie ethisch kommunizieren, also dem anderen mit Achtung, Hingabe und Zuwendung gegenübertreten. Es entwickelt sich ein Zusammengehörigkeitsgefühl, basierend auf gegenseitigem Respekt und der jetzige Zustand des Gegenübers wird unweigerlich in echte Zuneigung umschlagen. Dagegen ist das Gespräch sinnlos, wenn Sie zwar rhetorisch glänzen oder Ihre Absichten besonders gut sind, aber wenig Vertrauen besteht. Rücken Sie den Kunden ins Zentrum der Aufmerksamkeit und achten Sie auf die Details. Jetzt stellen Sie sich vor, Sie wüssten von dieser Person, was sie denkt, dann könnten Sie wissen, ob Sie mit Ihrer Vorgehensweise weitermachen sollen oder ob Sie vorzugsweise aufhören sollten mit dem, was Sie gerade tun, um Ihren Kunden glücklicher zu machen. Haben Sie sich das schon überlegt? Jetzt malen Sie sich aus, dass Sie diese drei Fragen gar nicht erst stellen müssten, weil Sie genau wissen, was Ihr Gegenüber möchte. Sie können dann erkennen, womit Sie auf jeden Fall weitermachen sollten und womit Sie aufhören sollten. Sie kommen nicht darum herum, einen dieser Schritte zu durchlaufen, weil Sie erst einmal in die Interaktion gehen müssen, um herauszufinden, wie Ihr Kunde tickt. Überlegen Sie, wie gut Ihr Kunde sich fühlt und wie er auf Ihre mögliche Reaktion reagieren würde, denn das ist eine gute Grundlage für eine erfolgreiche Gesprächsführung. Diese pragmatische Vorgehensweise überträgt sich meist auf komplexe Zusammenhänge im Verkaufsgespräch.

Tipp

Um an dieser Fähigkeit zu arbeiten, sollten Sie vor allem eines beherzigen: trainieren. Interagieren Sie mit möglichst vielen Menschen persönlich, weil sich Ihr Wissen um die Körpersprache und das damit verbundene Vokabular in der Interaktion nur durch häufiges Üben entwickeln kann. Und je unterschiedlicher Ihre Gesprächspartner sind, desto vielseitiger wird Ihre Fähigkeit werden. Bei einer Begegnung sollten Sie stets aufmerksam bleiben, um zu sehen, wie sich die andere Person im Lauf der Konversation verändert und welche Wirkung Sie auf sie haben. Nehmen Sie den Augenblick bewusst wahr. Versuchen Sie andere zu beobachten, wie sie nicht nur mit Ihnen, sondern auch mit anderen interagieren – manche Leute verändern ihr Verhalten in Abhängigkeit davon, mit wem sie es gerade zu tun haben. Versuchen Sie sich nicht auf gedankliche Kategorien zu konzentrieren, sondern auf Gefühls- strömungen und Stimmungen, die andere in Ihnen hervorrufen, und die sich ständig verändern. Wenn Sie besser darin werden, werden Sie immer mehr Signale wahrnehmen, die andere unbe- wusst aussenden und Auskunft über ihre Psyche geben. Ihnen wird mehr auffallen. Vermischen Sie kontinuierlich das Instinktive mit dem Analytischen.

Im dritten Teil des Buches gebe ich Ihnen einige Tipps für den Verkaufsprozess, die in diesem Zusammenhang für Sie sehr hilf- reich sein werden. Sie sind nicht nur äußerst hilfreich für Ihren beruflichen Alltag, sie bereichern auch Ihre Beziehungen im Priva- ten.

Wenn Sie merken, dass Ihr Gegenüber ein bisschen reserviert ist, indem Sie die Spannung in seinem Körper sehen, dann müs- sen wir einen Schritt zurückgehen. In der Interaktion mit diesem System geht es darum, Vertrauen aufzubauen und dem Kunden Sicherheit zu vermitteln. Dies gelingt, indem Sie ihn mit dem Veri- fizierungssystem deuten und sich immer wieder die drei A-Fragen bewusst machen.

Zusätzlich können Sie, nachdem Sie Ihre Kunden »gelesen« haben, eine Spiegelung zum Charakter des Kunden herstellen, damit es keine Gegnerschaft gibt. Es ist immer wieder interessant zu beobachten, wie Verkäufer sich auf dieser nonverbalen Ebene in der Nähe mächtiger und autoritärer Personen verhalten. Die meisten neigen dazu, ängstlich oder abweisend zu reagieren. Sie versuchen eine Augenhöhe herzustellen, die nicht authentisch wirkt. Letztlich zeigen sie eine unbewusste Unterwürfigkeit, die aber Konfliktpotenzial birgt. Auf der anderen Seite verhalten sie sich den unterwürfigen Kunden gegenüber ebenfalls unterwürfig, weil sie dieses Dogma als ein Teil ihrer Servicedienstleistung in- terpretieren.

Seien Sie daher achtsam! Versuchen Sie sich selbst zu be- obachten. Nehmen Sie zur Kenntnis, wie oft und wann Sie dazu neigen, ein falsches Lächeln aufzusetzen oder körperliche Nervo- sität zum Ausdruck zu bringen – in Ihrer Stimme, mit trommelnden Fingern, dem Spielen mit den Haaren oder mit bebenden Lippen. Indem Sie sich Ihres eigenen nonverbalen Verhaltens bewusstwerden, sensibilisieren Sie sich, durch die Rückkopplung die Signale anderer zu beeinflussen und den Schwerpunkt aufmerksam wahrzunehmen. Sie werden besser in der Lage sein, sich die Emotionen vorzustellen, die mit Ihren Signalen einhergehen. Infolgedessen werden Sie mehr Kontrolle über Ihr eigenes nonverbales Verhalten erlangen, was sehr wertvoll ist, um in die richtige Rolle zu schlüpfen, sei es die der Dominanz oder der Unterwürfigkeit.

Innerhalb dieser beiden Pole verrät Ihr Kunde etwas über seine psychologische Verfasstheit, etwas, dessen Ursache in seiner Kindheit liegt und das nun in seiner Körpersprache zutage kommt. Genau hier müssen Sie aufpassen, denn es gibt einige Minenfelder. Die Konsequenzen im Verkaufsgespräch sind unhaltbar, wenn es bei dem Verkäufer und dem Kunden eine gleiche Ausrichtung ihrer Gesprächsführung gibt: wenn etwa beide das Gespräch dominant angehen, kommt es zur Konfrontation und zu keinem Kauf, weil diese Geste auf ein Kräftemessen zielt. Keiner wird dem anderen entgegenkommen. Unterwerfen sich hingegen beide Parteien, dann werden wir auch keinen Abschluss erleben, weil außer einer Beratung nichts passiert.

Nur in einer gesunden Balance sind Verkäufer und Kunde richtige Partner. Die richtige Balance liegt in der klugen Navigation, die in Ihrem Kontrollbereich liegt. Das bedeutet, dass Sie diese beiden Mittel strategisch einsetzen können, so wie es die Verkaufssituation erfordert. Es ist ohne weiteres klar, dass viele Beziehungssysteme im Verkauf, die sich entweder aus einem einzelnen Kunden oder aus Kundengruppen zusammensetzen, eine Tendenz zu einer andauernden Veränderung haben. Je nachdem, welcher Kunde Sie erwartet und welche Rolle Sie im Gespräch, in der Verhandlung oder im Vortrag einnehmen, sind folgende Beziehungsmöglichkeiten erforderlich:

Dominantes Verhalten

Selbstbewusstsein geht normalerweise mit einem Gefühl der Entspannung einher, die eindeutig im Gesicht ablesbar ist. Auch die Bewegungen werden größer und ausdrucksstärker. Jemand, der Autorität hat, nimmt sich das Recht, mehr um sich zu blicken als andere und wird Augenkontakt mit jeder beliebigen Person herstellen. Seine Augenlider sind gesenkt, ein Ausdruck von Seriosität und Kompetenz. Er bemüht sich weniger darum, seine Langeweile oder Gereiztheit zu verbergen. Er lächelt weniger, weil häufiges Lächeln ein Zeichen latenter Unsicherheit ist. Er fühlt sich berechtigt, andere anzufassen, zum Beispiel in Form eines freundschaftlichen Arm- oder Schulterklopfens. Bei einer Besprechung wird eine solche Person dazu neigen, mehr Raum einzunehmen und mehr Distanz zu schaffen. Er steht aufrechter und seine Gesten sind entspannt und flüssig. Wichtiger noch: sein direktes Umfeld neigt dazu, seinen Stil und seine Verhaltensweisen automatisch nachzuahmen. Der Anführer wird auf sehr subtile Weise der Gruppe eine Form der nonverbalen Kommunikation aufdrücken. Das macht sich darin bemerkbar, dass die anderen nicht nur seine Ideen nachahmen, sondern auch seine ruhigere oder lebhaftere Energie imitieren.

Alphamännchen signalisieren ihre überlegene hierarchische Position auf verschiedene Arten: sie reden schneller als andere und fühlen sich berechtigt, das Gespräch zu unterbrechen und zu lenken. Ihr Händedruck ist besonders energisch und fest. Wenn sie die Bürofläche betreten, richten sie sich stärker auf und gehen entschlossenen Schrittes; wenn sie sich in einer Gruppe bewegen, folgen ihnen normalerweise die Unterlegenen. Wenn Sie Schimpansen im Zoo beobachten, werden Sie beim Alphatier ein ähnliches Verhalten entdecken.

Frauen in Führungspositionen bevorzugen einen ruhigen, durchaus selbstbewussten Ausdruck, der zwar freundlich, aber sachlich ist. Das vielleicht beste Beispiel hierfür ist Angela Merkel. Sie lächelt viel seltener als die meisten männlichen Politiker, aber wenn sie ein Lächeln zeigt, ist es umso wirkungsvoller. Es wirkt nie gespielt, sondern authentisch. Man kann beobachten, dass sie anderen mit voller Aufmerksamkeit zuhört, ihr Gesicht ist dabei oft reglos. Sie neigt dazu, anderen das Reden zu überlassen, während sie den Gesprächsverlauf jedoch stets zu kontrollieren scheint. Sie muss niemanden unterbrechen, um sich bemerkbar zu machen. Wenn sie jemanden angreifen will, tut sie das mit einem gelangweilten, kühlen oder verächtlichen Blick, niemals mit lauten Worten. Merkel setzt nicht alle Körperhaltungen von Alphamännchen ein, ihr Stil ist ruhiger und auf seine eigene Weise kraftvoll. Angela Merkel ist allerdings ein Sonderfall einer dominanten, weiblichen Person, auf die nicht alle der folgenden genannten Verhaltensweisen dominanter Typen zutreffen:

- aufrechte und offene Haltung
- direkter und ruhiger Blick
- tiefere Stimmlage, lautes und langsameres Sprechen
- zielgerichtete, bewusste und ruhige Bewegungen
- Raum einnehmender, sicherer, breiter Stand
- ruhige, entspannte Atmung

- andere Menschen ungefragt berühren oder unterbrechen
- seltene Selbstberührungen

Unterwürfiges Verhalten

Menschen, die in ihrer nonverbalen Kommunikation Anspannung und Zögerlichkeit zum Ausdruck bringen, sind sich ihrer Macht in der Regel unsicher und sehen diese bedroht. Die Anzeichen für eine solche Nervosität und Unsicherheit sind normalerweise leicht erkennbar: sie reden eher stockend und machen längere Sprechpausen. Ihre Stimme steigt höher und bleibt oben. Sie neigen dazu, ihren Blick abzuwenden und ihre Augenbewegungen zu kontrollieren, obwohl sie oft mehr blinzeln. Sie setzen oft ein erzwungenes Lächeln auf und lachen nervös. Statt sich berechtigt zu sehen, andere anzufassen, neigen sie dazu, sich selbst zu berühren, was als Beruhigungsverhalten zu kennzeichnen ist. Um die nervliche Anspannung zu lindern, berühren sie ihre Haare, ihren Nacken oder massieren ihre Stirn. Menschen, die versuchen, ihre Unsicherheit zu kaschieren, machen sich in einem Gespräch bemerkbar, in dem sie ihre Stimme erheben. Dabei schauen sie unruhig und mit geweiteten Augen um sich. Oder sie reden auf sehr lebhafte Weise, bewegen ihre Hände und ihren Körper gar nicht bis wenig, was immer ein Zeichen für Nervosität ist. Infolgedessen senden sie zwangsläufig gemischte Signale aus, und Sie sollten stärker auf die Personen achten, die unterschwellige Unsicherheit signalisieren. Diese erkennen Sie anhand folgender Verhaltensweisen:

- gebückte Haltung
- wenig direkter Augenkontakt, umherblickend
- höhere Stimmlage, leises und hastiges Sprechen
- anderen Menschen den Vortritt lassend
- unkoordinierte, hastige und unwillkürliche Bewegungen
- sich schmal machen, instabiler Stand
- flache, schnellere Atmung
- andere Menschen nie berühren oder unterbrechen
- regelmäßige Selbstberührungen

Wenn zum Beispiel das Verhalten des Verkäufers in der betreffenden Situation dominant ist und als Verhalten des Kunden darauf Unterwerfung erwartet wird (wie z. B. Arzt und Patient, Lehrer und Schüler), so ist es wahrscheinlich, dass diese Unterwerfung ein weiteres Dominanzverhalten auslöst, das seinerseits weitere Unterwerfung erfordert. Und wenn nicht andere Faktoren mitspielen, die diesem Übermaß an Dominanz und Unterwerfung Grenzen setzen, so muss der Verkäufer zwangsläufig immer dominanter und der Kunde immer unterwürfiger werden. Diese Rolle können Sie ohne Weiteres einnehmen, wenn Sie als absolute Autorität auf Ihrem Gebiet gelten und mit Ihrem Expertenwissen den Kunden beraten. Umgekehrt erfordert Ihre Rolle Unterwürfigkeit gegenüber Ihrem Kunden in der Neuakquise von hochkarätigen Kunden, wenn die in der Hierarchie ganz oben stehen.

Diese Dynamik wird eintreten, gleichgültig ob es um einen einzelnen Kunden oder um Kundengruppen geht. Wenn Sie beispielsweise mit einem Paar verhandeln, werden Sie registrieren, dass einer der beiden immer in einer dominanteren Position ist. Wenn Sie sich mit ihnen unterhalten, wird der dominante Partner Sie ansehen, nicht aber seinen unterwürfigeren Partner, und er scheint nur halbherzig zuzuhören, wenn sein Partner etwas sagt. Wenn ich Kunden beobachte, betrachte ich stets beide Personen. Ich schaue mir an, wie nah die Personen beieinanderstehen. In welche Richtung zeigen die Füße? Zeigen Sie in Richtung des Partners, ist es ein gutes Zeichen. Das ist sehr wichtig im Hinblick auf die Beziehung während des Verkaufsgesprächs, denn Beteiligung und Anpassung machen die halbe Miete aus. Genau da setze ich zu Beginn an, weil es verschiedene Kunden im Verkaufsgespräch gibt, die sich zwischen Dominanz und Unterwürfigkeit bewegen. Auf der einen Seite hat man den Macher und Entscheider, der sich entsprechend durch seine dominante Körpersprache zu erkennen gibt. Auf der anderen Seite gibt es den ruhigen und introvertierten Kunden, der etwas länger braucht.

In einem normalen oder neutralen Verkaufsgespräch empfehle ich Ihnen die symmetrische Variante, weil die beiden Partner sozusagen spiegelbildlich und auf Augenhöhe interagieren, um keine Spannungen herbeizuführen.

Dieses soziale Schach können Sie nur spielen, wenn Sie eine Beziehung analysieren, die nicht nur auf verbale Äußerungen gründet. Eine isolierte, aus ihrem Kontext gerissene Aussage kann natürlich entweder das eine oder das andere sein. Erst nach der Reaktion des Partners und der Reaktion auf diese Reaktion kann eine bestimmte Mitteilung klassifiziert werden.

Zwischen diesen beiden Polen bewegt man sich als guter Verkäufer ständig hin und her. Man hat viele Möglichkeiten zu wählen und die meisten davon führen nicht dazu, den Kunden in den gewünschten Zustand zu versetzen, nämlich den, den Sie brauchen, um ihm etwas zu verkaufen. Symmetrische Beziehungen zeichnen sich also durch Streben nach Gleichheit und Verminderung von Unterschieden zwischen den Partnern aus, während die dominante/unterwürfige Interaktion für sich komplementär sein sollte, d. h. auf gegenseitig ergänzenden Unterschiedlichkeiten basieren. Andernfalls lassen Sie sich auf ein sinnloses Kräftemessen ein oder beraten nur, werden frustriert und entwickeln ein negatives Momentum. Verkaufen findet dann nicht mehr statt. Sie profitieren davon, dass Sie das Ungleichgewicht im Verkaufsgespräch erkennen und einfach darauf reagieren, indem Sie dem Kunden geben, was er in der Kommunikation mit Ihnen braucht. Es ist nicht etwa so, dass ein Partner dem anderen eine dominante/unterwürfige Beziehung aufzwingt; vielmehr verhalten sich beide in einer Weise, die das spiegelbildliche Verhalten des anderen bedient, es zugleich aber auch bedingt. Ich will Ihnen deutlich machen, dass es einen Punkt gibt, an dem Sie ansetzen können und die Qualität der Beziehung zu Ihrem Kunden erheblich verbessern.

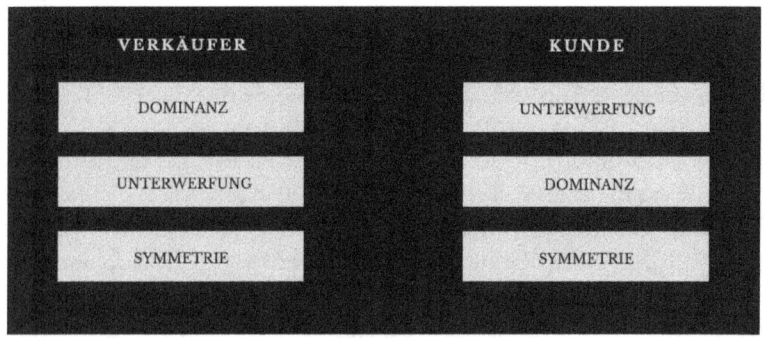

Wenn Sie mit Ihrem Kunden verhandeln und ihn motivieren, Ihr Produkt zu kaufen, und Sie merken plötzlich, dass sein Körper ausweicht, dann heißt das, dass etwas in seiner Erwartung nicht erfüllt wurde. Wenn Sie diese Signale wahrnehmen, stellen Sie sich die Frage: warum weicht die Erwartung des Kunden von Ihrem Angebot ab? Sie können sofort eine Kurskorrektur vornehmen und Ihr Angebot entsprechend anpassen. Mit der Navigation gehen Sie sehr individuell auf jeden Kunden ein, weil jeder Mensch seine Launen hat und als Individuum einzigartig ist. Die Tagesform (der Zustand) des Kunden entscheidet, wie und wann gekauft wird. Das ist, als ob Sie zehn verschiedene Menschen treffen und jeder spricht eine eigene Sprache. Wenn Sie die Sprache einiger dieser

Personen nicht sprechen, werden Sie diese nicht verstehen, und hier fängt das ganze Problem im Verkauf an.

Stellen Sie sich vor, Sie stehen einem bestimmten Kundentyp gegenüber und können das Kundengespräch nicht so führen, wie er es benötigt, um einen Zugang zu dem Produkt und einer Kaufentscheidung zu bekommen. Folglich wird er Ihnen irgendwann nicht mehr zuhören und schaltet ab.

Das ist völlig unabhängig davon, ob Ihr Kunde ein entscheidungsfreudiger Macher ist oder jemand ist, der nur mehr Informationen braucht, um ein Gefühl für das Produkt zu bekommen. Ob der Kunde noch den genannten Zugang zum Gespräch finden kann, machen Sie anhand seiner Körpersprache fest. Der Macher, der schnell auf den Punkt kommt, wird Ihnen signalisieren, dass er ungeduldig wird, indem er unruhig wird, aber er wird trotzdem Signale für seine Interessiertheit senden. Derjenige, der mehr Input braucht, zeigt ebenfalls, dass er interessiert ist, und körpersprachlich gibt er Ihnen Zeichen, dass er länger braucht, indem er zuhört und mit den Augen kneift.

1. Achten Sie auf die drei Schritte im Verifizierungssystem:
Schritt 1: Die Beobachtung
Schritt 2: Die Veränderung
(Situation, verbaler Inhalt, Bewegung und Beweise)
Schritt 3: Die Bedeutung

Durch die Anwendung dieser drei Schritte wissen Sie jetzt, wie Ihr Kunde denkt und fühlt und welcher Menschentyp in dem Moment vor Ihnen steht.

2. Stellen Sie sich mit dem Navigationssystem die drei Anpassungs-Fragen
Ihr Kunde bestimmt, wie Sie Ihr Angebot formulieren. Im engeren Sinne gibt er Ihnen streng vor, was Sie zu sagen haben. Sie haben keine Wahl: Sie müssen seine Sprache verstehen lernen. Ihre Intuition kann Ihnen dabei helfen. Viel besser ist es jedoch, wenn Sie wissen, was Sie sagen oder tun müssen. Mit den bereits eingeführten drei A-Fragen können Sie das herausfinden:

Frage 1: Will der Kunde, dass ich mit dem weitermache, was ich gerade tue?
Frage 2: Will der Kunde, dass ich aufhöre mit dem, was ich gerade tue?

Frage 3: Will der Kunde, dass ich etwas anderes mache als das, was ich gerade tue?

Gehen Sie auf Spurensuche, stellen Sie Fragen, bieten Sie ein Gesprächsangebot, um mehr herauszufinden, und das hilft Ihnen zu ergründen, was Ihre Kunden wirklich fühlen oder verbergen wollen.

Sie können nun Ihren Kunden dabei beobachten, wie er auf Sie reagiert – körpersprachlich. Wenn Ihnen Ihr Kunde beim Verkaufsgespräch körpersprachlich mitteilt, dass ihm das, was Sie gerade tun, nicht passt, sollten Sie neugierig darauf sein, was er Ihnen sagen will. Was müssen Sie jetzt tun, um eine Wendung zum Besseren einzuleiten? Ihr Kunde kehrt alle Krümel vom Tisch und dabei sagt er: »Das machen wir schon.« Was er eigentlich sagen will, ist: »Alle Ihre Argumente kehre ich unter den Tisch.« Das ist eine klare Aussage. Oder während einer Verhandlung schiebt der Kunde plötzlich ein Papier oder ein Glas weg. Das Wegschieben hat weder mit dem Papier noch mit dem Glas zu tun, noch braucht er den Platz oder stören ihn die Gegenstände an sich. Was er in Wirklichkeit wegschiebt, sind Ihre Argumente. Wenn Sie das als Antwort auf Ihre A-Frage wahrnehmen, werden Sie nicht weiter darauf bestehen und sich nicht wiederholen, da das eine Sackgasse wäre. Stattdessen machen Sie ganz selbstverständlich einen neuen Vorschlag. Sie wissen jetzt, dass der erste Vorschlag abgelehnt wurde, weshalb Sie jetzt etwas anderes anbieten oder sich sofort fragen müssen: »Worin besteht sein Bedürfnis gerade, damit ich den Kurs korrigieren kann?«

Ein anderes Beispiel: Sie sitzen bei der Verhandlung an einem Tisch und Ihr Kunde räumt alles ab. Damit will er Ihnen normalerweise nur mitteilen: »Ich möchte einen sauberen Tisch, das bedeutet, alle bereits gebrachten Argumente, die bis jetzt von Ihnen vorgetragen wurden, werden nicht mehr gebraucht. Tragen Sie mir neue Argumente vor!« Hier wäre das Vorbringen eines alten Arguments ebenso falsch wie die Gegenstände, die Ihr Kunde vom Tisch geräumt hat, wieder draufzustellen. Jeder würde sich darüber ärgern, auch wenn diese Bewegungen natürlich nur Abstraktionen sind. Solche unwillkürlichen Materialisierungen geschehen permanent. Alle diese Beispiele sollen deutlich machen, wie wichtig es ist, uns die A-Fragen zu stellen, denn sie sagen uns, ob wir auf dem richtigen Weg sind.

Hier ein weiteres Beispiel von einem Kunden, der Ihnen beim Verkaufsgespräch immer ausweicht. Von so einem Kunden lassen sich keine klaren Antworten erwarten, denn er signalisiert ja gerade: »Ich weiche aus. Warum verstehen Sie das nicht? Ignorieren Sie mich etwa? Warum wollen Sie von mir eine eindeutige Aussage, wenn ich doch gerade deutlich mache, dass ich keine eindeutigen Aussagen machen will?« Verbalisiert hört sich das etwa so an: »Wir überlegen uns die Sache noch.« »Interessant, wir werden diesen Punkt in unsere Überlegungen mit einbeziehen.« Ein klares Ja oder Nein werden Sie nicht bekommen. Akzeptieren Sie diese Haltung, denn nur dann können Sie herausfinden, in welcher Richtung der Ausweg liegt. Mithilfe der Navigationsfragen lernen Sie mit solchen offenen Aussagen umzugehen, ohne – ergebnislos – auf klaren Stellungnahmen zu bestehen.

Dieses System ist nicht nur effektiv, es ist auch ethisch, weil Sie sich mit dem Menschen, der hinter dem Kunden steht, beschäftigen. Durch diese methodische Vorgehensweise werden Sie Ihren Umsatz signifikant verbessern. Kommunikation ist nicht allein das, was Sie sagen, sondern vor allem das, was beim anderen ankommt und dabei spielt Ihre Wirkung eine wichtige Rolle. Kommunikation ist ein Prozess, an dem mindestens zwei Seiten beteiligt sind. Es werden gegenseitig Informationen ausgetauscht und jede Seite erwartet von einem Gespräch ein bestimmtes Ergebnis. Aus eigener Erfahrung wissen Sie sicherlich, dass sich ein normales Gespräch am Anfang sehr oft in eine Richtung entwickelt, die mit dem Begriff »missverständliche Kommunikation« viel zu schwach beschrieben ist. Je nach Temperament enden solche Gespräche entweder ergebnislos oder manchmal sogar im Streit.

Der eine meint, sich verständlich ausgedrückt zu haben und ist baff erstaunt, dass sein Gegenüber etwas völlig anderes verstanden hat. Auch ich bin keineswegs frei von Kommunikationsfehlern. Ich wundere mich immer wieder, dass ich auch nach so vielen Praxisjahren noch in viele Fallen tapse. Kommunikation, also das, was Sie jeden Tag über viele Stunden hinweg tun, ist ein komplizierter Prozess. Mit dem Problem der missverständlichen Kommunikation haben sich deshalb schon viele Wissenschaftler beschäftigt. Unsere Alltagskommunikation ist voll von solchen Problemen. Ein wichtiger Beitrag zur Lösung von Missverständnissen in der Alltagskommunikation findet sich gleich in der ersten Grundannahme. Sie heißt: der Erfolg Ihrer Kommunikation liegt in der Reaktion, die Sie erhalten. Das ist für viele Menschen, die sich zum ersten Mal mit Körpersprache beschäftigen, etwas wirklich Neues. Langläufig ist Kommunikation doch das, was Sie von sich geben, oder? Und jetzt sollen Sie sich nicht nur um den Inhalt eines Gespräches kümmern, plötzlich sollen Sie auch noch verantwortlich dafür sein, wie der andere Sie versteht? Was denn noch?

Es kommt bei der Kommunikation nicht darauf an, was Sie sagen wollen. Entscheidend ist, was bei einem Gegenüber ankommt. Und das ist ein sehr großer Unterschied, weil es die Verantwortung für die Qualität der gegenseitigen Kommunikation auch die Bedürfnisse des anderen überträgt. Mit dem Navigationsmodell bewegen Sie sich immer auf Augenhöhe mit Ihrem Kunden. Sie können den Inhalt Ihrer Kommunikation eindeutig vermitteln. Jetzt stellen Sie sich mal vor, zwei Lastwagen wollen die Ladung austauschen – während der vollen Fahrt. Wenn sie nicht mit der gleichen Geschwindigkeit fahren können, ist das unmöglich. Wenn der eine schneller und der andere langsamer unterwegs ist, dann wird der perfekte Austausch nicht funktionieren.

Durch die drei A-Fragen werden Sie feststellen, warum Sie die Lesebrille bei Gesprächen immer abnehmen sollten, sobald Sie Blickkontakt aufnehmen sollten oder warum der Zeigefinger die Beziehung empfindlich stören kann.

Wenn Sie mit dem Navigationsmodell in Ihrem Verkaufsgespräch einmal gearbeitet haben, werden Sie binnen weniger Tage merken, wie intuitiv alles abläuft. Sie brauchen diese Abfolge nicht mehr streng nach Schema F durchzugehen, weil Sie alles unbewusst umsetzen.

Hier ein Beispiel aus der Praxis:

Sie sitzen im Verkaufsgespräch mit einem Kunden, Sitzposition neunzig Grad zueinander, um eine konfrontative Situation zu vermeiden, und merken plötzlich nach Ihrer Preisnennung, dass das (übergeschlagene) Bein in die andere Richtung bewegt wird. Dies deutet erst einmal auf eine Ablehnung hin. Diese Bewegung zwingt den Mittelkörper in die andere Richtung. Jetzt kann der Kunde nur noch über die kalte Schulter sprechen.

Was haben Sie bisher gemacht?

Zu Beginn des Gesprächs haben Sie die Referenzhaltung wahrgenommen. Dann haben Sie die Veränderung mit dem dazugehörigen verbalen Inhalt und der Situation bemerkt. Daraufhin haben Sie gedeutet, was mit Ihrem Kunden los ist.

Daran schließen sich nun die drei A-Fragen an. In unserem Fall ließ sich aus dem Verhalten des Kunden eine Ablehnung in Bezug auf den Preis ablesen. Das heißt, bezüglich der A-Frage 3 (Will der Kunde, dass ich etwas anderes mache als das, was ich gerade tue?) wissen Sie ganz genau, woran Sie bei diesem Kunden sind, und können genau an dieser Stelle intervenieren.

Kommen Sie ihm mit Ihrer Körpersprache entgegen und geben Sie das erste Signal, indem Sie Ihr Bein zum Kunden hin überschlagen und mit offener Hand gestikulieren. Machen Sie ein anderes Angebot. Sie haben drei Möglichkeiten: entweder Sie zeigen ihm ein anderes Produkt, das seinen Preisvorstellungen entspricht, Sie verhandeln den Preis, weil Sie nicht heruntergehen wollen, oder Sie verlieren Ihr Gegenüber als Kunden, zumindest für den Moment. Denn im Verlauf des Gesprächs durchlaufen Sie mehrere Phasen und Sie werden von Ihrem Kunden viele Informationen bekommen und viel über ihn erfahren. Somit können Sie Ursache und Wirkung besser beschreiben. Dies soll an zwei Beispielen verdeutlicht werden:

Beispiel I

Ein Autoverkäufer hat seinen Kunden gebeten, Platz zu nehmen, und bevor er Platz nimmt, fragt er ihn, was er von einem Auto erwartet und was für Eigenschaften er an seinem alten PKW mochte. Er schaut den Kunden bei seinen Fragen allerdings nicht direkt an. Der Körper des Kunden reagiert instinktiv mit Anspannung. Intuitiv stellt er sich die Frage, warum ihn der Verkäufer nicht anschaut. Irgendetwas steckt dahinter. Der Kunde antwortet, dass ihm die Eigenschaften Sicherheit, Sparsamkeit und Bequemlichkeit wichtig sind. Der Verkäufer übernimmt daraufhin sofort die Gesprächsführung und sagt: »Das sind großartige Eigenschaften«, und verschränkt dabei seine Arme. Je länger der Kunde seinem Monolog zuhören muss, umso unwohler wird ihm. Der Kunde sagt dann, dass er jetzt hier alle diese Einzelheiten über das Auto nicht besprechen muss. Er weiß genau, was er möchte und was er bereit ist zu zahlen. Dieser direkte Hinweis scheint Wirkung zu zeigen – beide Verhandlungspartner stehen auf und gehen nun an den Schreibtisch des Verkäufers im kleinen Büro nebenan und beginnen zu verhandeln. Der Kunde verschränkt seine Finger, er vertraut dem Verkäufer nicht. Der Kunde hört zwar weiter zu, aber er wehrt sich dagegen. Der Verkäufer stellt seine Fragen, um Informationen zu sammeln. Dabei nimmt er einen Kugelschreiber in die Hand. Diesen benutzt der Verkäufer unbewusst als eine Art Zeigefinger, um seine Argumente mit Fakten zu unterstreichen. Der Kunde reagiert darauf, indem er kurz seine Zunge rausschiebt. Die Dominanz des Verkäufers gefällt ihm nicht und mit seiner Zunge sagt er körpersprachlich, dass ihm diese nicht schmeckt, er schiebt seine Dominanz mit der Zunge weg. Dann zeigt ihm der Kunde ein vorbereitetes Blatt Papier, auf dem die gewünschte Ausstattung und der Preis, den er bereit ist zu bezahlen, notiert sind. Er erklärt, warum er diese Ausstattung wünscht. Der Verkäufer lässt sich demonstrativ auf seinen Stuhl fallen und schüttelt seinen Kopf. Spätestens jetzt weiß der geschulte Beobachter, dass das Verkaufsgespräch in die falsche Richtung läuft. Der Verkäufer hat den Käufer grundlegend missverstanden. Und das wäre ihm mit den drei Schritten des Navigationssystems nicht passiert. Wie könnte sich ein aufmerksamer Verkäufer in dieser Situation verhalten, um eine Wendung herbeizuführen? Er würde jetzt die drei Anpassungs-Fragen stellen. In unserem Fall mag der Kunde die dominante Art des Verkäufers nicht, und er hatte nie das Gefühl, dass der Verkäufer sich für ihn interessiert. Darauf muss der Verkäufer reagieren; er passt seine Haltung dem Kunden an und zeigt offene Gesten mit Blickkontakt. Jetzt ist die Neugier des Kunden geweckt.

Er hebt seine Augenbrauen, als ob er sagen würde, darüber möchte er mehr erfahren. Die Augenbrauen heben wir, um unser Blickfeld zu vergrößern. Dies deutet auf ein gesteigertes Interesse hin, auch gegenüber einem Thema. Jetzt bietet der Verkäufer zwei verschiedene Modelle an, welche die Spezifikationen des Kunden berücksichtigen, und er bemerkt, wie der Kunde seine Hände aneinander reibt. Er bringt ihn zum Handeln. Besonders der Mittelfinger wird berührt. Der Kunde sieht eine Möglichkeit, selbst zu gestalten, aber die Lippen schließen sich so, dass Sie nicht mehr sichtbar sind. Letzteres zeigt, dass der Kunde sich nicht entscheiden kann. Der Kunde sagt, dass seine Frau mitentscheiden muss. Er richtet seine Aufmerksamkeit auf sein Inneres. Hier findet sich das Problem, dass der Verkäufer mit einem zügigen Kaufabschluss liebäugelt. Der Kunde kann aber ohne das Einverständnis seiner Frau kein Auto kaufen. Der Verkäufer erkennt das an und bietet ihm deshalb an, das Auto über das Wochenende mitzunehmen, um seiner Frau seinen Wunsch in Ruhe näherzubringen. Währenddessen greift sich der Kunde an seinen kleinen Finger, der der Gesellschaftsfinger ist. Er sieht damit eine Möglichkeit, seine Chancen auf den Kauf zu verbessern. Der Kunde fragt erneut nach dem erwähnten Preis, den der Verkäufer nicht erfüllen kann. Er schlägt einen anderen Preis vor. Daraufhin schiebt der Kunde das Prospekt weg und somit auch den vorgeschlagenen Preis beiseite. Sein außerdem scharfer Blick über die Seite ist ein Drohsignal an den Verkäufer. Innerhalb der nächsten zwei Minuten sendet der Kunde jetzt einige unterschiedliche Signale, die alle seine Unzufriedenheit ausdrücken: wechselnde Gesichtsausdrücke, eine erhöhte Stimmlage, mehrmaliges Verschlucken und viele Sprechpausen sowie Wiederholungen.

Dieses Beispiel zeigt Ihnen die ganze Bandbreite von Bedeutungen und Möglichkeiten der nonverbalen Kommunikation im Verkaufsgespräch.

Letztendlich wird der Kunde nicht bei ihm kaufen, da der Verkäufer die wahren Wünsche des Kunden nicht versteht. Er könnte die Preisfrage im Vorfeld klären, indem er ihm eine interessante Finanzierung anbietet. Das Problem des Kunden ist ein fester Preis, den er nicht überschreiten darf, weil seine Frau mitentscheidet. Der Verkäufer bietet ein Alternativmodell mit dem gewünschten Preis an und bleibt bei dem Vorschlag, das Auto mit dem höheren Preis über das Wochenende mitzunehmen. Er schiebt seine Unterlagen weg, holt eine Mappe zu sich und signalisiert damit dem Kunden das Ende des Gesprächs. Der Kunde schnappt nach Luft, als ob er Kraft braucht. Widerwillig akzeptiert er den Vorschlag des Verkäufers. Dieser meint, das Problem des Kunden damit gelöst zu haben. Als Autoverkäufer ergibt es wenig Sinn, einen Käufer, der alleine gekommen ist, um sich zu informieren, aber dessen Frau an der Entscheidung beteiligt ist, unter Druck zu setzen, sich sofort für ein Modell zu entscheiden. Diese Strategie ist nur sinnvoll, wenn Sie herausgefunden haben, dass er seine Entscheidungen alleine trifft.

Ich habe mit dem beschriebenen System verschiedene Preisverhandlungen geführt. Immer wenn der Kunde und ich zum Abschluss kamen, nannte ich den Preis des Produktes. Anhand der Mimik des Kunden konnte ich deuten, was er von dem Vorschlag hielt. Gingen etwa die Lippen nach rechts in Richtung Ohr und präsentierten ein süffisantes Lächeln, dann konnte ich daraus lesen, dass er sich überlegen fühlte, und das wiederum bedeutete, der Preis war nicht hoch genug. Für den Kunden war der Preis gut, aber nicht für mich. In einem anderen Abschlussgespräch hatte ich einen viel zu niedrigen Preis genannt und konnte unmittelbar nach der Nennung des Preises eine kurze Belustigung feststellen, ein unterdrücktes Lachen. Das merkte ich, als ich die Lachmuskulatur im Augenbereich erkannte. Den richtigen Preis erkannte ich daran, dass mein Gegenüber Freude zeigte. Ein ehrliches Lächeln mit Blickkontakt, das auch länger blieb. Das war das Signal, dass der Preis für ihn und auch für mich genau richtig war.

In Italien haben über 80 verschiedene Händler an einer Studie teilgenommen, die ein körpersprachenbasiertes Verkaufssystem untersuchte, unter anderem BMW Italy. Sie haben Verkaufszahlen bei verschiedenen Verkaufsmethoden gegenübergestellt. Ein Verkaufssystem hat die Körpersprache berücksichtigt, die anderen nicht. BMW-ROMA hat mit dem erstgenannten System 28,42 Prozent mehr Autos verkauft. GTS Balanced konnte 25 Prozent mehr Umsatz erzielen (Quelle: Center of Body Language.com). In den USA gibt es zahlreiche Händler, die sehr früh erkannt haben, dass *Verkaufen mit Körpersprache* den Zugang zum Kunden viel einfacher und erfolgreicher macht.

Teil II

Erweitern Sie Ihr Sichtfeld – der umfassende Blick

Aristoteles hat bereits im 4 Jhd. v. Chr. das Kausalitätsgesetz formuliert. Heute nennen wir es das Gesetz von Ursache und Wirkung. Es besagt, dass alles, was passiert, einen Grund hat. Auch Isaac Newton zufolge lassen sich alle natürlichen Phänomene anhand einfacher mechanischer Gesetze erklären. Wenn man diese Gesetze kennt, kann man für alles, was geschieht, eine Ursache herleiten. In der Interaktion beim Verkauf ist es genauso. Da besteht die Kommunikation aus Geben und Nehmen, aus Wirkung und Gegenwirkung, aus Aktion und Reaktion. Wenn ich wirke und es gibt dazu keine Gegenwirkung, bin ich nicht existent, ergo: mich gibt es nicht. Es ist unmöglich, dass man nicht auf meine Aktion reagiert, wie auch immer diese ausfallen mag, ob es die Bestätigung, die Verwerfung oder die Entwertung ist, es gibt immer eine Gegenwirkung. Meine äußere Welt ist die Reflexion meiner inneren Welt, dass all das, was ich innerlich bin, über kurz oder lang sichtbar wird.

Wir haben bereits herausgearbeitet, dass alles mit einem Gedanken entsteht. Die daran geknüpften Gefühle ermöglichen die Lebensvitalität im Hier und Jetzt und sind auch verantwortlich für die Erinnerungen, die uns Identität und biographische Geschichte geben. Ausgerechnet kognitive Psychologen, die normalerweise mit der Forschung des Denkens beschäftigt sind, haben der Welt bewiesen, dass kein einziger Gedanke ohne Gefühle existieren kann. Jeder Gedanke erzeugt eine biochemische Reaktion im Gehirn, die wiederum Auswirkungen im Körper hat: das Gehirn sendet chemische Signale in Form von Botenstoffen an den Körper, die dieser sofort aufgreift. Er löst in Übereinstimmung mit dem Gedanken die entsprechende Reaktion in den Zellen aus und signalisiert dem Gehirn, dass er jetzt genauso fühlt wie das Gehirn denkt. Zwischen Gehirn und Körper findet ständig ein Abgleich statt, durch den wir Gefühle entwickeln, die zu unserem Denken passen und zu Denkweisen, die zu unseren Gefühlen passen. Die einzelnen Zellen in unserem Körper passen sich an unsere Denkweise an. Dieser Kreislauf aus ständigem Denken/Fühlen und Fühlen/Denken wirkt sich auf unsere Wirklichkeit aus: wir sind so vertraut mit unserem mental-emotionalen Zustand, dass er zu einem festen Bestandteil unserer Ich-Identität, zu unserem Seinszustand, geworden ist. Wie heißt es so schön: »Ich denke, also bin ich.« Gedanken kann ich nur fassen, wenn Veränderungen entstehen. Zum Beispiel denken Sie gerade an Ihren letzten Urlaub auf Hawaii, wie schön der Strand war, das klare Wasser, die Palmen usw. Während Sie mitten in Ihrer geistigen Urlaubsreise sind, wird Ihre Körpersprache einen entspannten Eindruck vermitteln, indem Sie locker sitzen, Ihre Gesichtsmuskulatur entspannt und Ihre Haltung offen und breit ist. Plötzlich haben Sie einen neuen Gedanken und verlassen Ihr Luxusresort, um sich den Aufgaben zu widmen, die noch erledigt werden müssen. Ihr Chef macht gerade Druck oder die Schwiegermutter kommt heute Abend zu Besuch. Jetzt hat sich etwas verändert; und damit setzen wir uns auseinander. Sie können nicht anders, als das, was Sie denken, in Gefühle zu fassen oder umgekehrt. Sie kommen nicht darum herum, diese Gedanken und Gefühle zu kommunizieren. Unser Körper reagiert auf diese Veränderung mit Motorik. Es sind die angesprochenen Urinstinkte des limbischen Systems. Diese können wir nicht kontrollieren. Wenn Sie etwas sehen, was Ihnen gefällt, dann verändert sich sofort Ihr Blick. Es hat eine Veränderung in Ihren Gedanken stattgefunden und es entsteht die körperliche Reaktion darauf. Ihr Blick wird fokussierter, Ihre Augenbrauen heben sich und Ihr Mund öffnet sich. Die positive Energie, die Sie gerade empfinden, folgt nun der Ursache seiner Aufmerksamkeit. Jeder Gedanke bedeutet einen Befehl an unser Gehirn und unser Körper führt das Ganze aus. Körpersprache entspricht immer dem inneren Geschehen.

Für uns im Verkauf heißt das konkret, dass wir uns mit den Bewegungen und Veränderungen der Kunden beschäftigen müssen. Wie reagiert der Kunde auf Sie? Das muss ab jetzt kein Geheimnis mehr bleiben. Sie erkennen, ob Ihr Kunde das meint, was er sagt. Seine Worte und seine Körpersprache müssen sich synchron bewegen. Das Vakuum, das entsteht, ist das, was Sie mit Ihrer neu erworbenen Fähigkeit entdecken, beeinflussen oder umkehren können. Wenn Ihr Kunde sich positiv äußert oder Ihnen eine Zusage macht und dabei regungslos und steif bleibt, können Sie annehmen, dass etwas nicht in Ordnung ist. Ein Gedanke löst Impulse aus, die vom Gehirn im Körper weitergeleitet und vom Körper zum Ausdruck gebracht werden. Wenn Ihr Kunde beim Abschluss schlaff herabhängende Arme hat und eine Frage stellt, werden Sie möglicherweise unbewusst hinterfragen, ob er wirklich kaufen möchte. Fragt er und bewegt gleichzeitig seine Hände, bewegt er sich synchron zu seinen Gedanken und Gefühlen? Bewegungslosigkeit deutet für Sie im Verkaufsgespräch darauf hin, dass Ihr Kunde nicht begeistert ist. Ganz einfach!

Meine Bitte bei der Umsetzung in der Praxis: wenn es um die negativ wirkenden Gesten geht, appelliere ich an Sie, Ihrem Kunden mit Verständnis zu begegnen. Durch die Erfahrung der letzten Jahre habe ich immer wieder festgestellt, dass auch etablierte Verkäufer, die die Kunst der Körpersprache verstanden haben, zuweilen einiges zu persönlich nehmen. Zu Beginn hatten sie große Probleme, aus den übermittelten Signalen der Kunden wirklich schlau zu werden. Folglich haben einige von ihnen eine sehr gewaltsame Abkürzung genommen und die objektive Realität verlassen und das wahrgenommen, was sie wahrnehmen wollten. An dieser Stelle stehen uns das eigene Ego, das Selbstwertgefühl und die eigene Eitelkeit im Weg. Haben Sie Verständnis für die Launen Ihres Kunden. Auch wenn er Sie anlächelt und seine Körpersprache das Gegenteil verrät, dann hat es nichts mit Ihnen persönlich zu tun. Jeder hat mal einen schlechten Tag. Haben Sie Verständnis für seine Situation, seine Stimmung und seine Tagesform. Denn das ist der Beginn, um mit der Technik professionell umzugehen. Während Ihr Kunde auf einer emotionalen Achterbahn fährt, bleiben Sie ganz ruhig und fokussiert. Professionell!

Durchschauen Sie die Maske Ihres Gegenübers

Bedenken Sie, dass Ihre Kunden, Ihre Klienten oder Verhandlungspartner generell versuchen, sich nach außen von ihrer besten Seite zu präsentieren. Das bedeutet, wenn Sie es mit professioneller Kundschaft zu tun haben, dass sie ihre antagonistischen Gefühle verbergen, etwa ihr Streben nach Überlegenheit oder ihre Versuche des Einschmeichelns und ihre Unsicherheit. Sie werden die Sprache benutzen, um ihre Gefühle zu verbergen und Sie von der Realität abzulenken, indem sie verbale Nebelkerzen werfen, um ihre wahren Gefühle zu kaschieren. Sie werden auch eine bestimmte Mimik zeigen, die leicht aufzusetzen ist und nach außen freundlich wirkt. Ihre Aufgabe ist es, über diese Ablenkungen hinwegzusehen und sich jene Zeichen bewusst zu machen, die unabsichtlich durchsickern und etwas über die wahre Emotion hinter der Maske aussagen.

Bei so vielen Möglichkeiten mag es unrealistisch erscheinen, diese Informationen wirksam nutzen zu können. Doch das bewusste Erkennen dessen, was ein Kunde fühlt, ist ein großer Schritt zur Verbesserung der eigenen Kommunikation. In vielen Fällen werden Sie – in Anbetracht des Zusammenhangs und der teilweise schwachen Ausprägung des Ausdrucks – in der Lage sein, festzustellen, dass das entsprechende Gefühl bei Ihrem Kunden gerade im Entstehen begriffen ist.

Mimik

Unser Gehirn ist der Projektor und unser Gesicht ist der Bildschirm. Es ist der Schauplatz, auf dem Emotionen für andere sichtbar werden. Was wir denken, hinterlässt Spuren in unserem Gesicht. Noch bevor wir etwas sagen oder tun, drücken sich unsere Gedanken bereits in der Mimik aus.

Ziel ist, das Desinteresse Ihres Kunden in seinem Gesicht zu erkennen. Dieses Desinteresse drückt sich entweder in Langeweile aus, dann sehen Sie nicht viel im Gesicht Ihres Gegenübers. Oder der Kunde verspürt echte negative Emotionen wie Enttäuschung, weil seine Erwartungen nicht erfüllt wurden. Ausdruck von letzterem können das Zusammenbeißen der Zähne, das Aufeinanderpressen der Lippen, das Herunterziehen der Augenbrauen oder bei der gelangweilten Variante ausdrucksloses Starren sein. Sie müssen lediglich darauf achten, dass Sie diese Gefühle erkennen, und dann mit den drei Anpassungs-Fragen entsprechend handeln.

Wohin sehen wir zuerst, wenn wir einen Menschen kennenlernen? Zumeist in die Augen und ins Gesicht. Fest steht, dass die Mimik des Sprechers einen sehr großen Einfluss auf die Beziehungsebene und das Gefühl der Zuhörer hat. Stellen Sie sich vor, Sie begrüßen hundert Personen. Zum Teil sind sie Ihnen bekannt und zum Teil nicht. Ungesehen werden diese hundert Begrüßungsvorgänge aufgezeichnet. Hinterher werten Sie die Aufzeichnung aus. Sie werden dann feststellen, dass fast alle hundert Personen Ihren Gesichtsausdruck angenommen haben. Wenn Sie mit einem freundlichen und entspannten Gesicht auf einen Menschen zugehen und ihm die Hand geben, so macht dieser ein ebenso entspanntes, freundliches Gesicht. Gehen Sie mit einem angespannten, ernsten Gesicht auf ihn zu, so zeigt auch seine Mimik Anspannung. Das ist eine Vorstufe der Andock-Technik. Nun ist der Gesichtsausdruck eine Funktion der inneren Stimmung. Es besteht eine gegenseitige Abhängigkeit zwischen Gesichtsausdruck und Stimmung. Wenn sich die Stimmung ändert, ändert sich meistens auch die Miene – und umgekehrt. Ähnlich verhält es sich mit Worten. Im Zusammenspiel von Worten und Gesicht verrät uns die Mimik viel mehr Informationen als der restliche Körper. Das Gesicht ist direkt mit jenen Gehirnregionen verbunden, die mit

Emotionen zu tun haben, während dies für Worte nicht gilt. Sobald eine Emotion spürbar ist, bewegen sich unwillkürlich bestimmte Gesichtsmuskeln. Bei unserer Mimik ist es sehr schwer, Emotionen zu verschleiern, die wir gerade empfinden. Wenn diese Emotionen sehr stark sind, ist es fast unmöglich.

In den meisten Fällen hält der mimische Ausdruck einer Emotion etwa zwei Sekunden lang; manche dauern nur eine halbe Sekunde, andere bis zu vier, aber kürzer oder länger sind sie selten. Die Dauer eines Gesichtsausdrucks steht in der Regel in Beziehung zur Intensität der empfundenen Emotion. Eine länger andauernde Mimik signalisiert zumeist ein stärkeres Gefühl als eine kürzere. Dabei gibt es allerdings Ausnahmen: eine sehr kurze, stark ausgeprägte Mimik lässt darauf schließen, dass der Betreffende versucht, das Gefühl zu überspielen oder zu verbergen. Wenn Sie die Emotionen anderer Menschen präzise und zuverlässig lesen möchten, schauen Sie den Menschen ins Gesicht, denn die Mimik ist die Bühne unserer Emotionen. Das liegt unter anderem daran, dass unsere mimische Muskulatur im Gesicht direkt mit dem limbischen System verdrahtet ist, also mit unserem Emotionszentrum im Gehirn, und deshalb sehr zuverlässig und direkt die Emotionen eines Menschen anzeigt. Und so kommt es übrigens auch zu den Mikroexpressionen, also den sehr schnellen Bewegungen im Gesicht, die dadurch ausgelöst werden, weil unser Emotionszentrum ca. 500 Millisekunden schneller ist als unser Großhirn. Das war in der Evolution wichtig gewesen, damit wir, wenn der Säbelzahntiger vor uns stand, nicht erst lange überlegen mussten, sondern direkt mit Angriff oder Flucht reagieren konnten.

Dazu können Sie zwei weitere Quellen anzapfen: die in Millisekunden (einer viertel bis zu einer halben Sekunde) eintretende Mikrogeste und das Timing in der mimischen Reaktion. Makrogesten hingegen sind jene Gesichtsausdrücke, die lange auf dem Gesicht andauern, um sie leicht sehen und interpretieren zu können (normalerweise dauern sie zwischen einer halben Sekunde bis zu vier Sekunden an).

Die Mikrogeste

Um das richtige Hinsehen noch einmal zu verstärken, wollen wir uns die Mikrogeste genauer anschauen. Ein sehr starkes Tool in Ihrer Beobachtungsstrategie. Die allermeisten Verkäufer sind nicht darin trainiert, sie bemerken daher die sehr schnellen Mikroausdrücke nicht. Und die Lage ist noch komplizierter: selbst, wenn man weiß, dass eine verschleierte Emotion aufgetreten ist, reicht dies nicht aus, um zu verstehen, was sie zu bedeuten hat. Das ist vor allem dann wichtig, wenn man genau beurteilen möchte, ob ein Kunde ehrlich ist oder nicht. Wie wir wissen, wird in der Körpersprache im Allgemeinen zwischen freiwilligen und unfreiwilligen Gesichtsausdrücken unterschieden. Gesteuert wird die Mimik des Menschen von Muskeln. Im Unterschied zur Skelettmuskulatur bewegen sich keine Gelenke, sondern insgesamt 26 Muskeln, die direkt an der Haut und den Weichteilen des Gesichts ansetzen. Weil sie dadurch einen starken Einfluss auf unsere Mimik haben, werden sie auch als mimische Muskulatur bezeichnet. Makroexpressionen oder Makrogesten sind freiwillige und bewusste Gesichtsausdrücke. Sie dauern länger an und sind in der Regel eindeutig zu entziffern. Wenn uns jemand einen guten Witz erzählt und wir herzhaft lachen müssen, handelt es sich um eine Makroexpression. Mikroexpressionen hingegen sind Gesichtsausdrücke, die innerhalb von Bruchteilen von Sekunden auftreten. Sie sind unfreiwillig und können, sofern sie von anderen wahrgenommen werden, die wahren Gefühle eines Menschen entlarven. Dabei geschehen sie entweder als bewusstes Ergebnis der Unterdrückung oder als unbewusstes Ergebnis der Verdrängung.

Mikroexpressionen wurden vergleichsweise spät von Psychologen entdeckt, die deren Existenz in Filmaufzeichnungen dokumentieren konnten. Es gibt zwei Varianten:

- Die erste tritt auf, wenn man ein negatives Gefühl in sich wahrnimmt und zu unterdrücken versucht, es sich aber für den Bruchteil einer Sekunde den Weg an die Oberfläche bahnt.

- Die zweite tritt auf, wenn man sich der ablehnenden Haltung seines Gegenübers nicht bewusst ist, sie sich aber trotzdem für einen Moment in der Mimik abzeichnet. Hierzu zählen Expressionen wie ein kurzes Starren, angespannte Gesichtsmuskeln, gestürzte Lippen, ein einsetzendes Stirnrunzeln, spöttisches Lächeln oder ein verächtlicher Blick, bei dem die Augen nach unten gerichtet sind.

Da wir nun wissen, dass es diese Mikroexpressionen gibt, können wir auch nach ihnen Ausschau halten. Sie werden überrascht sein, wie oft sie auftreten, weil es nahezu unmöglich ist, die Gesichtsmuskeln zu kontrollieren und die Mimik rechtzeitig zu unterdrücken. Sie müssen entspannt und aufmerksam sein, dürfen nicht zu offensichtlich danach suchen, sondern sie eher aus den Augenwinkeln heraus erkennen. Sobald Sie anfangen, Mikroexpressionen zu identifizieren, wird Ihnen deren Entdeckung mit der Zeit immer leichter fallen.

Oft werde ich gefragt, ob man die Mikroexpressionen auch fälschen oder bewusst einsetzen kann, um beispielsweise den Betrachter auf die falsche Fährte zu führen. Tatsächlich ist es völlig unmöglich, Mikroausdrücke auf eine Weise zu fälschen, die 100 Prozent natürlich ist. Warum ist es so schwierig, Mikroausdrücke zu fälschen? Weil unser rationales Gehirn viel langsamer arbeitet als unser emotionales oder limbisches Gehirn. Stellen Sie sich zum Beispiel vor, Sie sitzen in einem Verkaufsgespräch vor Ihrem Kunden. Wenn Sie ihm etwas verkaufen möchten, nennen Sie ihm den Preis. Ihr Kunde möchte den Preis immer so niedrig wie möglich halten. Angenommen, der Preis ist niedrig, also sehr gut für Ihren Kunden. In dem Moment, in dem Sie den Preis nennen, wird das emotionale Reptilienhirn die Mikroausdrücke kontrollieren. Und das emotionale Gehirn weiß, dass Ihr Preis wirklich gut ist. Sie werden einen sehr kleinen Glücksausdruck erkennen, ohne dass sich die Augen zusammenziehen. Das ist ein Zeichen, der zweite Ausdruck ist jetzt entscheidend. Dieser zweite Mikroausdruck – also jener, der für einen Sekundenbruchteil durchgesickert ist – signalisiert, dass Ihr Preis gut ist. Trotzdem macht der Kunde wieder ein sehr ernstes Gesicht und versucht Ihnen vorzuspielen – »Nein, der Preis ist nicht so gut.« Sein Gesichtsausdruck kann ein falscher Ausdruck von Ekel sein, weil das rationale Gehirn (Neocortex) versucht, Sie zu beeindrucken, indem es denkt »Ich muss Ekel signalisieren, weil ich zeigen muss, dass ich nicht interessiert bin, um den Preis vielleicht noch weiter zu drücken.« Aber wenn Sie die unbewussten Mikroausdrücke suchen und finden können, bevor das rationale Gehirn einsetzt, haben Sie einen großen Vorteil, weil Sie die wahren Emotionen Ihres Kunden gesehen haben, was er wirklich fühlt und was er wirklich denkt, bevor er sich maskiert und versucht zu verstecken.

Unabhängig von den Mikrogesten ist es grundsätzlich unglaublich schwer, ein ausdrucksloses Gesicht zu machen, während man von Emotionen überwältigt wird. Man kann die empfundene Emotion entweder verschleiern oder mit einer anderen gespielten Emotion kaschieren. Viel schwieriger ist es, eine Emotion zu verschleiern, die man gerade empfindet, vor allem dann, wenn sie sehr stark ist. Panische Angst ist schwerer zu verbergen als Sorge, so wie man Wut schwerer verheimlichen kann als Verärgerung. Je stärker die Emotion, umso wahrscheinlicher ist es, dass ein Anzeichen dafür durchsickert, auch wenn sich der Lügner nach Kräften um Verheimlichung bemüht. Der Mikroausdruck offenbart uns nicht selbst, worum es sich handelt. Das muss durch unser Verifizierungssystem festgestellt werden. Es geht darum festzustellen, auf welcher Stufe des Verkaufsgesprächs Sie sich gerade befinden. Sind Sie gerade bei der Bedarfsermittlung, dabei die Verhandlung abzuschließen oder den Kaufvertrag aufzusetzen? Dies ist wichtig, weil es einen Unterschied macht, ob sich der Mikroausdruck zeigt, wenn der Kunde spricht oder wenn er zuhört. Hier ist wieder das Timing gefragt. Ist die Bewegung ein Beweis oder nur ein Indiz? Passt die Emotion, die sich im Mikroausdruck offenbart, zum Inhalt dessen, was der Kunde zur selben Zeit sagt, zum Ton seiner Stimme, zu seinen Gesten und seiner Körperhaltung? Oder widerspricht sie dem Gesagten? Wenn der Mikroausdruck beim Zuhören des Kunden auftritt, passt er dann zu dem, was Sie gerade sagen oder was der Kunde als nächstes sagt? Dies ist besonders wichtig, wenn Worte, Ton und Gesten während eines Gesprächs um die Aufmerksamkeit konkurrieren Man übersieht diesen auch leicht; denn wir sind oft dadurch abgelenkt, dass wir darüber nachdenken, was wir als Nächstes sagen wollen, statt genau auf die Mikroausdrücke einer Person zu achten. Deshalb ist normatives Zuhören unabdingbar.

In meinen Seminaren entdecken wir häufig den Gesichtsausdruck des Desinteresses, der nur für einen sehr kurzen Moment erkennbar ist, bevor der Gesichtsausdruck wieder neutral oder ernst wird, wenn wir das aufgezeichnete Video des simulierten Verkaufsgesprächs in Zeitlupe abspielen. Wenn man kein Auge für diese Gesten hat, werden sie nicht erkannt. Selbst wenn man geschult ist und nur für eine Viertelsekunde wegschaut oder blinzelt, besteht die Gefahr, dass sie übersehen werden. In meinen Trainings haben meine Probanden den Ausdruck nicht wahrgenommen, obwohl er vor ihren Augen zu sehen war. Die Fähigkeit, Mikrogesten sehen zu können erfordert, dass Sie unbedingt die 30:70-Regel umsetzen.

Perfektionieren Sie die Kunst des Timings – Timing in der mimischen Reaktion

Menschen, die nicht sehr eloquent sind, können uns in der Tat viel durch ihr Verhalten erzählen. Wenn wir auf Veränderungen in der Mimik unserer Kunden achten, erkennen wir, wann wir unsere Lösungsvorführung beenden und nach einer Meinung fragen können, die für die Fortführung der Beziehung ausschlaggebend sein kann. Ein Beispiel sind die Augen. Wenn ich Sie anschaue, ist das etwas anderes, als wenn ich meine Finger anschaue. Wenn ich Sie anschaue, zielt das auf die zwischenmenschliche Kommunikation ab – wenn ich auf das Verkaufsdokument oder das Produkt schaue, ist das mehr auf den Inhalt bezogen. Das ist ein Beispiel, wann man wohin schaut, oder wann man nicht hinschaut. Wenn Sie etwas Positives sagen, sollten Sie die Person anschauen, aber wenn es Negatives oder Kontroverses ist, ist es besser, woanders, auf einen dritten Punkt zu schauen. Alles besser als der direkte Blickkontakt.

Während der Interaktion ist es sehr wahrscheinlich, dass Ihr Gegenüber Fehler machen wird, was seine Steuerung der nicht empfundenen Emotion betrifft, indem diese zu schnell oder zu langsam eintreten. Achten Sie hier auf das Timing. Die Zeit zwischen der gestellten Frage und der mimischen Reaktion dauert in der Regel 1,5 Sekunden. Wenn jemand unter einer Sekunde reagiert, will er es schnell hinter sich bringen. Warum er dies tut, werden Sie erfahren, wenn Sie alles verifizieren. Am besten merken Sie es, wenn das Lächeln zu früh oder zu spät das Gesagte begleitet. Auch die mimischen Ausdrücke, die nicht synchron mit Körperbewegungen einhergehen, sind nicht authentisch. Setzt der Ausdruck erst nach den Worten ein, ist es viel wahrscheinlicher, dass er falsch ist. Ehrlich wäre er, wenn er gleich zu Beginn eingesetzt hätte, vielleicht sogar noch einen Augenblick vor den ausgesprochenen Worten. Die genaue Lokalisierung eines Ausdrucks in Beziehung zum Redefluss, zu Veränderungen in der Stimme und zu den Körperbewegungen muss synchronisiert sein.

Auch der sogenannte »abgebrochene Gesichtsausdruck« ist ein verlässlicher Hinweis. Dieser ehrliche Ausdruck bleibt lange genug auf dem Gesicht (ab einer halben Sekunde bis vier Sekunden), weshalb Sie ihn leicht sehen und analysieren können, um langsam und abschließend zu einem neutralen Gesichtsausdruck zurückzukehren. Die abgebrochene Geste wird schnell durch eine neutrale Mimik ersetzt. Wenn sie sofort zu einem neutralen Ausdruck übergeht, ist Ihr Gegenüber in diesem Moment nicht aufrichtig zu Ihnen.

Umgekehrt gibt es noch die Variante der Vertuschung. Während ein Ausdruck in der Entstehung begriffen ist, scheint sich die Person bewusst zu werden, was sie zu zeigen beginnt und bricht den Ausdruck ab, wobei sie ihn manchmal mit einem anderen vertuscht. Das Lächeln ist auch hier die gebräuchlichste Vertuschung oder Maske. Eine weitere mimische Reaktion, die nicht vertuscht werden kann, ist das, was auf dem Gesicht sichtbar bleibt, weil es nicht möglich ist, die Aktion des verlässlichen Gesichtsmuskels zu unterdrücken. Es gibt Muskelpartien, die lassen sich ohne emotionale Empfindung nicht kontrollieren, wie im Kinnbereich oder Gesichtsmuskelbewegungen, die durch Kontraktion des Musculus zygomaticus major (großer Jochbeinmuskel) nach oben gezogen werden, oder wenn die »Krähenfüße« durch Kontraktion des Musculus orbicularis oculi (Augenringmuskel) um die Augen auftauchen. Auch dies passiert unwillkürlich. Das sagt uns eindeutig, dass etwas nicht stimmt. Halten wir also fest: alle drei Zeitpunkte können Informationen liefern. Dazu gehört sowohl die Gesamtdauer eines Gesichtsausdrucks wie auch die Zeit, die er braucht, um in Erscheinung zu treten, und wie lange er braucht, um wieder zu verschwinden. Langanhaltende Gesichtsausdrücke von zehn Sekunden oder mehr sind höchstwahrscheinlich falsch. Die meisten empfundenen Ausdrücke auf dem Gesicht dauern nicht so lange.

Genauso aussagekräftig sind jene Zeichen, die subtil sind, die aber mehrere Sekunden dauern können und Anspannung und Kälte zum Ausdruck bringen. Wenn Sie sich zum Beispiel erstmals jemandem nähern, der Ihnen gegenüber negative Gedanken hat, könnten Sie eindeutige Signale des Missfallens erkennen, wenn Sie unerwartet von der Seite an ihn herantreten, weil er nicht die Zeit gehabt hat, seine Maske aufzusetzen. Er wird nicht besonders glücklich darüber sein, sie zu sehen, und das wird sich für ein oder zwei Sekunden unverstellt zeigen.

Plötzliches Schweigen kann ebenfalls sehr aussagekräftig sein. Sie haben etwas gesagt, das einen leichten Anflug von Missfallen auslöst, und die andere Person kann nicht anders und verfällt in Schweigen und Grübeln. Vielleicht versucht sie, ihre Unzufriedenheit mit einem Lächeln zu verdecken, ist innerlich aber am Kochen. Sie werden klare Anzeichen von Gereiztheit erkennen, die einen völlig anderen Eindruck erzeugen, als wenn jemand einfach nur schüchtern ist, nichts zu sagen hat oder es ihm an Schlagfertigkeit fehlt. In diesem Fall ist es am besten, erst Schlussfolgerungen daraus zu ziehen, wenn Sie verifiziert und diese Art von Schweigsamkeit mehrmals bemerkt und überprüft haben. Die Menschen entlarven sich oft selbst mit einem gemischten Signal, also einer positiven Bemerkung, die dazu dient, Sie abzulenken, die aber doch von einer eindeutig negativen Mimik begleitet wird. Dies verschafft der Person eine kurze Linderung des Drucks, immer umgänglich und nett sein zu müssen. Sie verlässt sich auf die Tatsache, dass Sie sich vermutlich eher auf das Gesagte konzentrieren und über ihre Grimasse oder ihr schiefes Lächeln hinwegsehen werden.

Unter diesem Druck neigen auch Menschen dazu, bei Alkohol, Müdigkeit, Enttäuschung, Wut oder Stress ihre wahren Gefühle zum Ausdruck zu bringen. Vorzugsweise negative Gefühle.

Auch in der Mimik gibt es kulturelle und funktionale Ausdrücke. Das Blinzeln mit dem geschlossenen Auge, das Achselzucken mit hochgezogenen Augenbrauen, herabhängenden oberen Augenlidern und dem hufeisenförmig geöffneten Mund sowie die mit einer hochgezogenen Augenbraue vermittelte Skepsis, um ein paar kulturelle Ausdrücke zu erwähnen.

In Verbindung mit der Stimme bekommt der Zuhörer einen Eindruck davon, wie der Sprecher zu den eigenen Worten steht. Mit welchem Gesichtsausdruck wir welche Gedanken projizieren, bestimmen unsere Gesichtsmuskeln. Unsere 26 Muskeln im Gesicht ermöglichen rund 10.000 unterschiedliche Gesichtsausdrücke. Bei den meisten Emotionen ist der Einsatz von drei bis fünf Muskeln erforderlich. Unsere Augenmuskeln sind am aktivsten: sie bewegen sich über 100.000-mal am Tag und auch nachts. Wenn wir herzlich lachen, werden alle Gesichtsmuskeln aktiviert. Auch die bereits erwähnten Beruhigungsgesten sind in der Mimik vorhanden, wie etwa das Beißen auf die Lippen, das Saugen daran, das Wischen darüber und das Aufblasen der Wangen.

Darwin glaubte nicht nur, dass Emotionen das Verhalten eines Organismus motivieren, sondern er hatte auch den Eindruck, dass die Fähigkeit zu erkennen, was andere empfinden, genauso wichtig wie das eigene Überleben ist. Seine Überlegungen dazu sprechen für sich selbst: ein Organismus, der erkennen kann, wann ein potenzieller Feind wütend wird und bereit ist, zuzuschlagen, hat durch eine rechtzeitige Flucht eine bessere Überlebenschance als ein Lebewesen, das diese Fähigkeit nicht beherrscht. Nach einigen Ausführungen dazu, wie wir z. B. bei jemand anderem Gefühle entdecken, kam Darwin zu dem Schluss, dass der Gesichtsausdruck von entscheidender Bedeutung sei. Mit anderen Worten: Wir wissen, was andere fühlen, weil es ihnen ins Gesicht geschrieben steht.

Jene Emotionen spielen im Verkauf eine große Rolle. Auf die Mimik zu achten ist beim Verkaufsgespräch Ihre wichtigste Projektionsfläche der Gefühlslage und Gedankengänge Ihrer Kunden, vor allem, wenn Sie das Ganze im Sitzen absolvieren. Die Produkte oder Dienstleistungen, die die Kunden umgeben, beeinflussen sie und wecken Gefühle. Diese Gefühle sind bei Interesse stark und bei Desinteresse eher schwach, aber komplett emotionslos beim Verhandeln, beim Kaufen oder beim Verkaufen zu sein, ist nicht möglich. Von daher ist es unglaublich schwer, ein ausdrucksloses Gesicht zu zeigen, wenn Ihr Kunde Gefühle verspürt. Allgemein ist es am schwierigsten, emotionslos, cool und teilnahmslos auszusehen, wenn es um Gefühle geht. Diese Gefühle werden in Handlungen und Aktionen in der Mimik durchsickern. Das Gesicht ist mit jener Vielzahl verschiedener Muskeln ausgestattet, welche den Mund, die Nase, die Augen, die Stirn und den Kiefer perfekt steuern.

Grundsätzlich sollte man versuchen, sein Gesicht nicht immer mit demselben Ausdruck zu zeigen, sondern dass sich darin etwas abspielt, dass es Emotionen spiegelt. Und diese sollten vor allem freundlich sein. Denn Ihr Kunde hat ein Recht auf Ihre Freundlichkeit. Erst in zweiter Linie hat Ihr Gesichtsausdruck sich nach dem Inhalt des Gesprochenen zu richten. Im Übrigen hat Freundlichkeit nichts mit Lächeln zu tun. Ein ewig lächelndes Gesicht nervt und macht misstrauisch.

Im Allgemeinen zeigen Ihre Kunden größeres oder geringeres Interesse an Ihnen oder sind Ihnen gegenüber weitgehend neutral. Sie können sich zwischen diesen drei Zuständen hin- und herbewegen, werden aber grundsätzlich in eine Richtung tendieren. Diese wird an der Aktivität erkennbar, wenn sie Ihnen begegnen, und dem allgemeinen Tenor, den sie in Ihrer Anwesenheit zeigen.

Laut Forschungsarbeiten von Psychologen wie Paul Ekman, E.H. Hess und anderen kann die Entspannung der Gesichtsmuskeln erkannt werden, vor allem an Stirnfalte und Mundpartie. Die Lippen scheinen voller zu werden und die gesamte Augenpartie weitet sich. Das sind alles unwillkürliche Zeichen für Behagen und Offenheit. Wenn die Gefühle intensiver sind, zum Beispiel wenn jemand verliebt ist, wird das Gesicht besser durchblutet und die Physiognomie wirkt lebhafter. Als Teil dieses Erregungszustands werden sich die Pupillen weiten – eine automatische Reaktion, bei der die Augen mehr Licht aufnehmen. Wie wir wissen, ist das ein eindeutiges Zeichen dafür, dass sich die Person wohlfühlt und mag, was sie sieht. Neben der Weitung der Pupillen werden sich auch die Augenbrauen heben, wodurch die Augen größer erscheinen.

Die 7 universell-mimischen Emotionen

Nachdem Charles Darwin seine Evolutionstheorie aufgestellt hatte, erkannten Biologen, dass sich auch Gefühle als Form der Intelligenz verstehen lassen, ohne die unsere haarigen Vorfahren in der afrikanischen Savanne wohl kaum überlebt hätten. Gefühle stellen aus dieser Sicht keine Denkfehler dar, sondern vielmehr »verkörperte Information«, vor allem im Gesicht, dar. Freude etwa teilt uns mit: alles in Ordnung, mehr davon. Angst mahnt zur Vorsicht und macht wachsam gegenüber Gefahren. Ekel veranlasst zu Hygiene und warnt vor verdorbener Nahrung. Ohne diese in der Mimik ausgedrückten Emotionen wären wir orientierungslos. Wir würden erfrieren oder verhungern, wir hätten keine Lebensenergie und keine Interessen. Diese mimischen Ausdrücke sind da, wir können sie nicht kontrollieren, allenfalls vermeiden wir es, sie zu zeigen. Und auch das gelingt uns zumeist nur mit großer Mühe. Welche Emotionen gibt es? Und wie viele dieser Ausdrücke gibt es insgesamt? Denn bei den mimischen Ausdrücken gibt es ohne Zweifel ein festes Set, ein Grundrepertoire, das alle Menschen in allen Kulturen gemeinsam haben. Das Überleben unserer frühesten Vorfahren hing von ihrer Kommunikationsfähigkeit ab. Sie entwickelten neue und komplexe Emotionen: Freude, Scham, Verachtung oder Trauer. Die Zeichen für diese Emotionen ließen sich sofort in ihren Gesichtern ablesen, wodurch sie ihre Stimmungen schnell und effektiv mitteilen konnten. Unsere Vorfahren wurden für diese Emotionen anderer empfänglich, um die Gruppe enger zusammenzuschweißen, um als Einheit Freude und Trauer zu empfinden oder um eine Gefahr gemeinsam zu bewältigen. Besagter Paul Ekman hat untersucht, wie wir von verschiedenen Emotionen beeinflusst werden und wie sich diese auf unserem Gesicht widerspiegeln. Er war auf dem ganzen Globus für seine Forschungszwecke unterwegs und hat durch Beobachtung erkannt, dass es sieben Gefühle gibt, die überall auf der Welt gleiche Gesichtsausdrücke hervorrufen:

- 1. Überraschung
- 2. Trauer
- 3. Wut
- 4. Angst
- 5. Freude
- 6. Ekel
- 7. Verachtung

Jeder dieser Begriffe steht für eine Familie verwandter Emotionen. Wut beispielsweise kann in ihrer Intensität höchst unterschiedlich sein, von leichtem Ärger bis hin zu rasendem Zorn. Auch gibt es Intensitätsschwankungen innerhalb einer Emotionsfamilie. Zorn kann verdrossen sein, beleidigt, entrüstet oder auch eiskalt, um nur einige Spielarten zu nennen.

Überraschung

Überraschung hat uns in der menschlichen Evolution dabei geholfen, in einem Moment, in dem eine unerwartete Situation auftritt, möglichst schnell viele Informationen aufzunehmen. Der Gesichtsausdruck der Überraschung ist wie Angst eine sehr kurzlebige Emotion und tritt im Normalfall nur für den Bruchteil einer Sekunde auf.

Mimisch stellt sich eine überraschende Expression durch Bewegungen an Mund, Augenlidern und Augenbrauen dar.

Wird die Mimik vollständig ausgeführt, ziehen sich die Augenbrauen und die oberen Augenlider weit nach oben. Dabei wird der Mund geöffnet, ist aber nicht so angespannt wie beispielsweise bei der Emotion Angst. Da dieser Ausdruck relativ einfach nachzustellen ist, gibt es hier keine verlässlichen Gesichtsmuskeln, die darauf hinweisen, dass die Emotion tatsächlich empfunden wird. Stattdessen ist es sinnvoll, auf zwei andere Aspekte zu achten: zum einen tritt diese Emotion, wie oben erwähnt, nur sehr kurz auf. Sobald sie sich länger als eine Sekunde zeigt, deutet vieles darauf hin, dass diese Emotion simuliert wird. Wenn jemand länger als eine Sekunde nach dem Ereignis überrascht ist, ist die Überraschung höchstwahrscheinlich gespielt. Die Bewegungen von Augen und Mund vollziehen sich bei voller Ausführung zeitgleich. Reißt die Person zuerst die Augen und dann den Mund auf, bedeutet dies, dass die Emotion simuliert wird.

Diese Emotion kann zum Beispiel bei einer Überraschungsparty, bei einer unerwarteten Beförderung oder auch durch eine neue Information, die während eines Gespräches bekannt gegeben wird, entstehen. Problematisch ist es, wenn es um das Erkennen von Emotionen geht. Der Ausdruck Überraschung wird oft mit Angst verwechselt, da sich diese ähneln. Dies könnte fatale Folgen für eine persönliche Beziehung haben.

Trauer

Diese Emotion ist für uns im Verkauf eine der eher irrelevanteren Emotionen, aber sie kommt natürlich vor. Sind wir traurig, so ziehen sich unsere Augen ein und hoch. Die Lippenwinkel sind nach unten gezogen und die Unterlippe tritt nach vorne. Bei Kleinkindern kann man diese Expression gut beobachten. Wir alle kennen das typische Bild eines Kindes, bei dem sich kurz vor dem Weinen die Unterlippe nach vorne schiebt. Der mimische Ausdruck der Trauer ist sehr vielfältig. Eine »sparsame« Form des Trauergesichts ist das Heben des inneren Teils der Augenbrauen. Das allein genügt, dass das Gesicht als traurig eingestuft wird. Diese Gesichtsbewegung drückt vor allem den Wunsch nach Wiederannäherung aus und wird auch als flehender Blick interpretiert. Die Trauer wird umso intensiver, je stärker es sich um Objekte handelt, die eine hohe Relevanz für die Person haben; dies drückt sich im äußeren Auge-Ringmuskel aus. Im Untergesicht kann der Mundwinkel nach unten zeigen.

Wut

In dem Augenblick, in dem wir wütend sind, können wir nicht reflektieren oder logisch denken. Wir lassen uns von der Emotion völlig einnehmen und zeigen mit dem Finger auf den vermeintlichen Täter. Evolutionär ist diese Emotion fürs Kämpfen da. Denken kann in einer Überlebenssituation hinderlich sein. Mit der Wut sind alle Muskeln angespannt und bereit. Die Lippen werden schmal. Die Stimme wird fester und lauter. Weil die Lippen im Zorn schmaler werden, reagieren wir manchmal auf Menschen mit schmalen Lippen so, als seien diese mürrisch, kalt und feindselig. Man sieht deutlich den typischen stechenden Sonnenblick, die zusammengezogenen, gesenkten Augenbrauen. Die Lippen sind aufeinandergepresst.

Nachdem häufig betont wurde, dass Emotionen ihre Funktionen haben, mag man sich fragen, wofür Wut heute noch gut ist, wo nicht mehr gekämpft wird. Es gilt als positiv, seinen Zorn in den Griff zu bekommen, weshalb man denken könnte, als sei Zorn heute weder nützlich noch von Wert. Er war für unsere Jäger- und Sammler-Vorfahren überlebenswichtig, nicht aber für uns. Eine solche Einstellung übersieht eine Reihe sehr nützlicher Funktionen von Ärger und Zorn. Zorn kann uns motivieren, das, was uns erzürnt, aufzuhalten oder zu verändern. Der Zorn auf Ungerechtigkeiten motiviert zu handeln, weil man das Ziel hat, die Missstände zu ändern. Zorn ist der natürliche Begleiter des Gerechtigkeitsgefühls.

Angst

»Das älteste und stärkste Gefühl ist Angst. Die älteste und stärkste Form der Angst ist die Angst vor dem Unbekannten.«
H.P. Lovecraft

Beim Verkaufen ist Angst mit Sicherheit der stärkste Trigger. Tiere spüren Angst für eine kurze Zeit, dann ist sie verflogen. Wir hingegen grübeln über unsere Ängste, verstärken sie dadurch noch und lassen sie weit über den Augenblick der Gefahr hinaus in uns nachwirken – bis zu dem Punkt, an dem wir ständige Unruhe spüren.

Angst hilft dem Organismus zu überleben, denn wer es mit der Angst zu tun bekommt, neigt dazu, aus einer Situation zu fliehen und so einer Bedrohung auszuweichen. Bei Angst kommen zwei Dinge zusammen: ich sehe eine Gefahr und empfinde mich als ohnmächtig gegenüber dieser Gefahr, und diese beide Empfindungen verbinden sich zu Angst. Der Fluchtimpuls ist gestört. Der stringente Fluchtimpuls ist die Angst, die in mir aufsteigt und Mut ist natürlich der Versuch, gegen die Ursache der Angst vorzugehen und in den Kampf zu ziehen. Bei Angst reagieren wir sehr stark körperlich, unser Herz schlägt schneller, fängt manchmal sogar an zu rasen, die Atmung beschleunigt sich, das Blut zieht sich um 2 cm nach innen zurück, weil sich die Kapillaren schließen, weshalb zum Beispiel die Hände und Füße kalt werden, weil sie nicht mehr durchblutet werden. All das sorgt dafür, dass wir in der Gefahrensituation sehr schnell von null auf hundert hochfahren und sofort handlungsfähig sind. Dass das Blut nach innen geht ist ein Schutzreflex, damit wir, wenn wir uns in der Gefahrensituation verletzen, nicht so stark bluten.

Nach dem Gesichtsausdruck bei empfundener Angst könnte man meinen, dass die Augen ergo der Augapfel zentral beteiligt sind. Tatsächlich ist der Augapfel gar nicht beteiligt, sondern nur die Oberlider, die angehoben werden, während die Unterlider angespannt sind. Je mehr die Augenlider im Einsatz sind, desto ausgeprägter ist die Empfindung.

Überraschung und Angst zeigen ähnliche Gesichtsausdrücke, jedoch unterscheiden sie sich durch die angespannten Unterlider. Während bei beiden der Ausdruck der Augenbrauen angehoben ist, sind sie bei Angst zusammengezogen.

Freude

Die Freude ist jene Emotion, die wir brauchen, um den gewünschten Zustand herbeizuführen und um eine Beziehung mit dem Gegenüber einzugehen. Der größte Indikator für aufrichtige Freude ist das Lächeln. Bei der Entwicklung der Fähigkeit, Körpersprache lesen zu können, müssen Sie lernen, den Unterschied zwischen einem falschen und einem aufrichtigen Lächeln zu erkennen. Wenn wir versuchen, unsere negativen Gefühle zu verbergen, verwenden wir oft das falsche Lächeln, weil es einfach ist und unsere Mitmenschen normalerweise nicht auf die Nuancen des Lächelns achten. Da die aufrichtige Variante weniger verbreitet ist, müssen Sie wissen, woran Sie sie erkennen können. Das aufrichtige Lächeln wirkt sich auf die Muskeln aus, die die Augen umgeben, was sich als Krähenfüße an den Seiten der Augen bemerkbar macht. Außerdem ziehen sich die Wangen nach oben. Es gibt kein aufrichtiges Lächeln ohne eine deutliche Veränderung der Augen- und Wangenpartie. Manche versuchen, den Eindruck eines aufrichtigen Lächelns zu erzeugen, indem sie ein breites Grinsen aufsetzen, das die Augenpartie ebenfalls teilweise verändert.

Neben den physischen Zeichen müssen Sie aber auch den Kontext betrachten. Das aufrichtige Lächeln folgt in der Regel als unmittelbare Reaktion auf eine Handlung oder Äußerung; es ist spontan. Fragen Sie sich also: steht das Lächeln in diesem Fall in direktem Bezug zu den Umständen? Wird es durch das Gesagte gerechtfertigt? Bemüht sich die Person in der Situation darum, einen guten Eindruck zu machen oder verfolgt sie strategische Ziele? Kommt das Lächeln sogar leicht verzögert?

Freude lässt sich vielleicht am aussagekräftigsten an der Stimme ablesen, weil es uns viel leichter fällt, unser Gesicht zu kontrollieren; wir können für solche Zwecke vor dem Spiegel üben. Sofern wir keine gelernten Schauspieler sind, wird es uns aber sehr schwerfallen, unsere Stimme bewusst zu modellieren. Wenn Menschen aufgeregt sind und sich freuen, mit Ihnen zu reden, können Sie einen Anstieg der Tonhöhe feststellen, die emotionale Erregung zum Ausdruck bringt. Selbst wenn jemand nervös ist, wird der Ton seiner Stimme zwar natürlich klingen, aber keine freundliche Qualität haben, die oft bei schlechten Handelsvertretern oder Verkäufern erkennbar ist. Ihre Stimme klingt beinahe schnurrend, wie ein gesprochenes Lächeln. Sie werden feststellen, dass weder eine Anspannung noch ein Zögern erkennbar ist. Eine Stimme, die lebhaft und fröhlich klingt, neigt dazu, uns mit ihrer guten Laune anzustecken und eine ähnliche Reaktion in uns auszulösen. Wir wissen es, wenn wir es spüren, aber wir ignorieren diese Gefühle oft und konzentrieren uns stattdessen auf die freundlichen Worte und das falsche Lächeln.

Ekel

Der Ausdruck Ekel bezeichnet in seiner ursprünglichen Bedeutung etwas dem Geschmack Widerstehendes. Doch da Ekel auch Ärger verursacht, wird er im Allgemeinen von sturem Runzeln begleitet, oft auch von Gesten, als ob man etwas wegschiebt oder sich gegen das bedrohliche Objekt schützen muss. Extremer Ekel drückt sich in Mundbewegungen aus, die denen kurz vor dem Erbrechen ähnlich sind. Auch das teilweise Schließen der Augen oder das Abwenden des Blickes oder des ganzen Körpers sind starke Ausdrucksformen von Abscheu. Diese Handlungen scheinen zu demonstrieren, dass die verachtete Person es nicht wert ist, auch nur angesehen zu werden. Das Ausspucken scheint eine fast universelle Geste von Verachtung oder Ekel zu sein, die ganz offensichtlich zum Ausdruck bringt, dass etwas Widerliches aus dem Mund befördert werden soll. Auch hier materialisieren wir. Wir Menschen ekeln uns normalerweise zunächst vor Dingen, die Keime enthalten. Die Emotionsbiologen fragen bei der Betrachtung bestimmter Emotionen immer danach, welche Funktionen sie in der Evolution hatten. Wir können uns vor verdorbenen Speisen, Kadavern, Körperausscheidungen, Blut, Rotz und allem, was aus dem Körper kommt, ekeln. Welche Funktionen könnte der Ekel gehabt haben? Für die Evolutionsbiologen ist klar, dass Ekelgefühle eine Art Schutzmechanismus des Körpers sind, der uns vor Verdorbenem schützt. All diese Dinge können Keime, Parasiten oder Würmer enthalten. Das war sehr wichtig in der Evolutionsgeschichte, weil wir Allesfresser sind und das auch unser Dilemma bestens beschreibt. Wenn man alles isst, hat man den Vorteil, dass man, wenn eine bestimmte Speise nicht mehr zur Verfügung steht, zu einem anderen Nahrungsmittel übergehen kann, aber jedes neue Nahrungsmittel, das ausprobiert wird, könnte auch gefährlich sein. Probiert man einen Pilz, könnte dieser giftig sein. Isst man ein Tier, das schon zwei oder drei Tage tot ist, könnte es von Giften oder Parasiten wimmeln. Es ist unser automatischer Warnmechanismus, der zunächst sagt: »Hüte Dich vor allem, was aus den Körperöffnungen anderer Tieren kommt.« Aber gleichzeitig muss der Mechanismus auch möglich machen: »Probiere auch mal was Neues«, weil wir sonst Gefahr laufen, zu verhungern. Und diese Ausgewogenheit zwischen Neophilie, also dem Ausprobieren von Neuem, und Neophobie, der Angst vor Neuem, ist immer noch bei allen Menschen latent vorhanden. Es gibt auch einen Ekelmechanismus, der sich auf andere Personen bezieht. In der vorzivilisatorischen Zeit war es so, dass, wenn wir auf eine fremde Gruppe trafen, diese unbekannte Keime und Würmer mitbringen konnte, die für unsere Gruppe gefährlich sein konnten, weil keine Resistenzen existierten. Folglich war es ein vorteilhafter Mechanismus, fremdenfeindlich zu sein. Gegen Immigranten wurde eine große Scheu entwickelt, weil die Fremden potenzielle Keime mit sich bringen könnten. Und dieser Mechanismus lebt heute noch in uns fort, obwohl er auf einer körperlichen Ebene keinen Sinn mehr macht. Wir haben Reinlichkeits- und Hygienemechanismen sowie Speisekontrollen, die so gut sind, dass wir den Kontakt zu Fremden aus diesen Gründen nicht länger verweigern müssen.

Ich möchte in diesem Zusammenhang den Begriff das »Schöne« aufgreifen. Ein Gegenbegriff zum Schönen wäre vielleicht dasjenige, was wir als zutiefst abstoßend empfinden. Das wäre nicht das Hässliche. Das Hässliche kann auch manchmal attraktiv sein, sondern das wirklich Abstoßende wäre das, wovor wir uns ekeln. Dasjenige, das dieselben Sinnesorgane, über die wir das Schöne wahrnehmen, so stark beleidigt, dass wir gar nicht mehr hinschauen mögen, dass wir uns abwenden, dass wir uns schlicht entfernen wollen. Dem rein Hässlichen kann man durchaus mit einer gewissen Faszination begegnen. Dagegen ist das Ausspucken eine Geste tiefster Abneigung gegenüber demjenigen, vor dem wir uns ekeln.

Verachtung

Verachtung ist ein starkes negatives Gefühl einer anderen Person oder Personengruppe gegenüber, die wir als minderwertig betrachten. Gebräuchlich ist die Redewendung »Ich habe nur noch Verachtung für dich übrig«. Das Gegenteil von Verachtung ist Achtung. Die typische Einstellung, die zur Verachtung führt, ist: »Der andere ist minderwertig, unterlegen. Er hat keine Achtung verdient. Ich bin ihm überlegen.« Wenn wir einen Menschen verachten, dann macht sich das in unserem Verhalten bemerkbar. So kann es sein, dass wir ihn keines Blickes würdigen, ihn geringschätzig behandeln oder gar ausgrenzen. Im Extremfall töten wir den Menschen, den wir verachten. Verachtung tritt häufig in Verbindung mit Ärger oder Ekel auf. Verachtung zeigt sich auch deutlich in unserer Mimik – gewöhnlich in einer leichten Anspannung in einem Mundwinkel, also asymmetrisch. Auch ein Anflug des Lächelns als Ausdruck der Überlegenheit kann mit dabei sein.

Diese sieben grundlegenden Ausdrücke sind in Familien unterteilt. Wenn zum Beispiel jemand ein bisschen Ekel empfindet, kann es sein, dass es nur ein Gefühl leichter Abneigung ist, weil er etwas nicht mag oder es nicht seiner Präferenz entspricht. All das fällt in die Familie des Ekels. Es ist also eine sehr starke oder eine sehr geringe Variation. Beide Gefühle gehören aber zu einer Familie. Das ist wichtig zu erwähnen, denn manchmal sieht man einen sehr kleinen Ausdruck des Zorns, der eigentlich kein Zorn ist, sondern nur eine leichte Verärgerung. Das ist auch ein Teil der Familie des Zorns. Das Gesicht ist nur ein kompliziertes Instrument, es kann alle Arten von Mischungen zeigen. So können alle subtilen Ausdrücke, die Sie auf der Stirn, in den Augen und in der Umgebung der Nase und Lippen gesehen haben, gemischt werden. Es gibt verschiedene Variationen und Sie können einige Elemente aus Angst und Ekel gleichzeitig empfinden. Sie können gleichzeitig Ärger und Verachtung spüren und sogar eine dritte Emotion kann sich daruntermischen. Diese Gesichtsausdrücke sind Resultate unseres Innenlebens. Dort sind natürlich einige Variationen häufiger und seltener, aber auch das Gegenteil kann aus einer Kombination von beidem auftreten, wie bei Traurigkeit und Glück. Seien Sie sich also bewusst, dass beide Emotionen im Gesicht kombiniert werden können, in allen Variationen, die Sie gesehen haben. Auch die jeweils empfundene Emotion variiert in ihrer Intensität. Für manche Emotionen gibt es nicht eine, sondern dutzende verschiedene Ausdrucksformen, wenn nicht gar hunderte. Jede Emotion hat eine ganze Familie von Ausdrücken, und jede unterscheidet sich sichtbar von den anderen, denn es gibt für jede Emotion nicht nur ein Gefühl oder eine Erfahrung, sondern eine ganze Familie von Erfahrungen. Dies kann sich zum Beispiel in einer schwachen Form des Zorns zeigen. Von Verärgerung bis zur Tobsucht. Wut kann sich beispielsweise auch mit Verachtung mischen
Was die Zustände angeht, kann die Mimik unser Befinden schnell beeinflussen. Lächeln oder Lachen beispielsweise setzen biologische Prozesse in Gang, die uns veranlassen, uns tatsächlich besser zu fühlen. Sie erhöhen den Sauerstoffgehalt des Blutes, die Blutzufuhr zum Gehirn und die Ausschüttung von Neurotransmittern. Ähnliches gilt für jeden anderen Gesichtsausdruck. Nehmen Sie einen Ausdruck von Furcht, Zorn, Abscheu oder Überraschung an und Sie werden sich auch so fühlen. Wenn Sie

über Schmerzen lachen, werden sie bald keine Schmerzen mehr spüren. Wenn Ihr Gesicht Kummer zeigt, so werden Sie ihn auch spüren.

Bittet man Menschen, während sie ein Produkt beurteilen, einen Kugelschreiber zwischen den Vorderzähnen zu halten, bewerten sie Produkte positiver als Menschen, die den Kugelschreiber nur zwischen den Lippen halten. Warum? Den Kugelschreiber zwischen den Vorderzähnen zu halten, löst ein Lächeln aus, was unser Gehirn registriert und als positive Stimmung interpretiert.

Das funktioniert ebenfalls, wenn man Menschen dazu bringt, mit ihrem Kopf eine Vorwärts-Rückwärts-Bewegung zu machen – also körpersprachlich »Ja« zu sagen – während sie ein Produkt beurteilen. Bei der Tennis-Pro GmbH in Frankfurt haben wir uns diesen Effekt zu Nutze gemacht, indem wir 80 Zoll große Demo-TV-Bildschirme über den Regalen und Gängen platzierten, und in einer Endlosschleife auf- und abspringende Tennisbälle zeigten. Somit bewegte sich der Kopf der Kunden, wenn auch subtil, nach oben und nach unten, im Gleichklang mit den grünen Bällen. Die Kunden sagten also unentwegt »Ja«, während sie unmittelbar die Produkte betrachteten. Diese Bejahung führte dazu, dass sie die Produkte anders wahrgenommen haben. Hier korrespondiert der Ort mit dem Produkt. Eine Umsatzsteigerung von 37 Prozent belegt die Wirkung dieses Effektes.

Natürlich gibt es viel mehr Gefühle, nämlich etwa 6.000, die wir verbal in unserer Sprache beschreiben können, aber die sieben Basisemotionen sind nützliche Sammelbegriffe für verwandte Gefühle. Bei 60.000 verschiedenen Gedanken, die wir täglich denken, hängen Zustände und Verknüpfungen natürlich davon ab, wie wir die Welt sehen. Das ist es, was darüber entscheidet, welche Emotionen wir täglich empfinden. Die Gesichter sprechen. Sie sagen die Wahrheit und verraten die Gefühle jeder Person.

Augenzugangshinweise – Die Augen und ihre Richtung

Die folgende Grafik soll Ihnen veranschaulichen, wie sich die meisten »normal« organisierten Rechtshänder in Ihrer Gegenwart verhalten. Die Benennung der Seiten »rechts und links« erfolgt immer aus der Sicht des Gesprächspartners. Bei Linkshändern sind die Seiten der Blickrichtung möglicherweise vertauscht.

Vk = visuell konstruiert
Vr = visuell erinnert
Ak = auditiv konstruiert
Ar = auditiv erinnert
K = gefühlte Empfindung
ID = innerer Dialog

Diese brauchbaren Informationen liefern Ihnen dazu die sogenannten Zugangshinweise über die Augen, im amerikanischen Englisch die Eye Accessing Cues genannt. Diese Technik wurde von Richard Bandler und John Grinder im Zuge des Neurolinguistischen Programmierens (NLP) entdeckt.

Die Augenzugangshinweise sind eine praktische Anwendung einer berühmt gewordenen Technik. Kein anderer Muskel wird so oft benutzt wie die Augenmuskulatur. Die Augen beherbergen die einzigen Muskeln im Körper, die sich nicht kontrollieren lassen. Das ist einer der Gründe, warum so viele Pokerspieler eine Sonnenbrille tragen. Über die Augen rufen wir Erinnerungen und Informationen, Bilder, Töne, Gefühle und Gedanken von unserem Gehirn ab und stellen uns Zukünftiges vor. Die Augen bewegen sich je nach Gedankengang in eine andere Richtung und verraten uns, wie eine Person denkt. Gehen wir kurz auf die einzelnen Blickrichtungen ein.

Vk = Visuell konstruiert:
Schaut er nach links oben, wird ein Bild konstruiert, also vorgestellt. Das heißt nicht, dass Ihr Kunde lügt, aber Sie wissen, was mit Ihrem Kunden passiert.

Vr = Visuell erinnert:
Steht Ihnen Ihr Kunde gegenüber und sein Blick wandert nach oben rechts (von Ihnen aus gesehen) wird ein Bild aus seiner Erinnerung abgerufen.

Ak = Auditiv konstruiert
Richten sich die Augen nach links in die Mitte, wird ein Ton oder eine Stimme auditiv konstruiert, also vorgestellt.

Ar = Auditiv erinnert
Wandert der Blick hingegen zur rechten Mitte, wird eine gehörte Erinnerung abgerufen, wie zum Beispiel das aktuelle Lieblingslied.

K = Gefühlte Empfindung
Wandern die Augen nach links unten, ist Ihr Kunde im Gefühl.

ID = Innerer Dialog
Der Blick nach rechts unten zeigt Ihnen, dass Ihr Kunde im inneren Dialog ist. Die Aufmerksamkeit ist jetzt eingeschränkt. An der Stelle ist eine kleine Pause angebracht, bevor Sie weitersprechen.

Sie werden im Verkaufsgespräch eine Sensibilität entwickeln und alles genau beobachten. Sie haben hiermit eine verlässliche Informationsquelle, die Ihnen im Verkaufsprozess hervorragende Dienste erweisen wird. Des Weiteren werden nach dieser Methode die Denkmuster des Kunden erfasst: das visuelle, das auditive und das kinästhetische Muster.

So können Sie Ihre Sprache nun auf die Ihres Kunden abstimmen. Der Bestandteil der Sprachabstimmung ist, Ihre Worte an die Denk- und Sprechmuster des anderen anzupassen. Das ist viel einfacher, als es den Anschein hat. Da wir dazu neigen, nach Mustern zu handeln, neigen wir auch dazu, in Mustern zu denken und zu sprechen. Als Muster gibt es den visuellen, den akustischen, den gefühlsorientierten und den geruchs- und geschmacksorientierten Typ. Der erste und sicherlich der am häufigsten vorkommende Modus ist der visuelle Modus. Unsere Sprache ist voller solcher Beispiele. Wenn ein Mensch zu einem bestimmten verbalen Muster neigt, müssen Sie ihm in dem entsprechenden Stil antworten. Das ist wichtig, weil er oder sie nach diesem Muster Gedanken verarbeitet und sich so seine individuelle Realität schafft.

Der visuelle Typ

Wenn ich Ihnen eine visuelle Frage stelle, zum Beispiel was Ihre Lieblingsfarbe ist, und Ihre Augen sich nach oben rechts bewegen, sagt uns die Neurophysiologie, dass Ihre Augen auf den visuellen Cortex zurückgreifen. Sollten Ihre Augen dagegen nach oben links blicken, rufen Sie die kreativen Zentren des Gehirns ab und wir wissen nun, dass Sie etwas konstruieren. Wenn Ihr Kunde gerne mit Bildern kommuniziert, nutzt er auch die entsprechenden Wörter: »Das steht klar und deutlich vor meinen Augen!« oder »Diese Idee hat keine Perspektive!« In Bayern sagt man: »Schau mer mal, dann sehn mer schon!« Der visuelle Kunde spricht viel, ohne Punkt und Komma. Das sind auch seine Fähigkeiten. Sie erreichen ihn, wenn Sie seinen visuellen Kanal anregen. Zeigen Sie ihm die Produkte, er mag Bilder. Alles, was in einem Prospekt Ihres Angebots dargestellt wird, wird ihm gefallen.

Visuelle Typen erkennen Sie außerdem oft an ihrer hohen Stimmlage, sie atmen mit kurzen Zügen im oberen Bereich der Brust, weil die Pausen für ein tieferes Atemholen einfach zu kurz sind. Vielfach haben visuelle Menschen Nackenschmerzen. Das kommt vom »genauen Hinschauen« und dem Zusammenkneifen der Augen – um schärfer wahrzunehmen. Ein sicheres Anzeichen für einen visuellen Typen ist auch das »Deuten« mit dem Zeigefinger.

Wenn Ihr Kunde bevorzugt visuell sortiert, ergibt es wenig Sinn, sich auf der Ebene der Gefühle auszutauschen. Mit anderen Worten: wenn er schauen will, wie Ihr Produkt aussieht, sollten Sie sich nicht mit ihm über die haptischen Qualitäten unterhalten. Zeigen Sie ihm das Produkt.

Der akustische Typ

Mit wohlgesetzten Worten und angenehmer Stimme äußert sich der akustische Typ. Die Atmung läuft ruhig im unteren Bereich des

Brustkorbs. Er ist ein guter Unterhalter und launiger Witzeerzähler. Er diskutiert mit sich selbst im Kopf und legt sich seine Pläne damit zurecht. Politiker, Trainer und Schauspieler gehören oft zu den akustischen Typen.

Ein Kunde, der auditiv ist, spricht mit sich selbst im Kopf und sagt vielleicht:»Das hört sich doch gut an!« oder»Ihr Vorschlag klingt super!« Dieser Typ hört gerne Musik und wenn es ihm einmal schlecht geht, zieht er sich auf die Couch zurück, setzt sich vor seine Stereo-Anlage und versinkt in seiner akustischen Welt. Während eines Verkaufsgesprächs kann es passieren, dass der akustische Typ lange Zeit keinen Blickkontakt aufnimmt, was besonders visuelle Typen häufig sehr verärgert, weil sie das als unhöflich empfinden. Akustische Menschen lesen sehr gerne und weisen Sie im Gespräch gerne darauf hin, dass»das Gleiche« und »dasselbe« voneinander unterschieden werden müssen. Ein akustischer Typ achtet auch sehr genau darauf, mit welcher Betonung etwas gesagt wird. Aus diesem Grund sollten Sie langsam sprechen. Setzen Sie gezielt Pausen ein, atmen Sie ruhig und lang. Wer akustische Kunden überzeugen möchte, setzt auf die Macht des gesprochenen Wortes, denn diese Kunden hören gerne viel über das Produkt und interessieren sich dafür, was andere Kunden darüber sagen. Metaphern, Geschichten und Zitate sind hilfreich, außerdem spricht es diesen Kundentyp besonders an, wenn sein Gesprächspartner die Andock-Technik einsetzt. Stellen Sie sich entsprechend auf ihn ein und passen Sie Ihre Sprechgeschwindigkeit, Betonung und Pausensetzung an

Der kinästhetische Typ

Eine Verzögerung nach einer Frage, eine tiefe Stimme und eine langsame Sprechgeschwindigkeit lassen den kinästhetischen Typ erkennen. Er ist ein sehr einfühlsamer Mensch, was die Belange anderer betrifft, ein typischer Versteher. Oft spielt er bei Gesprächen eine unauffällige Rolle, weil die visuellen Schnellredner seine Sprechpausen nutzen, um ihm ins Wort zu fallen. Weil er dann wiederum Zeit braucht, um herauszufinden, wie sich diese Unterbrechungen anfühlen, ist er oft aus dem Takt des üblichen Gesprächs, wirkt eher ruhig und in sich zurückgezogen. Aber in seinem Inneren toben die Emotionen.

Er ist ein wunderbarer Zuhörer und kann sich vollständig in seiner Gefühlswelt und in der seiner Gesprächspartner verlieren. Wegen seiner Genussfähigkeit ist er oft von korpulenter Statur. Seine Atmung geht bis tief in den Bauch. Ein Kinästhet gibt vielleicht folgende Sätze zum Besten: »Das ist ja nicht zu fassen!« oder »Ich fühle mich nicht wohl in diesem Laden.«

Wer kinästhetisch orientierte Kunden überzeugen will, tut das am besten mit Schaustücken, die sie in die Hand nehmen können, durch gefühlsbetonte Geschichten, persönliche Gespräche und Körperkontakt wie Schulterklopfen oder Händeschütteln. Versuchen Sie es mit: »Nehmen Sie das Produkt ruhig einmal in die Hand. Nur so bekommen Sie ein Gefühl dafür, wie stabil es ist.« Oder: »Eine solche Chance bietet sich nicht jeden Tag. Ich an Ihrer Stelle würde die Gelegenheit beim Schopf packen.« Oder: »Sie wissen, was Sie konkret benötigen, und diese Anforderungen können wir alle erfüllen. Viel wichtiger aber ist doch, ob Sie sich mit der Entscheidung wohlfühlen. Was sagt Ihr Bauch dazu?« Sogar die Haut kann uns Hinweise geben. Wenn wir visuell denken, dann wird unser Gesicht gewöhnlich ein wenig blasser. Ein gerötetes Gesicht deutet auf eine kinästhetische Orientierung hin.

Welcher Typ sind Sie? Sind Sie ein visueller Typ? Neigen Sie dazu, im Geiste Bilder zu sehen? Läuft vor Ihrem inneren Auge des Öfteren ein Film ab über Ereignisse, die geschehen sind oder vielleicht geschehen werden? Können Sie leicht visualisieren, wie die Dinge sein sollten oder sein könnten? Wenn dem so ist, wird Ihnen auffallen, dass Sie auch eine bildhafte Ausdrucksweise haben, wenn Sie auf vergangene Unterhaltungen zurückblicken. Oder sind Sie vielleicht ein überwiegend akustischer Typ? Können Sie sich am ehesten an Ereignisse erinnern, wenn Sie im Geiste eine Unterhaltung rekapitulieren? Hören Sie Ihre Stimme und die Ihres Gesprächspartners, oder hören Sie vielleicht Ihre Stimme beide Rollen sprechen? Entdecken Sie manchmal, dass Ihre Gedankenmuster durch Laute unterbrochen werden, die andere Menschen nicht wahrzunehmen scheinen? Wenn das zutrifft, können Sie anhand dieser Hinweise erkennen, dass Ihre Sprach- und Gedankenverarbeitungsmuster vorwiegend akustischer Natur sind. Denn die Beispiele, die Sie hier gelesen haben, klingen für Sie richtig. Oder treffen Sie eher gefühlsorientierte Entscheidungen? Fällen Sie Entscheidungen, indem Sie sich in die Situation einfühlen? Erinnern Sie sich oft an Dinge, bei denen Sie den Bewegungsablauf nachvollziehen können? Wenn Sie Ihre Schlüssel verloren haben, gehen Sie den Weg noch einmal ab und fassen Sie die Gegenstände an, mit denen Sie vorher in Berührung gekommen sind, um sich besser daran erinnern zu können, wo Sie sie liegengelassen haben? Wenn das zutrifft, dann haben Sie bereits einen starken Indikator, dass Sie tatsächlich gefühlsorientiert sind, da sich Ihr Erfassen der Realität so anfühlt.

Für alles, was Sie Ihrem Kunden auf seinem bevorzugten Kanal präsentieren, ist er deutlich empfänglicher als für Dinge, die ihn über einen anderen Kanal erreichen. Die muss er nämlich erst übersetzen: das ist anstrengend und fehleranfällig und das macht keinen Spaß. So kann es leicht zu Missverständnissen kommen. Es macht Ihnen das Verkaufen deutlich leichter, wenn Sie wissen, was für ein Sinnestyp Ihr Kunde ist. Darauf können Sie sich einstellen. Sie wissen, mit welcher Wortwahl Sie ihn am besten erreichen. Sie wissen, welches Erlebnis ihn am meisten überzeugt. Sie wissen, welche Erfahrung Sie ihn machen lassen sollten. Ihr Kunde wird genau die Worte verwenden, die seinem Sinnestyp entsprechen – denn die prägen seine Wahrnehmung der Welt. Er kann also gar nicht anders als Ihnen die Welt aus seiner Sicht zu beschreiben.

Wenn Sie vor einer Gruppe verkaufen, müssen Sie alle Sinne ansprechen. Welchen Sinn zuerst? Beginnen Sie mit dem Visuellen. Bei den visuellen Kundentypen müssen Sie schnell sein, sonst werden sie ungeduldig und schalten ab. Wenn Sie beispielsweise reinkommen und beginnen zu reden, zeigen Sie eine offene Armgeste. Danach etwas Akustisches für die Auditiven und danach mehr Gefühl für die Kinästheten.

Hände

Unsere eigene Körpersprache zu kontrollieren, liegt selten in unserer Macht. Bevor ein Gedanke unseren Sprachapparat erreicht, läuft er zuerst durch den Bereich, der die Hände steuert. Das ist bei allen gleich. Wenn ich dann den Gedanken aussprechen will, bewege ich automatisch meine Hände. Ich sende damit nicht nur ein Signal an mein Gegenüber, sondern es hilft mir auch beim Denken. Tatsächlich nutzen wir unsere Gestik nicht nur zur direkten Kommunikation. Beim Telefonieren gestikulieren wir, obwohl uns der andere nicht sieht. So funktionieren wir einfach; der Körper drückt aus, was in unserem Kopf passiert.

Hände stehen im Zentrum der zwischenmenschlichen Kommunikation. Ob konkrete Zeichen oder unbewusste Gesten, oft sagen zwei Hände mehr als 1000 Worte.

Bei der Evolution spielten Zufälle eine große Rolle. Die ursprüngliche Funktion von Federn etwa, die sich aus den Schuppen der Reptilien entwickelt haben, bestand etwa darin, Vögel warm zu halten (Vögel stammen von Reptilien ab). Aber irgendwann entwickelten sich aus diesen Urfedern Schwungfedern, die für eine andere Funktion optimiert waren: dem Fliegen. Unsere eigenen Vorfahren aus der Primatenfamilie lebten auf Bäumen und die Form ihrer Hand entstand, um Zweige schnell und sicher greifen zu können. Unsere ältesten hominiden Vorfahren, die auf der Erde aufrecht gingen, fanden diese hochentwickelte Hand sehr praktisch, um Steine aufzuheben, Werkzeuge herzustellen und mit Gesten zu kommunizieren. Wie wichtig die Hände und der Umgang mit Gegenständen sind, wird besonders deutlich, wenn man sich anschaut, wie viel Platz das Gehirn den Händen im Vergleich zu anderen Körperteilen eingeräumt hat. Die Hände und der Mund scheinen besonders wichtig zu sein. Die Bedeutung der Hand liegt nicht allein in ihrer präzisen Handlungs- und Wahrnehmungsfähigkeit, sondern in der Wechselwirkung zwischen Hand und Gehirn. Allein Daumen und Zeigefinger beanspruchen mehr als zehnmal so viel Hirnrinde wie der Fuß. Schaut man sich an, wie Kleinkinder mit Dingen umgehen, sehen wir genau diese beiden Prinzipien am Werk: über den Umgang mit den Händen, das »Be-greifen« und das »In-den-Mund-Stecken« lernt der Autopilot implizit, was Dinge bedeuten. Speziell die Hände spielen auf dieser neuronalen Körperkarte eine herausragende Rolle. Im Vergleich etwa zu den Armen werden die Hände durch besonders viele Nervenzellen repräsentiert. Wir nehmen über die Hände also besonders differenziert und feingliedrig wahr. Unsere Hände gestikulieren immer mit und unterstreichen stets das Gesagte. Die Hände haben besonders viele Nervenzellen und dementsprechend sind sie als Körperteil größer im Gehirn repräsentiert als andere. Sie verraten die wahren Motive unseres Handelns. Die Arme und die Hände sprechen also mit. Je mehr Sie Ihre Hände beim Reden bewegen, umso sicherer und überzeugter wirken Sie. Das passiert im Affekt und beruht auf der Biologie. Jemandem, der versucht, Gesten mit den Händen einzustudieren, wird man das dadurch Vermittelte nicht abnehmen. Wenn wir gestikulieren passiert das automatisch und synchron mit der Verbalisierung. Sobald einstudierte Gesten mit den Händen ins Spiel kommen, entsteht eine veränderte Wirklichkeit, die sowohl auf Kosten Ihrer Authentizität als auch Ihrer Überzeugungskraft geht, da diese Gesten verzögert kommen und nicht mehr in Harmonie mit der flüssigen Bewegung stehen, die das Unterbewusstsein des Gegenübers registriert. Nichtsdestotrotz können Sie aktivere Handgesten lernen. Wenn Sie lange genug üben, geht die Fertigkeit in einen Automatismus über und Sie haben das Gefühl, als arbeiteten Gehirn und Körper als eine Einheit zusammen.

Die unterschiedlichen Bewegungen der Hände geben uns Informationen über unsere Kunden, sodass wir wissen, wie der Kunde denkt und fühlt. Dies fängt schon mit der Begrüßung an. Wie gibt er mir die Hand? Mit welchem Druck? Oder an welchem Finger trägt der Kunde Ringe?

Der Handschlag

Die Corona-Pandemie hat einen erheblichen Einfluss darauf genommen, wie wir uns mittlerweile begrüßen. Ich persönlich bin hin- und hergerissen zwischen der Offenheit dafür, dass wir etwas Neues lernen können und das offenbar auch tun, und der Angst davor, dass uns da irgendetwas wirklich entglitten ist. In meinem Coaching bekomme ich immer wieder mit, wie die Auswirkungen der Pandemie auf die Begrüßungen von anderen nachhaltig nachwirken. Viele sind zurückgekehrt, aber viele sind immer noch traumatisiert von den Auswirkungen der Corona-Pandemie im Hinblick auf das Begrüßen. Was, wenn wir unsere Angst vor Ansteckung nicht mehr loswerden? Wenn die Berührungsangst weiterhin jede Begegnung bestimmt? Was macht es mit uns und unseren Beziehungen, wenn wir weiterhin Distanz halten? Es schafft Barrieren zwischen Menschen. Wenn Sie die Hand nicht ausstrecken und den anderen nicht berühren können, fehlt Ihnen die Interaktion. Und das bedeutet, dass wir soziale Bindungen nicht stärken können, besonders junge Menschen, die erst lernen, wie man miteinander interagiert. In einer normalen Welt würden wir uns die Hand geben, uns umarmen oder küssen. Das hat nicht nur jetzt Auswirkungen auf unsere sozialen Beziehungen, sondern könnte sich auch in Zukunft stärker auswirken. Der Handschlag ist für uns sehr wichtig, und ich bin mir sicher, dass er vollständig zurückkehren wird, auch wenn er momentan rudimentär unterwegs ist. Allein schon, wenn wir jemand anderem die Hand reichen, schaffen wir eine Art Beziehung zu ihm.

Bei der Begrüßung geben wir uns die Hände. Dies ist ein Zeichen der Intimität. Es grüßen sich Menschen, die sich mögen oder kennen. Ein Handschlag ist angemessen, wenn man sich neu vorstellt, jemanden besucht oder eingeladen hat oder sich längere Zeit nicht gesehen hat. Es ist außerdem ein Zeichen des Respekts, welches eine besondere Nähe herstellt. Anhand dieser Geste können Sie erkennen, welche Wertschätzung Ihr Kunde hat und vor allem, was für ein Typ er ist. Beim Händeschütteln können Sie erkennen, ob der andere Sie mag und wie er Sie einschätzt.

Ich möchte hier kurz darauf eingehen, wie ein Händedruck üblicherweise abläuft: normalerweise gibt der Einladende den Handschlag zuerst. Wir geben uns die Hand und dann schütteln wir sie einmal. Der Druck ist so stark, dass Sie eine Flasche damit festhalten könnten. Die Daumen der Handgebenden zeigen nach oben. Die Handflächen sind normal trocken und normal warm. Der richtige Händedruck zielt auf Gleichwertigkeit und Gleichstellung ab. Im Druck und Schütteln der Hände zeigt sich das Maß an Vitalität, Gefühl und Sachlichkeit, das eine Person besitzt oder gibt. Die Vitalität ist bei uns im Verkauf von entscheidender Bedeutung und impliziert Kraft, die wir im übertragenen Sinne mit Kaufkraft assoziieren können. Im Übrigen wirken weniger lebhafte Menschen auf andere unattraktiv. Die Hand sollte zwei bis fünf Sekunden gedrückt, aber nicht gequetscht oder geschüttelt werden. Schulterklopfen oder dominantes Verhalten sollten vermieden werden. Halten Sie dabei Blickkontakt. Grundsätzlich gilt bei solchen Begrüßungen: Sonnenbrille abnehmen, rechten Handschuh ausziehen, aufstehen (Damen dürfen sitzen bleiben, es sei denn, sie sind wesentlich jünger oder stehen wesentlich tiefer in der Hierarchie) und die Hand aus der Hosentasche nehmen! Stellt man sich selbst vor, ist die zeitgemäße Form: Gruß, Vorname, Nachname. Floskeln wie »Gestatten«, »sehr erfreut« oder »angenehm« sind unpassend und gehören in eine vergangene Zeit. Idealerweise bewegt sich Ihr Oberkörper von der Brust weg und schiebt den Unterarm nach vorne. Alle Abweichungen sind eine Dysbalance des Referenz-Händedrucks und offenbaren etwas, was Sie bewerten können. Bei diesem Annäherungsritual können drei Dinge passieren:

- Der Kunde bleibt an Ort und Stelle, was mir zeigt, dass er sich mit diesem Abstand wohl führt
- Er macht einen Schritt zurück und dreht sich leicht weg, was darauf schließen lässt, dass er mehr Raum benötigt oder lieber woanders wäre
- Er geht sogar einen Schritt auf mich zu, was bedeutet, dass er sich wohl fühlt oder mir gegenüber freundlich gestimmt ist

Es gibt Menschen, die eine Abneigung gegen das Händeschütteln haben, weil sie ungern berührt werden. Dann gibt es jene, die immer Abstand halten, aus Angst vor Bakterien und Viren, die übertragen werden könnten (Pandemien können diese latenten und bereits bestehenden Ängste verstärken), und solche, die nur dann mit jemandem in physischen Kontakt treten, wenn es unvermeidbar ist. Bevor Sie also das Risiko eingehen, das erste Treffen mit unangenehmen Gefühlen zu beginnen, verzichten Sie lieber von vornherein auf das Händeschütteln. Um peinliche Situationen zu vermeiden, lassen Sie einfach Ihren rechten Arm seitlich locker hängen. Falls die andere Person Ihnen die Hand entgegenstreckt, können Sie sofort darauf reagieren. Wenn jedoch keine Hand angeboten wird, haben Sie beiden eine Peinlichkeit erspart.

Die Distanz beim Händeschütteln mit Kunden beträgt immer eine Armlänge. Die Entfernung beim Grüßen ist so gewählt, dass keiner den Körper des anderen attackieren kann – die persönliche Zone bleibt respektiert.

Ein schwacher Händedruck wirkt immer negativ. Abgesehen davon, dass Sie ihn unsympathisch finden werden, was Sie als Profi richtig einordnen können, signalisiert ein lascher Händedruck Misstrauen und Gleichgültigkeit. Diese Person ist kein Macher, der die Sachen anpackt. Zumindest nicht in diesem Moment.

Im Mittelalter wurde ein Vertrag durch einen Handschlag besiegelt. Selbst im Bürgerlichen Gesetzbuch (§ 622 ff.) wird dem Handschlag als Signaturmöglichkeit noch Rechtswirksamkeit eingeräumt. Als Symbol für eine Einigung ist ein Handschlag immer noch sehr wichtig. Fragen Sie also Ihr Gegenüber: »Wollen Sie dieses Haus kaufen?«. Wenn Ihr Gegenüber mit »Ja« antwortet, dann reichen Sie ihm die Hand. An der Festigkeit des Händedrucks können Sie auch erkennen, wie viel Überzeugungskraft Ihren Argumenten beigemessen wurde und wie fest Ihr Gegenüber hinter seinen Abmachungen steht. Außerdem hat der Handschlag nach einer Abmachung den psychologischen Effekt der Verpflichtung.

Die Finger

Jeder unserer Finger steht stellvertretend für die unterschiedlichen Bedürfnisse, die wir haben. Diese interessante Information können wir nochmals detailliert mit Betrachtungen über die rechte und linke Hand vertiefen. Die rechte Hand ist die sachliche und die linke ist die emotionale Hand.

Wir können anhand des Fingerschmucks Informationen ableiten, die etwas über den Kunden aussagen. Achten Sie bei Ihrem Kunden immer darauf, welcher Finger mit Ringen geschmückt ist und welche Finger er beim Sprechen benutzt. Die Finger haben ihren eigenen körpersprachlichen Ausdruck und vermitteln nach außen viel über uns.

Hier die einzelnen Bedeutungen der Finger:

Der Daumen

Der Daumen ist unser wichtigster Finger, weil er motorisch am stärksten ist. Er macht das Greifen erst möglich. Die dominanten Bewegungen gehen von ihm aus.

Der Zeigefinger

Der Zeigefinger wird auch der Besserwisser-Finger genannt. Jemand, der in einer Konversation diesen Finger auffällig einsetzt, weiß alles besser. Dieser Finger ist am sensibelsten. Wir nutzen ihn, wenn wir etwas abtasten möchten. Wenn es um Details geht, wird er oft von uns benutzt. Achten Sie einmal darauf: wenn Sie von jemandem belehrt werden, kommt immer der gehobene Zeigefinger ins Spiel.

Der Mittelfinger

Der Mittelfinger steht für Selbstgestaltung. Dem Bedürfnis nach zu urteilen, steht er repräsentativ für Anerkennung. Wer will nicht im Mittelpunkt stehen? Jeder möchte dies auf seine Weise. Der Mittelfinger gilt in vielen Kulturen als Penisgeste im Sinne einer sexuell konnotierten Drohung. Im übertragenen Sinne signalisiert man, der Bessere oder Stärkere zu sein.

Der Ringfinger

Der Ringfinger ist unser Gefühlsfinger. Er ist allein zwar nicht beweglich, aber umso sensibler. Richtige Bewegungen lassen sich am besten mit dem Mittelfinger ausführen.

Der kleine Finger

Der kleine Finger ist der Gesellschaftsfinger. Mit ihm kann man nicht viel machen, aber er ist immer dabei. Dieser Finger steht auch für Aufmerksamkeit.

Die Füße

Welches Körperteil ist Ihrer Meinung nach das ehrlichste? Welcher also offenbart die wahren Absichten eines Menschen am ehesten? Je weiter wir uns körpersprachlich gesehen von unserem Kopf entfernen, desto weniger Kontrolle haben wir über die Dinge! Unser Gesicht haben wir gut im Griff, die Hände schon weniger und am wenigsten die Füße. Sie offenbaren somit am ehrlichsten die innere Haltung. Unsere Füße und Beine berichten der Außenwelt konstant und zuverlässig von unserem Innenleben. In diesem Abschnitt werde ich Ihnen zeigen, wie Sie die Absichten und Motive Ihrer Kunden anhand ihrer Beine und Füße identifizieren können, auch wenn Sie nicht sehen können, was unter dem Tisch passiert. Lassen Sie mich Ihnen vorher erklären, warum unsere untere Körperhälfte so ein zuverlässiger Transporteur unserer Gefühle und Gedanken ist.

Haben Sie sich einmal gefragt, warum Menschen, die plötzlich Angst bekommen, so blass aussehen? Ihre Haut ist kreidebleich.

Das limbische System greift hier ein und steuert die lebenswichtigsten Organe, um auf den Überlebenskampf vorbereitet zu sein. Das heißt, dass das Blut vor allem in den Beinen und im Gesäßmuskel zirkuliert, weil diese bei einer Flucht Priorität haben. Wir Urmenschen waren ständig Bedrohungen ausgesetzt. Dieses Verhalten ist eine kausale Konsequenz dessen. Dieses evolutionäre Verhalten hat den ersten Menschen gute Dienste geleistet und ist tief in uns verankert. Auch wenn wir heute unsere Füße und Beine verkleiden, hat sich daran nichts geändert. Unsere unteren Extremitäten vermitteln Informationen darüber, was wir empfinden, was wir denken und fühlen – und das in jeder Hinsicht: nicht nur bei Bedrohungen, sondern auch bei positiven Emotionen. Sie können Kinder beobachten, denn diese sind noch unbefleckt, was die gesellschaftlichen Konventionen betrifft, und somit sehr authentisch. Sie werden schnell feststellen, wenn ein Kind spielen will und es gerade am Esstisch sitzt und keinen Hunger hat, spielen seine Füße verrückt und die beste Überredung nützt nichts. Das Tanzen und das aufgeregte Hüpfen, so wie wir es heute kennen, sind Ausdrucksformen feierlicher Ausgelassenheit, die bereits unsere Steinzeitvorfahren nach einer erfolgreichen Jagd praktiziert haben.

Bei der Beobachtung des Gegenübers schauen die meisten erst das Gesicht an und wandern dann vertikal nach unten bis zu den Füßen. Weil ich weiß, dass nichts so zuverlässig ist wie die Haltung der Füße, verfolge ich einen anderen Ansatz. Leider steht beim Lesen von Menschen immer das Gesicht im Mittelpunkt, sodass die Füße oft vernachlässigt werden. Durch unsere Erziehung und durch die Konformität setzen wir ständig ein Pokerface auf. Schon Mephisto in Goethes »Faust« wusste davon, indem er sagte: »Wer im Deutschen höflich ist, der lügt!«

Geschäftspartner lassen sich oft nur ungern in die Karten sehen. Selbst in privaten Beziehungen legen manche Menschen Wert darauf, dass ihre Fassade nicht durchschaut wird. Sie haben Angst, den Status zu verlieren oder dass man sie so sieht, wie sie wirklich sind. Verwundbar zu sein ist eine Schwäche in unserer Gesellschaft. Im Geschäftsleben gilt dies umso mehr. Menschen befürchten, ausgetrickst zu werden und setzen lieber ein Pokerface auf, um so mehr rausholen zu können. Mit den Füßen ist es nicht so.

Konzentrieren Sie sich daher zuerst auf die Füße und Beine, damit Sie das Verhalten Ihres Umfeldes und Ihrer Kunden entschlüsseln können. Der Kunde wird nicht kaufen, wenn er nicht mit beiden Füßen auf dem Boden steht. Die Füße sind ein sehr wichtiger Bestandteil beim Lesen der Körpersprache.

Die normale Beinhaltung

Hier stehen die Beine gerade und parallel, sodass die Füße fest und dicht nebeneinanderstehen und das Körpergewicht gleichmäßig auf sie verteilt ist. Diese neutrale Haltung lässt sich normalerweise nichts anmerken. Weder zeigt sie, dass der Kunde wegzugehen beabsichtigt, noch dass er bleiben will. Vergessen Sie nie, dass Ihre eigene Körpersprache auf Ihre Gegenüber eine große Wirkung hat. Auch wenn es nicht bewusst wahrgenommen wird, so wird das Unterbewusstsein des Kunden dies aufnehmen und ihm mitteilen, ob Sie Freund oder Feind sind. Nehmen Sie deshalb gerade zu Beginn immer eine offene Haltung ein.

Die Stellung Ihrer Beine ist parallel und locker. Beide Füße zeigen mit der Spitze Richtung Kunde. Was passiert, wenn Ihre Füße und Beine in eine andere Richtung zeigen, während Sie mit Ihrem Kunden sprechen? Sie signalisieren dann, dass er für Sie nicht wichtig ist und Sie auf dem Sprung sind oder Ihre Zeit sehr knapp ist. Ohne dass Sie es böse meinen, erzeugen Sie beim Kunden ein Unbehagen. Zu der normalen Beinhaltung gehört auch das Mitwirken des Oberkörpers: Ohr, Schulter, Becken und Fußknöchel sollten in einer Linie liegen mit leicht gespreizten Beinen, lockeren Knien und einem in den Hüften lockeren und aufrechten Oberkörper. Die Arme liegen locker am Körper an.

Sitzend

Die Art und Weise, wie wir auf einem Stuhl sitzen, beeinflusst stark, wie sich unsere Körperteile verhalten. Der Stand und die komplette Haltung geben Ihnen einen Pool an Informationen, die für Sie entscheidend sein können.

Wussten Sie, dass die Art des Stuhls eine enorme Auswirkung auf Ihren Kunden haben kann? Zweifelsfrei ist bewiesen, dass Sie einen Stuhl genau für Ihre Zwecke gezielt auswählen können, um das gewünschte Ergebnis zu beeinflussen. Ein schnöder, verschnörkelter, rollender, hoher, tiefer, breiter, schmaler oder thronähnlicher Stuhl, auf dem bequem und weich zu sitzen ist, oder ein unbequemer Stuhl mit harter und weniger praktischer Sitzeinlage wird Ihren Kunden genau in die Lage versetzen, die Sie ihm in seinem Stuhl beizumessen versuchen.

Die Härte eines Untergrundes wirkt signifikant nach. Nach tastender Begutachtung eines Holzklotzes bewerteten Kunden in einer Studie das Verhalten eines Verkäufers, der mit ihnen im Gespräch war, eher steif und strikt im Vergleich zu Kunden, die zuvor ein Handtuch bekommen hatten. Und wer zu eigenen Gunsten verhandeln will, sollte den Kunden einen weichen Sessel anbieten können. Das steigert das Entgegenkommen Ihres Gegenübers.

Harte Stühle sorgen hingegen für harte Positionen. Das Prinzip ist immer wieder dasselbe: das physikalische Signal, zum Beispiel »Temperatur« oder »Oberflächenstruktur«, aktiviert im Gehirn die entsprechenden Assoziationen. Das Prinzip, das im Gehirn physische und mentale Abläufe verknüpft sind, finden wir nicht nur beim Stuhl, sondern auch bei Wärme und Kälte. So sprechen wir zum Beispiel von einem »Softie« oder von einem »harten Brocken«, weil im Gehirn eine direkte Koppelung zwischen dem Tastsinn und der Assoziation besteht.

Auch beim Sitzen ist die Konstellation der Beine eine sehr einfach zu durchschauende. Problematisch wird es jedoch, wenn Ihr Kunde Ihnen gegenübersitzt und ein Tisch zwischen Ihnen steht und Sie die Füße Ihres Kunden unter dem Tisch nicht sehen können. Wenn der Kunde dazu noch eine Maske aufsetzt, wird es noch schwieriger, ihn zu deuten. Sie können weder die Art seiner Sitzhaltung noch die einzelnen Bewegungen sehen. Trotzdem ist es möglich, zu erkennen, was Ihr Gegenüber gerade fühlt. Ich gebe Ihnen ein Beispiel aus der Pokerwelt. Professionelle Spieler sind perfekt darin geübt, ihr Pokerface aufzusetzen und keinem am Tisch ihre gegenwärtige Gefühlslage zu offenbaren. Man merkt zum Beispiel, dass jemand ein gutes Blatt erwischt hat, wenn sich seine Pupillen weiten. Deshalb tragen die Profis immer Sonnenbrillen, um ihre Augen zu verbergen und letztendlich ihr perfektes Pokerface zu zeigen. Das Problem, wie ich eingangs erwähnt hatte, sind unsere Füße, die Körperteile, die am ehrlichsten sind. Schon vom Pokerfuß gehört? Nein! Wir hatten die Bewegung des Wippens, die bedeutet, dass wir positiv emotional berührt sind. Wann immer der erwähnte Pokerspieler ein gutes Blatt hatte, machte er die Happy-Feet-Bewegung und obwohl man seinen Fuß nicht sehen konnte, so war doch zu beobachten, wie sein Oberkörper bei dieser Bewegung mitschwang, und man wusste sofort, dass er ein gutes Blatt in der Hand hielt. So ähnlich können Sie Ihren Kunden oder Verhandlungspartner unter die Lupe nehmen, wenn Sie im Gespräch sind. Sobald eine Reaktion auf Ihre Präsentation stattfindet, die sich im Wippen der Füße zeigt, wissen Sie, dass Sie auf dem richtigen Weg sind.

Wenn Sie sich im Verkaufsgespräch befinden, ist es unerlässlich, richtig zu sitzen. Entspannen Sie sich und nehmen Sie Platz! Nehmen Sie die komplette Sitzfläche in Anspruch. Es ist *Ihr* Verkaufsgespräch und das zeigen Sie Ihrem Gegenüber, indem Sie mit aufrechtem Oberkörper sitzen. Das zeigt, dass Sie vital sind.

Ihre Beine stehen schulterbreit auseinander und mit beiden Fußballen auf dem Boden. Wenn Sie schlaff sitzen, wird Ihr Kunde
denken, dass von Ihnen nicht viel zu erwarten ist. Ihre Hände ru-
hen entweder locker auf der Stuhllehne oder in Ihrem Schoß und
sind jederzeit bereit für die Ausführung einer Geste. Sollten Sie
seitlich Ihres Kunden sitzen, dann können Sie vorzugsweise in der
Bedarfsermittlung ein lockeres überschlagenes Bein in Richtung
des Kunden platzieren, um mehr Aufmerksamkeit zu erzeugen.
Wenn der Kunde diese Geste erwidert, haben Sie gute Chancen,
ein Geschäft zu machen. Nachdem Sie Ihrem Kunden zugehört
und seinen Bedarf ermittelt haben, gehen Sie mit leicht vorgebeug-
tem Oberkörper und etwas gespreizten Beinen in die Produktpräsentation und gestikulieren mit Ihrer Handinnenfläche, um Offenheit, Ehrlichkeit und Interesse zu zeigen. Sitzen Sie die ganze Zeit
entspannt mit angelehntem Rücken auf Ihrem Stuhl und achten
Sie darauf, dass Sie immer interessiert und aktiv wirken und Sympathie zeigen, wenn Sie sich beim Sitzen nach vorne bewegen.
Diese Gesten zeigen allerdings auch, dass Sie den Wunsch haben, zu unterbrechen. Wenn Sie Ihren Oberkörper dagegen weit
zurücklehnen, zeigen Sie je nach Kontext Desinteresse, Zurück-
haltung oder Ablehnung.

Tipps für die richtige Sitzposition

Sich gegenüber zu sitzen, hat einen konfrontativen Charakter, besonders wenn ein Tisch zwischen Ihnen steht, der als Barriere
fungiert. Besser ist es, wenn Sie mit Ihrem Kunden über Eck sitzen, denn das erlaubt den gefühlten Schulterschluss und vor allem
hilft diese Position Ihrem Gegenüber, wenn Sie präsentieren, dass
er den Blick abwenden kann, damit seine reibungslose Atmung
gewährleistet ist. Wenn Sie ihm gegenübersitzen und die ganze
Zeit anschauen müssen, kommt die Atmung ins Stocken und Ihr
Kunde hat nicht genug Sauerstoff, um sich auf das Gespräch zu
konzentrieren. Wenn Sie Rechtshänder sind, dann sitzt Ihr Kunde
am besten rechts von Ihnen: Sie präsentieren mit Ihrer rechten
Hand und sorgen so für noch mehr Nähe zu ihm. Für Linkshänder
gilt das spiegelbildlich. Kommen von Kundenseite noch mehr Leute dazu, dann dirigieren Sie den wichtigsten an den oben beschriebenen Platz, den zweiten Ihnen gegenüber und füllen dann
gegen den Uhrzeigersinn auf. Auf diese Weise haben Sie alle Personen weitgehend im Blick – und bemerken auch, wenn stille Ab-
sprachen untereinander laufen. Gegenüber von Ihrem Kunden zu
sitzen hat nur Nachteile. Selbst wenn Sie offene Gesten zeigen
und Ihre Karten auf den Tisch legen, hat diese Position etwas von

einem Kampf. Setzen Sie sich neben die Person, die Sie überzeugen wollen, nicht ihr gegenüber. Sie sind nicht ihr Gegner, sondern auf derselben Seite.

Die günstigste Position ist immer die:

- Mit dem Fenster im Rücken
- Mit der Tür im Auge
- Mit dem Kunden über Eck zu Ihrer Rechten

Das Fenster in Ihrem Rücken ist günstig, weil Sie nicht in die Gefahr geraten, von der hereinscheinenden Sonne geblendet zu werden und dauernd blinzeln zu müssen, was enorme Auswirkung auf Ihre Wirkung haben kann. Oder im unrechten Moment Ihr Gespräch unterbrechen zu müssen, um die Jalousie herunterzuziehen. Wenn Sie die Tür im Blick haben, dann brauchen Sie sich nicht jedes Mal umzudrehen, wenn sie sich öffnet: Sie wissen aus dem Augenwinkel immer Bescheid, ohne den Fokus auf Ihren Kunden zu verlieren.

Das klingt jetzt so, als dürften Sie als Gast die Sitzordnung der Gastgeber bestimmen – und in der Praxis können Sie das auch erstaunlich oft tun. Wenn Sie gleich beim Eintreten Ihre Tasche und Ihre Unterlagen auf den für Sie günstigsten Platz ablegen und Ihren Stuhl ein wenig zurückdrücken, dann haben Sie den Platz besetzt. Das ist eine territoriale Geste. Und wenn Sie dann an die anderen Plätze zum Beispiel Ihre Visitenkarten auslegen oder schon einmal das bereitstehende Kaffeegeschirr verteilen, dann werden Ihre Kunden diesem Arrangement in aller Regel folgen. Wir sind alle dahingehend erzogen, den Platz, der uns angeboten wird, einzunehmen. In aller Regel wird Ihnen zu Beginn eines Gespräches ein Getränk angeboten. Ganz unabhängig davon, ob Sie gerade Durst haben oder nicht: nehmen Sie das Angebot immer an! Dadurch sorgen Sie für eine positive Atmosphäre und Ihr Gastgeber hat indirekt in Sie investiert, was einen psychologischen Effekt haben kann. Mit einem lächelnden »Ja, bitte« bringen Sie nämlich ein bisschen Lockerheit in die von Förmlichkeit gezeichnete Anfangszeit, während ein »Nein, danke« die Stimmung eher dämpft, besonders bei südländischen Kulturen grenzt ein »Nein« fast schon an eine Beleidigung. Einige meiner Kollegen in den USA und die eine oder andere Erfolgsliteratur zum amerikanischen Managementmodell wollen jungen Führungskräften einreden, dass es ein Irrglaube sei, bei einem Kunden ein Getränk anzunehmen, weil dies Schwäche signalisiere. Ich möchte mit aller Entschiedenheit betonen, dass es nicht ratsam ist, solchen dummen Mythen zu folgen. Falls Sie Gastgeber sind, versteht es sich von selbst, dass Sie Ihren Gästen etwas zu trinken anbieten.

Gangart

Was ich an der Einschätzung von Kunden und ihrer Gangart genial finde, ist, dass Sie sich schon von weitem ein erstes Bild von jemandem machen können. Noch bevor Sie auch nur ein einziges Wort mit ihm gewechselt haben, können Sie die richtige Ansprache bei der Begrüßung finden. Jeder Mensch hat seinen eigenen Rhythmus und seinen personenspezifischen Schritt, jedoch können Absicht und Zweck körperlich und altersbedingt natürlich eine Rolle spielen. Um den Gemütszustand des Kunden bewerten zu können, muss man wieder alle Körperteile berücksichtigen, die in ihrem Zusammenspiel an Bewegungsabläufen ein Ganzes ergeben. Wir haben bei den Grundbedürfnissen davon gesprochen, dass wir immer ein Ziel haben. Beim Gehen trifft dies sprichwörtlich zu. Entweder gehen wir auf ein anvisiertes Ziel zu oder wir fliehen vor etwas und nutzen diesen Fluchtpunkt als Ziel. Jede Emotion und jeder Reiz wirken sich sofort auf die Gangart aus. Bevor Sie ins Gespräch kommen, beobachten Sie erst einmal Ihre Kunden und fragen Sie sich:

Wie geht der Kunde? Sicher auf den Ballen oder unsicher auf den Spitzen? Was macht die Hüfte? Ist sie beweglich sicher oder unbeweglich steif? Wie steht er? Wo belastet er seine Füße? Ist er beweglicher, weil er dann schneller fliehen kann? Unsere Gangart spiegelt oft unsere innere Einstellung wider. Jeder hat einen charakteristischen Gang, der zumindest teilweise Aufschluss über seine Persönlichkeit gibt. Wie können Sie das tun? Sie schauen sich den Kunden genau an und beachten vier Kriterien seines Bewegungsapparates:

* **1. Größe des Schritts und Fußstellung**
* **2. Schrittart**
* **3. Geschwindigkeit**
* **4. Hüfte**

1. Größe des Schritts und Fußstellung

Bei großen Schritten: Die wesentlichen Merkmale von großen Schritten sind mit wenigen Worten erklärt. Die Welt ist voller Menschen mit großen Schritten. Da ist auf der einen Seite der Chef, der zu seinen Untergebenen sagt: »Wie Ihr das macht, ist mir egal. Hauptsache Ihr seid erfolgreich.« Solche Menschen wollen mit ihrem Energieeinsatz das Maximum erreichen und sind meist ausschließlich auf das Ergebnis fixiert und kümmern sich nicht um die Details. Details halten sie sogar auf. Mein Rat: belästigen Sie diesen Kunden nicht mit überflüssigen Details, sondern sorgen Sie für das, was diese Menschen brauchen: Service und Bequemlichkeit. Sie reagieren meist sehr stark auf Convenience-Angebote.

Bei kleinen Schritten: Menschen mit kleinen Schritten legen Wert auf Details. Ein Beispiel ist der Computerfreak, der seinen Computer nicht kaufen kann, bevor er weiß, welches Gewinde die linke hintere Verschraubung seiner 18-TB-Festplatte von Western Digital mit 7.200 Umdrehungen/Min. mit 16-BIT-CJAC-Technologie hat. Nur wenn Sie ihn genau darüber informieren, können Sie an ihn verkaufen. Für diesen Menschen sind die Details wichtig. Ohne diese kleinen Informationen ist Ihr Angebot spekulativ und nicht seriös. Bewahren Sie die Geduld, auch wenn es Ihnen schwerfällt. Versorgen Sie ihn mit allen nötigen Informationen.

Anhand zweier extremer Beispiele können Sie die Unterschiede näher klassifizieren:

Beispiel 1

Sie nehmen einen Kunden ins Visier und beobachten seine Gangart, um zu wissen, mit wem Sie es zu tun haben. Er kommt mit großen Schritten und hohem Tempo in Ihren Laden oder Ihr Büro. Seine Arme bewegen sich gleichmäßig im gleichen Tempo. Seine Hände sind zu einer Faust geballt. Seine Füße zeigen nach außen und sein Oberkörper neigt sich nach vorn. Dieser Typ von Kunde ist extrovertiert und explosiv. Seine großen Schritte sagen, dass er hohe Risiken eingeht und ehrgeizig ist.

Sie müssen schnell auf den Punkt kommen, kurz und präzise. Wenn Sie jemanden mit diesem Typus identifiziert haben, dann ist das Tempo entscheidend. Nicht viel Smalltalk. Betonen Sie, dass Sie nicht viel Zeit brauchen. Er will das Sagen haben und will sich nur mit dem Wesentlichen befassen; darum sind die wichtigsten Argumente (sein Hauptnutzen) schnell und auf den Punkt gebracht vorzutragen.

Achten Sie auch darauf, die richtige Zeitform anzuwenden: er lebt im Jetzt. Zukunftsthemen empfindet er als manipulativ. Dieser Kunde will bestimmen, er hat es eilig, ist aggressiv und entscheidungsfreudig. Auch Angebote sollten kurz und präzise sein. Ihr Nutzen sollte sofort ersichtlich sein. Niemals um den heißen Brei herumreden. Fragen Sie ihn nach seiner Meinung, welcher Schritt als Nächstes getan werden soll. Betonen Sie nur die Höhepunkte.

Beispiel 2

Diesmal kommt Ihr Kunde in kleinen Schritten und seine Arme sind wie am Oberkörper angeklebt. Seine Füße zeigen leicht nach innen und der Oberkörper neigt sich etwas nach hinten. Dieser Kunde geht keine hohen Risiken ein. Er wägt alles sehr genau ab und kann sich schwer entscheiden. Er kann einen Hang zum Perfektionismus haben. Mit diesem Wissen können Sie davon ausgehen, dass dieser Typ von Kunde sich nicht nach nur einem Gespräch entscheiden, geschweige denn kaufen wird. Er ist eine eher rational und methodisch vorgehende Person und verlangt, auch wenn er es nicht sagen wird, nach Fakten. Sie können davon ausgehen, dass er schüchtern oder introvertiert ist, was für Sie eine langsame Herangehensweise bedeutet.

Sie können sich an diesen extremen Beispielen orientieren, wenn Sie jemanden beim Gehen beobachten. Um zu wissen, wie sich der Unterschied zwischen großen und kleinen Schritten anfühlt, sollten Sie es selbst einmal ausprobieren. Gehen Sie einmal mit großen Schritten zu Ihrem Schreibtisch und mit kleinen Schritten zurück und das Gleiche noch einmal andersherum. Sie werden feststellen, dass Sie sich einmal tatkräftiger fühlen und einmal mehr rational abwägend. Oder laufen Sie die gleiche Strecke zunächst mit den Füßen nach innen gerichtet und halten Sie Ihre Arme möglichst eng am Oberkörper. Dann gehen Sie mit nach außen gerichteten Füßen, während die Arme vor- und zurückrudern. Ihre Gangart verrät eine Menge über Ihren Charakter und vor allem über Ihre gegenwärtige Gemütslage.

Sie können nicht mit nach innen gerichteten Füßen die Arme schwungvoll hin- und herbewegen. Unsere Physiologie lässt das nicht zu. Je wohler wir uns fühlen, desto schneller und stärker ist der Bewegungsapparat im Gange. Dies sollte Ihnen für Ihr bevorstehendes Verkaufsgespräch von Nutzen sein. Sie können sich auf Ihre Kunden einstellen und je mehr physiologische Übereinstimmungen Sie mit Ihrem Kunden im Verkaufsgespräch haben werden, desto sympathischer wird er Sie finden.

Ein Kunde, der mit kurzen Schritten unterwegs ist, hat einen Hang zum Detail. Schaut er beim Gehen noch auf den Boden, untersucht er jede Stelle, Punkt für Punkt. Er wird von Ihnen ein detailliertes Angebot erwarten. Sollten Sie die Erwartungen eines solchen Kunden im Verkaufsgespräch nicht erfüllen, ist Ihr Angebot für ihn nur eine Spekulation oder er nimmt es nicht ernst. Er ist meistens intelligent, ein Faktenfresser, wirkt gestresst und skeptisch. Am besten reagieren Sie hier indem Sie Informationen geben, Zeit lassen, mit Fachkenntnis Fragen beantworten und ernst und sachlich bleiben. Schicken Sie ihm danach alles dazu, was Sie an Informationen haben. Sie benötigen im ersten Gespräch wenig Zeit. Sie müssen es nur schaffen, ihn neugierig zu machen und ihm mitteilen, dass Sie ihm viele Informationen zukommen lassen. Anschließend benötigen Sie Geduld und ein wenig Zeit. Wenn er es gelesen hat, räumen Sie ihm in einem zweiten Gespräch genug Zeit ein, damit er Ihnen viele Fragen stellen kann. Er wird alles dreimal prüfen. Lassen Sie ihm den Raum dazu.

Die Abfolge ist, dass das erste Gespräch kurz sein wird, das zweite eher lang, aber durchaus strukturiert. Er braucht gute Argumente und solide Beweise. Luftschlösser und emotionale Vorteile sind eher kontraproduktiv. Ziehen Sie Testimonials und Zitate hinzu – aber nur von sehr soliden und offensichtlich kompetenten Experten (ein Prominenten-Testimonial ist hier eher sinnlos). Er will alles auch grafisch sehen. Und er will Fußnoten sowie eine mehrseitige Belehrung über die Risiken. Nehmen Sie seine Skepsis nicht persönlich (er hält sich nicht für skeptisch, sondern gewissenhaft und nicht so dumm wie andere). Wenn Sie denken, Sie haben jetzt einen anstrengenden Kunden vor sich, dann deshalb, weil es so ist.

2. Schrittart

Das Gehen besteht aus drei aufeinanderfolgenden Bewegungen: dem Anheben, Tragen und Setzen des Fußes. Wir wechseln zwischen rechts und links ab, indem wir unsere beiden Beine nutzen. Wir heben, tragen und setzen den Fuß pro Schritt auf den Boden und wiederholen das Gleiche mit dem anderen Bein. Ein lockerer Gang, bei dem wir rhythmisch unsere Fußsohlen auf den Boden abrollen, dient als Referenzbild. Jede Abweichung von diesem Bild ist bereits eine Aussage.

Heben

Wenn jemand beim Gehen das Heben der Füße betont, hat das Auswirkungen auf den gesamten Bewegungsapparat. Es wirkt leichtfüßig und gelassen. Sie wissen ja: alles, was in relativer Höhe zunimmt, wird positiv bewertet. Diese Person wirkt dynamisch und glücklich auf uns. Auch eine gewisse Lockerheit lässt sich erkennen. Das muss nicht immer so sein, aber zumindest verrät seine Gemütslage, dass er sich im Moment wohlfühlt.

Tragen

Hier stellen Sie fest, dass Ihr Kunde beim Tragen seines Fußes lethargisch und langsam wirkt, als ob er überlegen würde, wo und wann er seinen Fuß abstellen soll. Durch das längere Tragen kann eine leidenschaftslose Haltung ausgemacht werden, die Ihnen über diese Person Informationen gibt. Meistens wird dies von einem hängenden Kopf und relativ unbewegten Unterarmen begleitet. Die meisten Menschen, die so gehen, schauen dabei auf den Boden und strahlen Traurigkeit aus. Gehen Sie davon aus, dass dieser Kunde sich eher in der Beobachter-Rolle wohlfühlt und Sie aktives Handeln im ersten Verkaufsgespräch nicht erwarten können. Er wird Ihnen zuhören, wenn Sie das Verkaufsgespräch langsam und ruhig angehen.

Stellen

Der Stellvorgang ist der dritte und letzte Teil der Bewegungsabfolge. Wenn das Aufsetzen auf den Boden so stark betont wird, dass man es nicht überhören kann, ist der Kunde entweder bodenständig und direkt oder fühlt sich in diesem Moment so. Es ist wichtig zu beachten, ob die Schuhe massive Absätze haben, da das Stellen dadurch möglicherweise auch lauter ist. Sollte dabei der Oberkörper nach vorne geneigt sein, handelt es sich um einen ehrgeizigen und zuweilen auch cholerischen Kunden, der bereit ist, zu handeln.

Hier ein anderes Beispiel: ein Kunde betont die Fersen beim Abstellen. Dieser Kunde sucht unbewusst Anerkennung. Wenn jemand bewusst so eine Bewegung macht, dann will er etwas markieren oder zählen. Unbewusst läuft das nicht anders, nur dass die Betonung der Ferse in dem Moment für Sie keinen Sinn macht. Wie wir wissen, passiert nichts ohne Grund. Hier wird auch markiert oder gezählt, ja, und zwar das, was wir erreicht haben. Mit jedem dieser Schritte will der Kunde zeigen, was er geschafft hat. Bei ihm ist Anerkennung der stärkste Motor. Argumentieren Sie mit dem Produktnutzen, damit Sie ihn erreichen, indem Sie zum Beispiel sagen: »Mit dem Produkt setzen Sie sich klar ab.« Oder: »Ihre Freunde werden bewundern, wie innovativ Sie sind.«

3. Geschwindigkeit

Das Tempo beim Gehen sagt ebenfalls viel über die Person aus. Jeder von uns hat seine Grundgeschwindigkeit, mit der er geht. Je nach Gefühlslage können wir anhand der Grundgeschwindigkeit herausfinden, wie es um unser Gegenüber bestellt ist.

Eine Studie der New Mexico Highland University hat nachgewiesen, dass die Kraft unserer Schritte die Blutzufuhr im Gehirn erhöhen kann. Machen Sie mal selbst einen Test: wenn Sie spazieren gehen, dann versuchen Sie, so langsam zu gehen, wie es möglich ist. Oder gehen Sie so schnell wie möglich, und das ein paar Minuten lang. Je nach Ihrem Grundtempo werden Sie feststellen, dass sich Ihre Gefühlslage zumindest ein wenig an Ihre Ganggeschwindigkeit angepasst hat.

Sie werden sich entspannter oder angespannter fühlen. Das können Sie nicht beeinflussen. Ihre Gedanken und Gefühle wirken massiv auf Ihre Körpersprache. Versuchen Sie es mal! Gehen Sie eine bestimmte Strecke einmal so langsam wie möglich ab und dann dieselbe Strecke so schnell Sie können. Sie werden nicht nur feststellen, dass Ihr physischer, sondern auch Ihr geistiger Zustand unterschiedlicher nicht sein könnte.

So ähnlich können wir den Kunden an seinem Tempo erkennen. Wenn Sie bei Ihrem Kunden ein schnelles bis sehr schnelles Gehen beobachten, dann haben Sie es mit jemandem zu tun, der schnelle Entscheidungen trifft. Wir gehen davon aus, dass diese Person, egal in welchem Lebensbereich sie sich auch befinden mag, ein schnelles Bewegungstempo besitzt. Seine Weltanschauung ist stets zielorientiert und er macht wenige Kompromisse.

Im Falle eines Kunden, der eher langsam oder sehr langsam unterwegs ist, handelt es sich um jemanden, der alles abwägen will und erst sicherstellt und prüft, dass und ob Ihr Angebot das Beste ist.

4. Hüfte

Die Bewegung der Hüfte ist geschlechtsspezifisch sehr unterschiedlich ausgeprägt; bei einer Frau ist sie anders als bei einem Mann. Daher sollten Sie diesen Fall etwas differenzierter betrachten. Wenn jemand seine Gefühle sprechen lässt, werden Sie erkennen, wie der Hüftbereich zum Schaukeln kommt. Wenn jemand beim Gehen seinen Hüftbereich beansprucht, indem er ihn hin- und herschaukelt, haben Sie es mit jemandem zu tun, der flexibel ist und ebenfalls schnelle Entscheidungen trifft. Auf der anderen Seite wirkt die unbewegliche Hüfte auf uns taff und gezeichnet. Diese Unbeweglichkeit betrifft den gesamten Körper und hinterlässt einen Eindruck von Steifheit und Unbeweglichkeit. Auch das gibt uns Informationen über den Kunden.

Die 120 wichtigsten nonverbalen Signale im Verkauf

Verbinden Sie sich mit Ihren Kunden

Ich habe für Sie aus meiner Erfahrung praxisrelevante Fälle ausgewählt, die am häufigsten vorkamen und sich auf das *Verkaufen mit Körpersprache* bezogen. In der einen oder anderen Situation werden Sie sich wiederfinden. Ich beschreibe Ihnen kurz, wie Kunden auf uns oder unser Produkt körpersprachlich reagieren, was diese Reaktionen bedeuten und was Sie auf dieser Basis tun könnten. Wenn Sie das System erst einmal beherrschen, werden Sie merken, dass Sie es gar nicht bewusst abrufen müssen, sondern alles intuitiv und automatisch abläuft. Deshalb werde ich Ihnen die Abfolge in jedem dieser Beispiele ersparen, damit Sie selbst merken, wie einfach und anders diese Technik im Verkauf ist. Diese Fallbeispiele habe ich buchstäblich von Kopf bis Fuß sortiert und in drei Bereiche unterteilt: Mimik, Hände und Füße. Wir steigen in die Bereiche ein und kommen dann zu den Fallbeispielen.

Mimik

1-Blickkontakt

Im Allgemeinen ist Konsens, dass der Blickkontakt etwas Positives ist. Der Blickkontakt ist wie eine Nabelschnur: er verbindet Sprecher und Hörer miteinander. Eines sollten Sie dabei wissen: wenn Sie versuchen, den Blickkontakt zu halten, wenn Sie also Ihren Kunden ansehen, dann hören Ihnen all diejenigen, die Ihren Blick nicht erwidern, nicht mehr zu. Noch viel weniger Kunden hören Ihnen zu, wenn Sie Ihrerseits den Blickkontakt gar nicht erst suchen. Natürlich sollen Sie Ihren Kunden nicht die ganze Zeit anstarren (siehe letztes Kapitel). Das verunsichert ihn. Er zupft an der Krawatte oder fasst sich an die Frisur oder vollzieht andere ähnliche Badezimmer-Gesten. Beim Gespräch sollten Sie den Blickkontakt suchen und dann wieder lösen, damit kein Anstarren daraus wird. Wenn der Kunde spricht, können Sie ihn ruhig die ganze Zeit ansehen. Er hat dann das Gefühl, dass Sie ihm zuhören und dass Sie sich für seine Wünsche interessieren, ihn also ernst nehmen. Bei einer größeren Anzahl von Kunden empfiehlt es sich, den Blick schweifen zu lassen und peripheres Sehen einzusetzen. Obwohl Sie niemanden direkt ansehen, haben dann alle das Gefühl, beachtet zu werden. Und genau das wirkt sich positiv auf die Beziehung zu Ihren Kunden aus. Dazu kommen weitere mimische Ausdrucksformen, um genau zu erkennen, was positiv oder negativ zu bewerten ist. Sehen Sie ein entspanntes Lächeln? Ist der Kiefer angespannt oder sind die Lippen zusammengepresst? Dadurch können Sie den konfrontativen Blick von einem interessierten Blick unterscheiden. Wenn ein Kunde seinen Blick etwas länger auf ein Produkt richtet, zieht es seine Aufmerksamkeit an. Bei einer Person ist die Situation entscheidend; schaut er Sie an, weil er mag, was Sie sagen, oder fühlt er sich von Ihnen bedroht? Dann sagt Ihnen das limbische System den Kampf an.

Ritueller Blickkontakt

Beim Kunden muss man im Gespräch Blickkontakt herstellen, damit er nicht das Gefühl hat, man versuche etwas vor ihm zu verheimlichen. Aber wenn man zu lange hinsieht, wird er nervös und unsicher. Sehen Sie Ihrem Kunden ein paar Sekunden in die Augen und lächeln Sie dabei, und wahrscheinlich wird er dann derjenige sein, der zuerst zu Seite schauen wird. Vor allem, wenn Sie in der Kundenakquise gerade dabei sind, eine Kundenbeziehung aufzubauen, ist der rituelle Blickkontakt am wichtigsten. Aus dem letzten Kapitel wissen wir, dass es Menschen gibt, die andere Menschen nicht im richtigen Moment anschauen können. Das wäre für Sie fatal. Unser gesamtes Selbstkonzept kann davon betroffen sein. In den ersten Monaten, wenn wir unsere Mutter betrachten, entsteht dieses Selbstkonzept. Der Blick unserer Mutter gibt uns das Gefühl, dass wir existieren; sie vermittelt uns, wer wir sind, indem sie uns ansieht. Als Erwachsene erleben wir dieselbe nonverbale Bestätigung und ein Gefühl des Selbst durch den Blick, den jemand erwidert. Wir sind uns dessen niemals bewusst; es bedarf längerer Isolation, um dieses Phänomen zu verstehen. Die soziale Kraft macht sich selbst in der virtuellen Welt noch bemerkbar. Sie ist weniger intensiv als in einer realen Gruppe, aber wir können die Präsenz anderer auf eine phantomhafte Weise durch den Bildschirm fühlen, und wir kontrollieren ständig unser Smartphone als eine Art Ersatzaugen, die uns beobachten. Der kurze Blickwechsel, wie unbeteiligt er auch immer wirkt, signalisiert: ich habe Dich wahrgenommen und verzichte auf einen Kampf. Wenn dieses Blickritual aber nicht eingehalten wird, fühlt sich der andere entwertet, übergangen und gekränkt, als hätten wir gesagt: Du hast gar keine Rechte, Du bist für mich Luft! Dieser Ritualblick ist genetisch programmiert, deshalb fühlt sich die andere Person zu Recht in ihrem Existenzanspruch ignoriert und behandelt, als sei sie nur ein beliebiger Gegenstand.

2-Schließen der Augen

Menschen, die tief in Gedanken sind oder nicht genau wissen, was sie sagen möchten, wollen sich am liebsten verstecken. Wenn wir als Kinder etwas nicht sehen wollten, war die Körpersprache ganz offensichtlich: wir haben genau diese Geste gemacht. Erwachsene machen das in einer unterschwelligen Form, mit dem Schließen der Augen. In geschäftlichen Besprechungen ist es Ausdruck einer negativen Gefühlslage, wenn einer der Anwesenden für längere Zeit die Augen schließt. Das Schließen der Augen kommt von dem Bedürfnis, sich von einem negativen Reiz zu distanzieren. Ihm liegen Abneigungen, Zweifel, Bedenken oder eine andere Form des seelischen Unbehagens zugrunde. Extremer wird es, wenn Ihr Kunde anfängt, seine Augen mit den Fingern zu bedecken, was kontextabhängig auch ein Ausdruck niedergeschlagener Stimmung, Sorge und mangelnder Zuversicht sein kann.

3-Das Zusammenkneifen der Augen

Manchmal sind wir mitten in der Produktpräsentation und erklären, was das Produkt alles kann, den Nutzen, die Vorteile usw., und wissen nicht, dass wir den Kunden mit zu viel Informationen bombardieren. Zu viele Informationen auf einmal können viele Kunden nicht direkt verarbeiten und müssen erst einmal sortiert werden. Sollte Ihr Kunde seine Augen zusammenkneifen, während Sie etwas vortragen, ist er damit beschäftigt, das auszublenden, was ihm missfällt. Wenn Sie weiterreden, während er die Informationen sortiert, wird er das jetzt von Ihnen Gesagte ausblenden und Ihnen nicht mehr zuhören. Ganz extrem wird es, wenn der Kunde die Augen ganz schließt. Dann macht er im Wortsinn dicht und nichts geht mehr rein. Jede weitere Information wird ihn nicht mehr erreichen.

4-Das Runzeln der Stirn

Große Vorsicht ist beim Runzeln der Stirn geboten. Der Kontext ist hierbei sehr wichtig. Wenn sich Ihre Kunden konzentrieren, runzeln sie die Stirn. Das muss per se erstmal nichts Negatives heißen. Bei der Einwandbehandlung beobachten wir dieselbe Mimik, wenn es sich um einen Vorwand handelt. Das heißt, dass der Kunde sich in einer Situation befindet, der er nicht entkommen kann, ehe er beispielsweise als Lügner ertappt wird. Es handelt sich dabei um ein negatives Signal, das Ihnen Unaufrichtigkeit oder Zweifel verraten kann. Wenn die Stirn dagegen ruhig und entspannt ist, ist das immer ein gutes Zeichen für Sie. Ein durch einen verbalen Reiz ausgelöstes Stirnrunzeln ist meist ein Hinweis auf ein im Hintergrund schwelendes Problem oder ein Zeichen der Unsicherheit der betreffenden Person. Generell wird Stirnrunzeln mit Zweifel, Anspannung, Angst und Besorgnis assoziiert. Es ist auch bei Menschen zu beobachten, die sich auf eine Aufgabe konzentrieren oder versuchen, eine Information gedanklich einzuordnen.

5-Augen weit aufreißen

Sie sind dabei, dem Kunden Produkte vorzustellen. Vielleicht zeigen Sie ihm zwei bis drei verschiedene Produkte. Sie beobachten, wie seine Augen bei einem dieser Produkte weit aufgehen? Dies ist ein positives Signal, das bedeutet, dass er das Produkt sehr mag. Wir machen große Augen, wenn uns das gefällt, was wir sehen, und wollen quantitativ mehr Informationen haben. Die Augenbrauen gehen hoch und die Augen werden groß. So machen wir den visuellen Kanal auf. Wenn es, im positiven Sinne, ganz extrem wird, macht der Kunde auch den Mund auf. Mit der Information können Sie weiterarbeiten und von dort aus den weiteren Ablauf planen: entweder Sie gehen explizit auf das Produkt ein oder Sie wissen, warum er dieses Produkt mag, und bieten ein etwas teureres Produkt mit ähnlichen Spezifikationen an.

Achten Sie auf das untere Augenlid. Wenn es angespannt ist oder nicht aufgerissen wird, handelt es sich um Stress.

Die Augen können danach schmaler werden, sodass sie sich zusammenziehen. Hier signalisiert der Kunde, dass er mehr qualitative Information benötigt. Er verlangt jetzt nach Details und nicht mehr wie vorher nur nach Ergänzungen zum Produkt. Vorher waren die Augen nach dem Entdecken des Produktes, das in Frage kommt, weit aufgerissen. Jetzt blickt er zielgerichtet dem Produkt entgegen. Sehr wahrscheinlich wird er sagen, er habe das Drumherum verstanden, aber dieses oder jenes müssen Sie ihm noch erklären. Das kann alles auch immanent ablaufen. Sobald Sie eine veränderte Mimik entdecken, können Sie darauf eingehen, aber vorher lassen Sie den Kunden die Details innerlich sortieren.

6-Zunehmendes Blinzeln

Wie oft ein Mensch blinzelt, ist abhängig von der Umgebung, in der er sich befindet, und dem Ausmaß der inneren Unruhe oder Stress. Wenn Menschen emotional negativ erregt sind, nimmt das Blinzeln zu. Übermäßig häufiges Blinzeln ist oftmals ein Anzeichen dafür, dass diese Person etwas zu verbergen versucht. Das kann eine Meinung über Ihr Produkt oder den Preis sein. Auf dieses Signal können Sie sich sicher verlassen, weil es unmöglich ist, es zu unterdrücken. Wenn wir Stress haben, trocknen unsere Augen schnell aus. Mit dem Blinzeln werden sie befeuchtet. Im Allgemeinen ist das Blinzeln eine willkürliche Reaktion. Jedoch ist sie auch eine zunehmende unwillkürliche Reaktion, wenn jemand emotional erregt ist.

7-Den Kopf seitlich geneigt

Wenn Ihr Kunde seinen Kopf seitlich neigt, drückt er sehr intensiv aus, dass er sich besonders wohl fühlt und Ihnen als Verkäufer oder Ihrem Produkt vertraut. Diese Geste macht den Hals frei und impliziert Vertrautheit. Er zeigt Ihnen körpersprachlich seine empfindlichste Stelle. Für Sie ist das ein Zeichen, dass Sie ruhig etwas offensiver vorgehen können. Wenn der Kunde im Gespräch den Kopf plötzlich wieder gerade hält, dann ist diese Person bestimmt mit etwas nicht einverstanden oder hat eine Frage. Gehen Sie auf den Punkt explizit ein, der ihn veranlasst hat, seinen Kopf gerade zu halten.

8-Hochgezogene Augenbrauen

Hochgezogene Augenbrauen sind ein positives Zeichen. Der Kunde bekundet Interesse an dem, was Sie ihm gezeigt haben. Achten Sie auf die Bewegung; sie geht sehr schnell. Das heißt, Sie müssen ihn direkt anschauen, während Sie mit Ihrem Kunden verhandeln. Übersetzt heißt das, wir wollen mehr von dem, was wir gesehen haben. Dieses Signal wird auch eingesetzt, um das Gesagte stark zu betonen. Setzen Sie diese Geste ein, um damit einen Nutzen zu erklären oder hervorzuheben. Wenn sich die Augenbrauen des Kunden bei einer Ihrer Fragen heben, weiß der Betreffende die Antwort.

9-Das Senken und Zusammenziehen der Augenbrauen

Hier müssen Sie aufpassen: es kann sein, dass sich Ihr Kunde konzentriert, weil er großes Interesse hat oder weil er überfordert und ratlos ist. Den Unterschied erkennen Sie, wenn der Mund ins Spiel kommt. Achten Sie auf seine Lippen; sind sie gut sichtbar, interessiert er sich für Ihr Produkt und versucht, die Informationen aufzunehmen, um alles andere, was ablenken könnte, auszublenden. Er ist hochkonzentriert auf den Moment und auf das Produkt. Wenn die Augenbrauen an den Enden auseinander- oder hochgehen, empfindet Ihr Kunde Ärger. Schmale Augen bedeuten, dass Ihr Kunde jedes Detail aufnehmen will. Er will viele qualitative Informationen, die in die Tiefe gehen. Sollten die Lippen zusammengepresst sein (auch nur für einen Moment), wird er überfordert sein und braucht somit einen starken Verkäufer, um ihn bei seiner Kaufentscheidung zu unterstützen.

10-Die Hände bedecken die Augen

Sollten Sie diese Bewegung sehen, gefällt Ihrem Kunden nicht, was Sie gerade sagen, zeigen oder vortragen. Es handelt sich um ein eindeutiges Zeichen von Desinteresse. Auch wenn diese Bewegung sehr kurz sein kann, liefert sie Ihnen den Hinweis, dass Ihr Kunde etwas negativ aufnimmt.

11-Augenlider mit Verzögerung geöffnet

Öffnet Ihr Kunde seine Augenlider mit Verzögerung nach einer bestimmten Aussage Ihrerseits oder hält er sie länger geschlossen, sendet er eine negative Botschaft an Sie. Finden Sie heraus, was es mit der von Ihnen getätigten Aussage auf sich hat, die zu dieser Bewegung führte.

12-Der schiefe Blick

Der schiefe Blick Ihres Kunden bedeutet, dass er Ihnen zuhört, aber nicht überzeugt ist. Misstrauen und Zweifel sind die Emotionen, die ihn gerade begleiten. So schauen wir, wenn wir den Wahrheitsgehalt einer Äußerung infrage stellen. Nehmen Sie diesen Ausdruck bitte nicht persönlich. Oft wird er als Respektlosigkeit aufgefasst. Tatsächlich ist er vielmehr eine schwächere Form der Neugier. Ein direkter Blick zwingt immer zu einer Stellungnahme.

Der Sozialpsychologe Joseph Luft führte in diesem Zusammenhang zum Thema »Kommunikationsabläufe« eine Untersuchung (»soziale Reizeinschränkung«) durch. Er ließ zwei einander unbekannte Personen in einem Zimmer Platz nehmen, sodass sie sich gegenseitig ansehen konnten. Er wies sie dazu an, nicht miteinander zu sprechen oder in irgendeiner Weise zu kommunizieren. Das Ergebnis dieser Untersuchung war, dass beide Personen diese Situation als sehr große Belastung empfunden haben. Denn jeder der beiden hatte, wenn auch eingeschränkt, vor sich den Menschen und dessen ununterbrochenes Verhalten. Es finden immer zwischenmenschliche Auseinandersetzungen statt: wie reagiert der andere auf die eigene Gegenwart? Findet ein fragender Blick eine Antwort, oder wird er kalt abgewiesen? Ist es eine Verwerfung oder Entwertung meiner Person? Mit dem schiefen Blick möchte man lieber unverbindlich bleiben. Sicherlich kennen Sie auch diese Situation: Sie benutzen einen Fahrstuhl und Sie sind für kurze Zeit mit einem Unbekannten auf engstem Raum zusammen. Wenn Sie Ihre Ruhe haben wollen, meiden Sie den Blickkontakt und reden einfach nicht. Sie teilen dem anderen, Ihrem Gegenüber, durch Ihr schweigendes Verhalten mit, dass Sie keine Kommunikation wünschen. Anders würden Sie sich verhalten, wenn Sie etwa den Elevator Pitch ausprobieren möchten; dann suchen Sie noch eine Möglichkeit über den Blickkontakt und eine möglichst direkte und zielgerichtete Art der Kommunikation mit Ihrem Gegenüber ins Gespräch zu kommen, um sich in sehr kurzer Zeit positiv darzustellen. Deswegen schauen wir uns im Fahrstuhl nicht direkt an.

13-Blickvermeidung

Schaut Ihr Kunde immer wieder weg, während Sie ihm etwas präsentieren, ist er uninteressiert und wäre lieber ganz weit weg. Er fühlt sich nicht direkt angesprochen. Entweder hat er keinen Bedarf für das Produkt oder es liegt an Ihnen persönlich. Das Angebot wird intuitiv abgelehnt. Ist das Interesse des Kunden berücksichtigt worden? Kann Ihr Produkt für ihn von Nutzen sein?

Verwechseln Sie nicht Blickvermeidung mit einem Schweifenlassen des Blicks. Denn das ist das Gegenteil. Wenn Ihr Kunde hin und wieder seinen Blick schweifen lässt, ist das ein positives Signal. Er will sich nicht durch Ihren Anblick ablenken lassen, um einen klaren Gedanken zu fassen. Den Blick schweifen zu lassen hilft oft beim Nachdenken und ist ein Zeichen von Kaufinteresse. Achten Sie darauf, in welche Richtung sich seine Augen bewegen. Denken Sie an die Augenzugangshinweise. Wenn Sie sich unsicher sind, ob Ihr Blickkontakt einwandfrei ist im Sinne von jemandem bewusst in die Augen schauen, können Sie das einfach trainieren. Versuchen Sie gleich beim Gesprächsstart die Augenfarbe Ihres Gegenübers zu identifizieren – dazu benötigen Sie circa zwei bis drei Sekunden Zeit. Diese Übung ist nicht schwierig und hilft Ihnen, dass Sie den richtigen Blickkontakt nach einiger Zeit automatisch zu beherrschen. Ein Kunde, der vor sich auf den Boden starrt oder mit geschlossenen Augen dasitzt, teilt dem Verkäufer mit, dass er weder sprechen noch angesprochen werden will. Grundsätzlich vermeiden wir Blickkontakt, wenn wir einem Gespräch aus dem Weg gehen wollen oder wenn wir einen Menschen als unsympathisch, unausstehlich oder despotisch empfinden. Wenn ein Kunde während eines Gespräches den Blickkontakt unterbricht und nach unten schaut, ist das auch ein Ausdruck von Scham oder Verlegenheit. Es kann aber auch sein, dass er mit sich selbst im Dialog ist, oder er versucht sich vorzustellen, wie sich Ihr Produkt anfühlt.

14-Kräuseln der Nase

Was bedeutet es, wenn Sie mit Ihrem Kunden kommunizieren und er Ihnen mit einer kraus gezogenen Nase zuhört? Ein deutliches Missfallen können Sie beim Heben der Nase feststellen. Wenn der Mundwinkel seitlich leicht in Richtung Ohr geht, ist das eine Ablehnung. Das Gute an solchen Beobachtungen ist, dass Sie genau da ansetzen können, wo Sie die Signale des Desinteresses erkennen, um sofort reagieren zu können. Was war es genau, das Ihren Kunden dazu veranlasst hat, diese Mimik zu zeigen? Wenn es beispielsweise der Preis ist, haben Sie sicherlich die richtigen Werkzeuge, um die Bedenken zu zerstreuen. Beim Kräuseln der Nase wird die Haut durch die Kontraktion der sensiblen Muskulatur auf einen unerwünschten Reiz reagieren, indem sie nach oben zeigt und sich in Falten legt. Manchmal tritt gleichzeitig eine Verengung der Augenwinkel auf. Dieses Zeichen ist den Menschen ein Leben lang zu eigen. Wenn wir etwas Unangenehmes riechen, hören oder sehen, zieht sich die Nasenhaut unwillkürlich zusammen.

15-Die Lippen lecken

Weil wir alles beim Verkaufen im Kontext betrachten, ist das Lecken der Lippen unter normalen Umständen das am schwierigsten zu bewertende Zeichen. Es kann alles bedeuten: wenn wir unter Stress stehen, trocknen unsere Lippen aus und wir befeuchten sie, indem wir sie unbewusst lecken. Jemand, der nervös ist, wird dies öfter machen als jemand, der sich gerade entspannt. Außerdem ist dieser Vorgang eine Beruhigungsgeste. Wenn Ihr Kunde sich in keinem guten Zustand befindet oder gar in einem schlechten, werden Sie beobachten können, dass er dazu neigt, seine Zunge hervorzustrecken, um sich zu entspannen. Die Geste könnte aber auch bedeuten, dass Ihre Argumente zu schwach sind und Ihr Kunde sie wegschiebt.

Sollten Sie bemerken, dass sich Ihr Kunde bei der Produktvorstellung die Lippen leckt und gleichzeitig seine Augen größer werden, dann haben wir mehr Informationen. Dies ist ein universelles Zeichen für Begehren; er will Ihr Produkt und Sie haben ihn emotional angesprochen. Alles, was wir begehren, finden wir lecker und wollen mehr. Das zeigen wir, indem wir unsere Lippen lecken. Als Baby saugen, schmatzen und lecken wir mit der Zunge noch die letzten Speisereste in den Mund. Diese Genussgesten in der Mundpartie tauchen immer auf, wenn uns etwas sehr angenehm ist, uns eine Sache schmeckt. Auf der anderen Seite schieben wir alles weg, was uns missfällt, und dieses Wegschieben kann auch mit der Zunge erfolgen. Als Säugling schieben wir beim Stillen die Brust mit der Zunge weg, später die Flasche, wenn wir genug getrunken haben und irgendwann körpersprachlich auch Argumente.

Diese Geste kann zwei Bedeutungen in entgegengesetzte Richtungen haben, je nach Kontext: positiv als Genussgeste und negativ als Abwehrgeste in Konfliktsituationen. Betrachten wir die Stellung der Hände, können wir auf Letzteres schließen.

16-Mit der Zunge im Mund spielen

Dies bedeutet, dass der Kunde nicht interessiert ist. Wenn es so langweilig wird, kann ein kleines Zungenspiel dazu anregen, zu einem Thema zu wechseln, das spannender ist als das, was Sie gerade zu erzählen haben.

17-Lippen zusammenpressen

Einen enorm zuverlässigen Hinweis gibt die Lippenkompression. Wenn Ihnen Ihr Kunde auf eine Frage antwortet und dabei die Lippen zusammenpresst, ist er nicht aufrichtig zu Ihnen. Er will dichtmachen, damit nichts herein kann. Also ist da etwas, was Sie nicht wissen sollen. Entweder verrät er nicht sein wahres Interesse und gibt etwas vor, was nicht stimmt, oder Sie haben einen falschen Reiz angesprochen und der Kunde vertraut Ihnen nicht. Die Stimmung des Kunden wird sich auf einem Tiefpunkt befinden, wenn Sie seine Lippen gar nicht mehr sehen können. Dann spielen starke negative Gefühle wie Stress oder Nervosität eine Rolle.

18-Gut sichtbare Lippen

Eins können Sie klar mitnehmen. Wenn die Lippen bei Ihrem Kunden gut sichtbar sind, ist er mit dem Verkaufsgespräch zufrieden.

19-Geschürzte Lippen

Geschürzte Lippen kommen meistens dann im Verkaufsgespräch vor, wenn der Kunde einen anderen Standpunkt vertritt als der Verkäufer. Entweder sieht er das anders, was Sie inhaltlich sagen, oder er interessiert sich für ein anderes, ähnliches Produkt, welches Sie oder er als Alternative bereits besprochen hatten.

20-Das abfällige Grinsen

Die Wangenmuskeln ziehen die Mundwinkel seitlich in Richtung Ohr. Sobald Sie das beim Verkaufsgespräch sehen, ist es schon vorbei; Ihr Kunde zeigt Ihnen seine Verachtung. Um so eine Geste zu provozieren, muss etwas in Ihrer Präsentation dramatisch schiefgelaufen sein. Dies ist meistens der Fall, wenn der Kunde sich vom Verkäufer nicht richtig wahrgenommen fühlt oder seine Wünsche und Erwartungen nicht erfüllt werden. Wenn jemand auf Grund seines Erscheinungsbildes hierarchisch falsch eingeschätzt wird, dann können wir diese Geste in Regelmäßigkeit erkennen.

21-Die gerümpfte Nase mit hochgezogenen Augenbrauen

Die Geste kommt oft vor, wenn ein Angebot gemacht wurde und der Kunde interessiert ist, aber nach einem besseren Angebot fragt.

22-Die gerümpfte Nase mit runtergezogenen Augenbrauen

Ihr Angebot schmeckt dem Kunden im wahrsten Sinne des Wortes nicht. Bei der Geste lehnt er Ihr Angebot komplett ab.

23-Beben der Nasenflügel

Dies ist ein Zeichen für innere Erregung. Um diese Mimik näher zu interpretieren, brauchen Sie noch zusätzliche Informationen. Sobald der Kunde Sie oder Ihr Produkt mit entspannter Stirn anschaut, ist alles in Ordnung. Sollte er zu Boden blicken oder sollten seine Füße auf Fluchtstellung (Fußspitze zeigt nach vorn mit angewinkeltem Bein) stehen, handelt es sich um ein starkes Desinteresse.

24-Der fest verschlossene Mund

Auch hierbei handelt es sich um Ablehnung. Körpersprachlich gesehen ist das eine vielsagende Geste: presst er als Reaktion auf Ihre Aktion die Lippen zusammen, bedeutet das, dass er sie nicht annimmt. Er ist blockiert und macht sprichwörtlich zu. Diese Geste wird noch übertroffen, indem der Kunde seine Wangen aufbläst und in diese hineinpustet. Dann handelt es sich um Missfallen.

25-Massieren des Ohrläppchens

Diese Bewegung sehen Sie bei Kunden, die nachdenken. Beim Abwägen einer Option übt sie eine beruhigende Wirkung aus und kann uns stimulieren, beispielsweise bei der Entscheidungsfindung, eines unserer Ohrläppchen zu massieren oder sanft daran zu ziehen. Das Massieren des Ohrläppchens kann auch mit Zweifeln und Zögern in Verbindung gebracht werden.

26-Kauen an den Nägeln

Nägelkauen ist ein sicheres Zeichen für Unsicherheit und Stress. Wenn Sie dieses Verhalten an Ihrem Kunden beobachten können, und sei es auch nur ganz kurz, befindet er sich in einem schwachen Zustand. Sein Unbehagen ist überdeutlich. Manchmal erleben wir es, dass Kunden auf ein Angebot treffen, das sie nicht ablehnen können, und keinerlei Ausreden mehr haben, das Produkt nicht zu kaufen. Der Kunde reagiert oft so, wenn der Begleiter das Ganze bezahlen muss.

27-Die Augen zusammenkneifen und die Stirn in Falten legen

Ihr Kunde befindet sich gegenwärtig in einer Stresssituation. Achten Sie genau auf den Zeitpunkt dieser Veränderung. War es bei der Nennung des Preises? Oder bei der Vorstellung des Produktes? Jedenfalls haben Sie nicht gesagt, was Ihr Kunde gerade von Ihnen hören will. Ändern Sie hier so schnell wie möglich Ihre Vorgehensweise, sonst ist und bleibt der Kunde weg.

28-Das Anspannen des Kiefers

Dies ist ein eindeutiges Zeichen für das Ablehnen Ihres Angebots, in ausgeprägter Form sogar ein Zeichen für unterdrückte Wut. Meistens tritt diese Mimik auf, wenn der Verkäufer wiederholt etwas anbietet, was der Kunde nicht will und mit seinem Bedarf nichts zu tun hat. Das können Sie machen, um einen Bedarf zu wecken, aber achten Sie auf die Signale, die er Ihnen gibt. Wenn diese positiv sind, können Sie weitermachen. In der Kaltakquise kommt dies öfter vor.

29-Das Ausweichen mit dem Kopf

Sie sind gerade dabei, Ihr Produkt vorzustellen, und plötzlich bemerken Sie diese ausweichende Bewegung Ihres Kunden. Hier wurde seine Erwartung nicht erfüllt oder untertroffen. Sie können jetzt herausfinden, wo von seiner Erwartung abgewichen wurde und eine Kursänderung vornehmen.

30-Berühren des Kinns

Viele Kunden berühren üblicherweise mit den Fingerspitzen ihr Kinn, während sie nachdenken oder das Pro und Contra einer Sache abwägen. Dieses Verhalten signalisiert nicht notwendigerweise Zweifel, liefert aber dennoch einen interessanten Hinweis: wird das Berühren des Kinns von weiteren nonverbalen Signalen wie dem Zusammenkneifen der Lippen begleitet, liegt nahe, dass die betreffende Person über etwas Negatives nachdenkt oder – zum Beispiel während einer Diskussion – nach einem Alternativvorschlag sucht. Meistens tun die Kunden das aus einer überlegenen Haltung, denn diese Geste gilt auch als Dominanzgeste.

31-Kinn zur Brust gezogen Das heruntergedrückte Kinn zeigt eine Blockade. Ihr Kunde ist nicht empfänglich für Ihre Argumente.

Wenn die Arme dabei verschränkt sind, ist die totale Sperre perfekt.

32-Kinn nach vorn gestreckt

Bei Wohlbefinden und einem für den Kauf positiven Zustand ist das Kinn nach vorne gestreckt und die Nase hoch erhoben. Bei dieser Haltung ist Ihr Kunde interessiert und will mehr wissen. Sehr nahe liegt diese Geste zu einer hochnäsigen und herablassenden Haltung, die zu viel Selbstvertrauen signalisiert. Es handelt sich um eine schmale Gratwanderung zwischen Wohlbefinden und Überheblichkeit. Bei Überheblichkeit können Sie dieselbe Haltung einnehmen, um einen Zugang zu bekommen.

33-Berühren des Krawattenknotens

Das Berühren des Krawattenknotens, der die Drosselgrube bedeckt, ist bereits eine Geste zum Schutz des Halses und gleichzeitig hilft sie, seelische Anspannung abzubauen. Männer zeigen dieses Verhalten oft in sozialen Konstellationen, die bei ihnen Verlegenheit oder leichte Unbehaglichkeit auslösen. Manche nutzen das Berühren des Krawattenknotens immer wieder als Beruhigungsgeste. Frauen spielen zum Stressabbau häufig mit ihrer Halskette. Allerdings kann diese Berührung auch Selbstsicherheit und Selbstgewissheit demonstrieren, wenn beispielsweise der kleine Finger dabei gespreizt ist und das Kinn gleichzeitig angehoben wird.

Die Arme & Hände

34-Einmal kräftig geschüttelt

Ihrem Kunden sind Vereinbarungen sehr wichtig. Wenn Sie beiläufig etwas zusagen, sollten Sie es einhalten, weil dieser Kunde auf eine ausgeprägte Abmachungszusage sehr viel Wert legt und Sie daran gemessen wird.

35-Zweimal schütteln

Wenn Ihr Kunde Ihnen die Hand zweimal schüttelt, schickt er Ihnen eine Bestätigung und empfindet Sie als eine sympathische Person. Das ist ein guter Einstieg ins Verkaufsgespräch oder eine Bekräftigung nach der Einigung.

36-Die Dominanz-Hand

Die Dominanz-Hand schüttelt Ihnen die Hand, während sie von oben greift. Der Handrücken des Kunden zeigt nach oben. Seine Handflächen werden nicht gezeigt. Hier geht es um einen Kunden, der selbstbewusst und in der Hierarchiestufe etwas höher steht. Die Dominanzgeste kann als Kaufsignal gedeutet werden. Dominanz zeigt sich auch, wenn die akzeptierte Distanz von einer Armlänge unterschritten wird. Hier ist auch der heimliche Wunsch erkennbar, wie weit man, nicht nur körpersprachlich, gehen kann.

37-Die vorbereitende Hand

Wenn Sie dabei sind, Ihrem Kunden die Hand zu geben und merken, dass er seine Hand schon weit vorher ausstreckt, ist dieser Kunde gut auf das Verkaufsgespräch vorbereitet. Sie werden merken, wie gut der Kunde in Bezug auf Ihr Produkt informiert ist. Hier müssen Sie genau abwägen, was Sie sagen. Diese Geste ist in Gänze als Kaufinteresse zu verstehen.

38-Die standhafte Hand

Sie geben Ihrem Kunden die Hand und merken, dass er standhaft ist und weder auf Sie zukommt noch zurückweicht. Sie merken beim Schütteln, ob Ihr Gegenüber beweglich oder steif ist. Dieser Kunde wird auf seinem Standpunkt beim Verkaufsgespräch bestehen und nicht ausweichen. Um mit ihm ein Geschäft zu machen, kommen Sie um Rabatte oder zusätzliche Leistungen, die im Preis inbegriffen sind, nicht herum.

39-Die unterwürfige Hand

Diese Hand wird Ihnen dagegen von unten entgegengestreckt, sodass Sie Ihre Hand darauflegen können. Hier handelt es sich um jemanden, der wenig Selbstbewusstsein hat. Da ist viel Einfühlungsvermögen Ihrerseits gefragt. Dieser Kunde braucht einen starken Verkäufer, der ihm eventuell seine Entscheidung abnimmt.

40-Die vertrauenserweckende Hand

Jemand, der mit beiden Händen Ihre Hand schüttelt, drückt Intimität aus. Berührt die andere Hand Ihre Schulter oder Ihren Arm, ist das mit dieser Geste gleichzusetzen. Im Verkaufsgespräch kann Ihnen nichts Besseres passieren; es wirkt zwar befremdlich, aber der Kunde signalisiert Vertrauen, das Sie mit derselben Geste erwidern sollten.

41-Die rücksichtslose Hand

Der Knochenbrecher-Gruß ist typisch für Menschen, die rücksichtslos und dominant sind. Dieser Kunde wird, ohne mit der Wimper zu zucken, Ihren Geschäftsablauf hintergehen, wenn seine eigenen Interessen Ihnen Schaden zufügen können. Fixieren Sie alles schriftlich und lassen Sie keine unbeantwortete Frage offen. Vergessen Sie unter keinen Umständen die Unterschrift dieses Kunden.

42-Die tote Hand

Dabei handelt es sich um eine schwache und zurückgezogene Hand beim Grüßen. Hier grüßen Sie einen Kunden, der ängstlich und unsicher ist und sich beim Verkaufsgespräch zurückziehen wird. Vertrauen können Sie bei ihm herstellen, indem Sie in seinem Tempo reden und seine Körperbewegungen dezent nachahmen. Findet ein Kunde Sie unsympathisch, wird er Ihnen so einen Handschlag geben.

43-Die kalte und feuchte Hand

Wenn wir Angst bekommen, wird das Blut in die Muskeln gepumpt, die für Kampf oder Flucht zuständig sind, hauptsächlich also die Bein- und Gesäßmuskulatur. Das Blut strömt aus den oberen Gliedmaßen in die Beine, damit man losrennen kann. Dabei wird unsere Haut blasser und durch das weniger fließende Blut kälter. Als Erstes werden die Hände kalt. Sobald Furcht im Spiel ist, wird der sogenannte Angstschweiß ein weiterer Begleiter sein. Gibt Ihr Kunde Ihnen die Hand und Sie stellen diese Symptome fest, handelt es sich um eine ängstliche Person. Zielen Sie also auf die Bedürfnisse, die den Sicherheitswert unterstreichen.

44-Der ausgestreckte Arm

Dieser Kunde möchte Sie auf Abstand halten. Hier reichen Ihre Sympathiewerte nicht aus, um ein erfolgreiches Geschäft zu machen. Dieser Eindruck verstärkt sich, wenn der Kunde Ihnen dabei nur seine Fingerspitzen reicht. Sie können den missglückten ersten Eindruck zwar nicht mehr rückgängig machen, aber in der Bedarfsermittlung herausfinden, was seine Bedürfnisse sind und sie dann mit Ihrem Produktnutzen ansprechen. Damit machen Sie viel Boden gut.

45-Die Hand schnell aus dem Händedruck zurückziehen

Sie geben sich die Hand und merken, wie Ihr Kunde seine Hand schnell wieder zurückzieht. Das bedeutet, dass Ihr Kunde den Kontakt mit Ihnen sucht, aber keine Kontrolle abgeben will. Er möchte zunächst einmal sehen, was Sie zu bieten haben, ehe er sich Ihnen öffnet.

46-Die Hand zieht Sie zu sich

Wenn Sie merken, dass Sie beim Händeschütteln zum Kunden herübergezogen werden, ist Ihr Kunde ein klarer Kandidat fürs Nehmen. Er will Rabatte oder etwas Geschenktes. Dies drückt er körpersprachlich schon beim Begrüßen aus. Kommen Sie ihm entgegen oder geben Sie ihm das Gefühl, ein gutes Geschäft zu machen.

47-Die Hand schiebt Sie weg

Nachdem Sie ihn begrüßt haben, werden Sie sich bei diesem Kunden darauf vorbereiten können, dass es zu harten Verhandlungen kommen wird. Ich empfehle Ihnen, mit dem gleichen Druck bei der Begrüßung dagegenzuhalten. Das schätzt dieser Kunde und er mag es, wenn jemand dagegenhält.

48-Seitliches Begrüßen

Es gibt tatsächlich Kunden, die gerne von der Seite kommen, um uns die Hand zu geben. Dieser Kunde ist auf unverbindliche Angebote aus. Sobald Sie Bindungen oder Verpflichtungen jeglicher Art erwähnen, blockieren Sie ihn und er wird nicht offen für den weiteren Verlauf sein. Bieten Sie diesem Kunden zwei Alternativen an: ein Rückgaberecht oder machen Sie ihm ein zweites Angebot.

49-Der gehobene Zeigefinger

Sollte Ihr Kunde im Gespräch mit gehobenem Zeigefinger gestikulieren, dann will er Sie entweder belehren oder korrigieren. Bedrohlich wird es für Sie erst dann, wenn er seine Hand nach unten dreht, sodass der Zeigefinger nach unten zeigt. Dies ist ein Drohsignal. Achten Sie darauf, mit welcher Hand er gestikuliert. Mit rechts hat ihm etwas Faktisches nicht gefallen, wenn es die linke Hand ist, etwas Emotionales. Wenn Zeigefinger und Daumen einen Kreis bilden, bedeutet das im Prinzip: »Ich möchte es genau wissen.«

50-Streicheln des Mittelfingers

Im Verkaufsgespräch merken Sie vielleicht, wie Ihr Kunde seinen Mittelfinger berührt oder streichelt. Hier zeigt er das Bedürfnis nach Selbstgestaltung. Das ist ein gutes Zeichen, denn hier haben Sie gezielt seine Bedürfnisse angesprochen. Selbstgestaltung ist das Streben nach Anerkennung. Hier können Sie beginnen, den

Sack zuzumachen, denn Ihr Kunde ist von Ihrem Produkt emotionalisiert und will es haben.

51-Streicheln des Ringfingers

Ihnen fällt auf, dass Ihr Kunde während der Präsentation und gerade bei Ihrer Nutzenargumentation mit dem Ringfinger spielt? In dem Moment braucht Ihr Kunde Streicheleinheiten. Wenn das Spielen von der einen zur anderen Hand wandert, wägt der Kunde zwischen A und B ab. Gehen Sie weg von Ihren rationalen Argumenten und versuchen Sie mehr die emotionale Ansprache. Anstatt das Verfahren zu erklären, können Sie ihm erläutern, welchen Nutzen er davon hat.

52-Streicheln des kleinen Fingers

Diese Geste konnten wir bei Ehepaaren beobachten: wenn sich eine der beiden Personen im Verkaufsgespräch vernachlässigt fühlt, vor allem die dominantere von beiden, dann spielt diese mit ihrem kleinen Finger, als ob sie sagen würde: »Hallo, ich bin auch noch da!« Binden Sie diese Person mit in das Gespräch ein. Das kann für Sie die Rettung sein, sonst beraten Sie und verschwenden kostbare Zeit und obwohl Sie ein Top-Produkt haben und Sie ein Top-Verkäufer sind, geht dieses Geschäft wahrscheinlich an Ihnen vorbei.

53-Mittelfinger vor dem/am Gesicht

Dies ist keinesfalls eine abfällige Geste und hat nichts mit einer Geringschätzung Ihrer Person zu tun, sondern hier überlegt Ihr Kunde lediglich, etwas Originelles oder Wichtiges zu sagen.

54-Der gehobene kleine Finger

Ein Kunde, der seinen kleinen Finger hebt, während Sie das Produkt vorstellen, erhofft sich Respekt oder Status durch den Erwerb Ihres Produkts. Er spielt gerade innerlich durch, wie es wäre, das Produkt zu besitzen. Auf einer tieferen Ebene will er Anerkennung. Das ist ein gutes Zeichen für Sie.

55-Zeigefinger an die Nase legen

Den Zeigefinger für geraume Zeit unterhalb der Nase oder auf einem Nasenflügel zu platzieren, ist ein Ausdruck von Nachdenklichkeit oder Besorgnis. Ihr Kunde möchte sprichwörtlich das, was Sie ihm gerade angeboten haben, überprüfen, indem er daran riecht. Viel spannender ist die Reaktion danach. Was sehen Sie? Riecht Ihr Argument gut oder schlecht?

56-Mit den Fingern durchs Haar streichen

In Stresssituationen streichen sich Kunden durchs Haar, um im wahrsten Sinne des Wortes einen kühlen Kopf zu bekommen: durch die Bewegung gelangt Luft an die Kopfhaut. Gleichzeitig stimulieren sie durch den Druck ihrer Fingerkuppen die Nerven der Kopfhaut. Diese Geste kann auch Ausdruck von Besorgnis oder Zweifel sein.

Diese Bewegung dient uns auch zur Beruhigung, wenn wir uns in einer Zwickmühle befinden oder nach der passenden Antwort auf eine Frage suchen. Diese Bewegung sehen wir oft in Verbindung mit der kognitiven Dissonanz, wenn die Einwände besprochen werden und wenn dann alles dafürspricht, das Produkt zu kaufen, aber der Preis oder der Liefertermin Gegenargumente liefern. Es ist wie das tröstende Streicheln einer Mutter über den Kopf ihres Kindes. Diese Beruhigungsgeste hat oft sofortige Wirkung. Vor allem das Streichen über den eigenen Hinterkopf deutet darauf hin, dass die betreffende Person Zweifel hat oder von einem inneren Konflikt geplagt wird.

57-Das Verdecken des Geschlechtsorgans

Wenn Sie bei Ihrem Kunden beobachten, dass er seine Geschlechtsorgane mit seinen Händen verdeckt, fühlt er sich gerade verwundbar. Das kann verschiedene Situationen hervorrufen wie eine mangelnde Liquidität oder eine Preisverhandlung.

58-Die Hände gegeneinander legen und die Fingerspitzen klopfend berühren

Diese Geste können Sie beim Kunden meistens in der Produktpräsentation sehen. Seine Erwartungen werden mit Ihrem Produkt verglichen. Er will wissen, ob sie deckungsgleich sind. Wenn Sie das sehen, fragen Sie ihn ruhig, ob und wo es Abweichungen gibt und wovon seine Entscheidung abhängt, anstatt das Produkt erneut vorzustellen.

59-Verschränkte Finger
Ihr Kunde wägt gerade das Faktische mit dem Emotionalen ab. Er verschließt sich und ist in diesem Moment nicht offen für Ihr Angebot. Die Geste ist eine Abwehrhaltung, bekannt auch als Stachelschwein, wenn die Finger plötzlich hochgehen. Es heißt, dass der andere sich attackiert fühlt.

60-Däumchendrehen
Ihr Kunde sitzt oder steht Ihnen gegenüber und dreht seine Daumen, während Sie beide im Verkaufsgespräch sind. Das bedeutet für Sie, dass Ihr Kunde sich gerade herausgefordert fühlt. Er ist hin- und hergerissen und prüft zum einen faktisch und zum anderen emotional, wie er sich aktiv in das Verkaufsgespräch einschaltet. Er will auf eine dominierende Art das Ruder übernehmen und fragt sich: »Wie kann ich die Situation dominieren? Mit Gefühl oder Ratio?« Hier können Sie ihn sich austoben lassen, denn er wird Ihnen in die Karten spielen. Er ist noch verschlossen, aber sobald er aktiv wird und Sie ihn aktiv werden lassen, öffnet er sich für Ihr Angebot. Achten Sie nur darauf, ob die Daumen plötzlich nach oben zeigen. In der Aufregung blockiert er und danach springen automatisch die Daumen nach oben.

61-Beide Daumen und Zeigefinger gestreckt zusammengelegt
Kunden, die beim Zuhören beide »besserwissenden« Finger und beide »Dominanzfinger« zusammenlegen, warten darauf, einen Schwachpunkt in Ihrer Präsentation zu finden. Entweder ist das Vertrauensverhältnis gestört oder Ihr Produkt erfüllt die Erwartungen des Kunden nicht. Er formt unbewusst eine Pistole mit seiner Hand und sobald er diese Geste an den Mund führt, können Sie davon ausgehen, dass er Ihnen (argumentativ) den Todesschuss verpassen wird. Die Geste wird auch die doppelte Pistole genannt.

Sie könnte ein Prinzip des Kunden darstellen; er braucht es, schwache Punkte zu finden, damit er schießen kann. Präventiv. Wir wollen das nicht moralisch bewerten. Sie können dieses Prinzip nutzen. Bauen Sie ruhig eine schwache Stelle in Ihr Konzept ein. Weist der Kunde Sie darauf hin, sagen Sie: »Danke, dass Sie mich darauf aufmerksam gemacht haben.« Und schon lösen Sie das Problem. Er wird zufrieden sein, weil er eine schwache Stelle gefunden hat. Jemand, der wiederholt so reagiert, braucht das und will kämpfen und diskutieren, obwohl es nichts zu kämpfen gibt. Das heißt, er will beispielsweise keinen Rabatt geschenkt bekommen, sondern er will ihn durch Kampf gewinnen.

62-Gekreuzte Hände

Sollte Ihr Kunde beim Verhandeln seine Hände gekreuzt haben, sperrt er sich noch und ist noch nicht überzeugt. Ahmen Sie ihn kurz mit der Andock-Technik nach und zeigen Sie anschließend eine offene Körperhaltung, damit der Kunde beginnt, Ihnen zu vertrauen, um dann herauszubekommen, wo genau der Schuh drückt. Gekreuzte Arme sind ein Zeichen dafür, dass die Person alles anzweifelt, was Sie gerade sagen. Wenn Sie dieses Verhalten bemerken, sollten Sie zu einer Demonstration des Produktes, einer Tafel oder einem Diagramm übergehen, um Ihre Aussagen zu beweisen oder zu untermauern.

63-Offene Handhaltung mit den Handflächen nach oben

Ihr Kunde ist sehr offen für das, was Sie zu bieten haben. Fahren Sie fort und bringen Sie den Deal zeitnah zum Abschluss. Das Timing passt. Der Kunde könnte sich jedoch zu sehr beschwatzt fühlen, wenn Sie es auf die Spitze treiben. Menschen präsentieren die Innenseite ihrer Handgelenke meist nur in Situationen, in denen sie sich sicher und entspannt fühlen.

64-Hand vor dem Mund

Ihr Kunde verspürt den Impuls, Ihnen etwas mitzuteilen, vermittelt aber körpersprachlich, dass er das zunächst noch für sich behalten wird oder Sie aussprechen lassen will. Bei der Bedarfsermittlung und vor allem beim Abschluss, wenn Sie die Unterschrift brauchen und Ihr Kunde diese Geste macht, kennt er bereits die fertige Antwort, obwohl er sie noch nicht verbalisiert hat.

65-Beide Hände stützen sich auf einem Stuhl

Wir wissen, dass Gefühle einen signifikanten Einfluss auf die Kaufentscheidung haben. Sollte Ihr Kunde sich mit beiden Händen an einem Stuhl festhaltend mit Ihnen kommunizieren, dann handelt es sich um schwache Emotionen. Wenn er dazu noch vorgebeugt steht, ist er alles andere als kaufbereit und wird sich sehr bald zurückziehen.

66-Die Hände von oben nach unten

Diese Geste ist sehr interessant; sollten Sie diese Bewegung bei Ihrem Kunden sehen, wird er Ihnen wahrscheinlich mitteilen wollen, dass er den Preis drücken will. Sollte dies nur durch die Bewegung zum Ausdruck gekommen sein, werden Sie sich auf diese Diskussion einlassen müssen, bevor der Deal perfekt ist.

67-Mit der einen Hand flach und mit der anderen mit dem Zeigefinger hoch

Dies ist ein gutes Zeichen, denn Ihr Kunde versucht, allgemeine Informationen zu blockieren, um sich auf das Wesentliche zu konzentrieren. Mit der flachen Hand wird Unwichtigem der Zugang verweigert. Sie fungiert als VIP-Türsteher, der nur Wichtiges reinlässt. Mit dem Zeigefinger werden die verwertbaren Informationen wahrgenommen.

68-Der Daumen verschwindet in der Hand

Der Daumen ist der Dominanzfinger. Dieser Finger repräsentiert das Bedürfnis nach Dominanz. Wenn Ihr Kunde seinen Daumen in der Hand versteckt, dann will der Kunde sich zurücknehmen. Es ist eine zurückhaltende Geste, die mit seinem Kaufverhalten einhergeht. Sie wissen ja, dass es der Zustand ist, der uns beeinflusst, den einen Euro mehr auszugeben oder erst gar nicht einzukaufen. Körpersprachlich heißt das, dass man nicht zuschlagen (kaufen) kann, weil die Faust nicht möglich ist. Sonst würde man sich den Daumen brechen. Also ist die Schlagkraft (Kaufkraft) des Kunden buchstäblich sehr begrenzt.

69-Das Berühren der Nase

Ihr Kunde berührt seine Nase, während Sie Ihr Produkt anbieten. Das deutet auf seine kritische Sichtweise hin. Das Berühren im Gesicht ist immer eine Beruhigungsgeste. Sie benötigen bessere Argumente. Das können zum Beispiel die Preise der Wettbewerber sein oder der Nutzen Ihres Produktes, den es zu prüfen gilt. Wichtig ist immer, wann er diese Berührung macht. Was haben Sie da gesagt? Genau da müssen Sie ansetzen!

70-Die gespreizten Finger

Hiermit wird Ihnen eine klare Absage erteilt. Diese Veränderung, die Sie bei Ihrem Kunden erkennen, wenn Sie verhandeln, zeigt, dass er mit dem Angebot nichts zu tun haben will. Es ist also ein klares Zeichen von Desinteresse oder sogar Ablehnung.

71-Zusammenlegen der Hände im Nacken

Dies ist eine sehr interessante Haltung im Verkaufsgespräch. Im Sitzen merken Sie, wie Ihr Gegenüber diese Bewegung macht. Sie ist positiv zu bewerten. Zum einen signalisiert sie Zufriedenheit. Der Bauch ist frei und wird nicht bedeckt, um Gefahren abzuwenden, also ist das eine Dominanzgeste. Der Kunde fühlt sich sicher. Zum anderen hat der Kunde abgeschlossen. Sie brauchen sich nicht großartig zu bemühen. Die Entscheidung ist getroffen und er will sich nicht mehr reinreden lassen. Er hat sich entschieden und ist damit zufrieden. Falls diese Entscheidung zu Ihren Lasten getroffen wurde, wird es Ihnen fast nicht mehr möglich sein, ihn von etwas anderem zu überzeugen. Seine Position steht und er wird sie höchstwahrscheinlich nicht mehr verlassen.

72-Beide Hände in der Hosentasche

Hier sendet Ihr Kunde eine klare Botschaft: er möchte nicht handeln. Wenn die Hände nicht verfügbar sind, ist man handlungsunfähig. Es gilt, dies je nach Situation zu beurteilen: Geht es um

Formalitäten nach dem Kauf, sagt er: »Mach den Papierkram fertig, ich habe darauf keine Lust.« Oder ist dies die Bewegung, die Sie nach der Bedarfsermittlung wahrnehmen? Dann will er sagen, dass er jetzt Ihre Fragen beantwortet hat und Sie jetzt endlich das richtige Produkt vorstellen sollen. Befinden sich die Hände schon vor der Begrüßung in der Hosentasche, verschließt er sich Ihnen gegenüber und möchte nicht alle Karten auf den Tisch legen.

73-Beide Hände bilden einen Tunnel

Bei dieser Geste ist Ihr Kunde noch nicht ganz überzeugt. Es gibt etwas, das noch fehlt, um den Kauf abzuschließen. Dies ist von der Situation abhängig: war er vorher verschlossen, sind Sie auf dem richtigen Weg. War er vorher offen und macht dann diese Geste, gibt es einen Rückschritt in Ihrem Verkaufsgespräch.

74-Die Handrücken nach vorne beim Gehen

Ihr Kunde kommt auf Sie zu und Sie bemerken, dass seine Handrücken nach vorne gedreht sind? Das bedeutet, dass dieser Kunde Ihnen seine Absichten und Emotionen nicht preisgeben möchte. Noch bevor Sie den Kunden begrüßen, sehen Sie, wie er Ihnen beim Gehen eine Menge Informationen liefert. Nach vorn zeigende Handrücken signalisieren Ihnen, wie verschlossen Ihr Kunde Ihnen gegenüber sein wird.

75-Verschränkte Arme

Wir haben in diesem Buch schon an mehreren Stellen die verschränkten Arme besprochen. Vorsichtshalber werden sie hier an dieser Stelle nochmals im Kundengespräch angesetzt.
Verschränkte Arme bedeuten nicht unbedingt immer Verschlossenheit. Vielleicht ist Ihrem Kunden kalt oder er verschränkt die Arme immer. Dies bedeutet als Referenzhaltung zunächst einmal gar nichts. Erst eine solche Veränderung als Reaktion können Sie als Verschlossenheit deuten. Außerdem müssen wir auch auf andere Signale achten. Wenn sich die Schultern gleichzeitig nach oben ziehen und das Kinn nach unten geht, dann bedeutet das, dass der Körper sich zusammenzieht und somit haben wir es sicher mit Verschlossenheit zu tun. Wenn diese Begleitbewegungen

jedoch fehlen, ergibt sich eine komplett andere Aussage. Hier sagt er, dass er sich zurückzieht und nicht handeln will, aber bereit ist, Ihnen zuzuhören. Solange uns dabei Hals und Kopf locker und aufmerksam zugewandt bleiben, sperrt sich der Kunde nicht uns gegenüber, sondern lediglich der eigenen Aktivität. Diese Gesten tauchen am häufigsten beim Übergang von der Bedarfsermittlung zur Präsentation auf, wo Sie dann den meisten und größten Redeanteil übernehmen werden. Diese Position nehmen Zuhörer gerne ein und das ist ein positives Zeichen, weil sie durch das Sperren der eigenen Aktivität gleichzeitig ihre Konzentrationsfähigkeit erhöhen. Dennoch kann diese Geste im Verkaufsgespräch auch ein negatives Zeichen sein, wenn der Kunde zu lange in dieser Stellung verharrt. Denken Sie daran, was wir über den Einfluss der eigenen Physiologie wissen. Die Haltung, die wir einnehmen, versetzt uns in die emotionale Lage, die diese suggeriert. Schlechte Gefühle oder den neutralen Zustand im Verkauf können wir nicht gebrauchen. Lösen Sie Ihren Kunden aus dieser Position, indem Sie die Andock-Technik anwenden und dann Ihren Winkel zum Kunden verändern. Versuchen Sie ihm etwas in die Hand zu geben, dann kommt er ins Tun.

Füße

Stehend

76-Standbein & Körperschwerpunkt

Grundsätzlich haben wir alle ein Standbein, auf dem wir die meiste Zeit verweilen und ein sogenanntes Spielbein, das weniger beansprucht wird. Auf welchem Bein also steht Ihr Gegenüber? Ist es das rechte oder das linke Bein? Ist das rechte Bein das Standbein, so bestätigt dies eine rationale Prägung. Wenn dazu noch die rechte Hand Ihres Gegenübers sehr aktiv ist, so hat dieser Mensch Freude am aktiven Handeln. Steht Ihr Gegenüber hingegen auf dem linken Fuß, so ist er oder sie eher gefühlsmäßig geprägt; eine besonders aktive linke Hand bestätigt diesen Eindruck. Wechselt Ihr Gegenüber das Standbein, so können Sie daraus auf einen »Registerwechsel« vom Emotionalen zum Logischen oder umgekehrt schließen. Jedes auffällige Stehen auf dem rechten Fuß akzentuiert die aktive rechte Körperseite. Dies lässt auf eine methodisch-rationale Denkweise und die damit verbundene Vorgehensweise schließen, die hierarchisch über dem Gefühl steht. Beobachten Sie Links-Rechts-Verlagerungen Ihres Kunden im Verkaufsgespräch genau. Je mehr Aufmerksamkeit Sie darauf richten, desto mehr Informationen gewinnen Sie über seinen Gemütszustand. Wenn er bei einer Ihrer Aktionen vom linken auf das rechte Standbein übergeht, dann ist er vermutlich vom Gefühl zur Logik gewechselt. Sollte Ihr Kunde dies permanent machen, können Sie sich sicher sein, dass er emotionalisiert ist. Gehen Sie entweder verbal oder durch eine Aktion darauf ein.

77-Wippen der Füße oder Beine

Wenn Sie in der Produktpräsentation oder bei der Einwandbehandlung bemerken, dass Ihr Kunde mit den Füßen oder

Beinen auf und ab wippt, dann ist das ein eindeutiges Zeichen dafür, dass er positiv emotional berührt ist. Dieses Zeichen wird auch *Happy Feet* genannt. Ein solches Verhalten zeigt großes Selbstvertrauen und signalisiert, dass die betreffende Person das Gefühl hat, etwas zu bekommen, das sie sich wünscht, oder dass sie in einer vorteilhaften Position ist, um das gewünschte Objekt zu bekommen.

Hilfreich ist auch, wenn Sie von Anfang an beim Kunden das Referenzverhalten der Füße, also deren normales Verhalten, im Auge behalten und auf plötzliche Veränderungen achten.

78-Beine über Kreuz

Das Kreuzen unserer Beine ist eine Haltung, die wir einnehmen, wenn wir uns bezüglich einer Sache oder einer Person wohlfühlen. Achten Sie nach der Bedarfsanalyse auf Ihren Kunden; wenn Sie Ihre Sprache gezielt auf diese Bedürfnisse abstimmen, kann Ihr Kunde diese Haltung einnehmen – eine wichtige Information für Sie. Denn emotionalisierte Kunden sind gleichzeitig in ihrem rationalen Denkvermögen geschwächt und Sie haben ihre Aufmerksamkeit.

Hier können Sie ein gutes Geschäft machen und das Verkaufsgespräch mit dem Kauf abschließen. Eine solche Geste würden wir niemals machen, wenn wir uns unwohl fühlen. Hier ist das limbische System am Werk, denn wenn wir die Beine kreuzen, stehen wir nur auf einem Bein und können schnell das Gleichgewicht verlieren. Aus dieser Position heraus könnten wir bei einer Bedrohung nur sehr schlecht reagieren. Also ist weder Kampf noch Fluchtgefahr in Sicht. Und so reagiert unser Körper bei Entspannung oder in Situationen, in denen wir uns wohl oder souverän fühlen.

79-Die Zehen zeigen nach oben

Sie haben eingehend auf den Einwand Ihres Kunden reagiert und bemerken eine Veränderung seiner Zehen, die nach oben zeigen, vor allem der linke Fuß ist stark betroffen. Dann haben Sie mit hoher Wahrscheinlichkeit den Abschluss in der Tasche. Wenn die Zehen nach oben gehen, bedeutet das im Normalfall, dass wir guter Dinge sind oder etwas Positives erfahren haben. Dieses Verhalten ist eine Art Muster, das ich bei meinen Beobachtungen ausmachen konnte. Schauen Sie sich einmal in Ihrem Umfeld um, wie die Körpersprache derer ist, die voller Freude und Glück sind. Das sind meistens Kinder und verliebte Paare. Viele von uns leben in solchen Momenten in einem halb schlafwandlerischen Zustand. Wir gehen unseren täglichen Pflichten nach und die Zeit vergeht im Fluge. In nur zwei Ausnahmen sind wir emotional viel stärker eingebunden, offener und aktiver. Dies sind die Kindheit und die Momente, in denen wir verliebt sind. Diese gesteigerte Emotionalität setzen wir mit dem Gefühl gleich, irgendwie lebendiger zu sein. In solchen Momenten scheint die Schwerkraft nicht mehr zu existieren, weil wir auf einer Wolke schweben, und so reagieren wir mit unserer Physiologie. Alles, was nach oben geht, entzieht sich der Schwerkraft, weil wir in dem Moment schweben und uns gut fühlen. Als ich von Weitem einen Kunden beobachtete, wie er mit einem Verkäufer im Gespräch war, ich aber nichts hören konnte, machte dieser, nachdem er stillgestanden und dem Verkäufer zugehört hatte, eine plötzliche Bewegung mit seinen linken Zehen nach oben, während die Ferse unten blieb. Der Kunde hat direkt danach gekauft. Der durchschnittliche Beobachter hätte dieses Verhalten nicht bemerkt oder als unwichtig betrachtet. Wenn Sie so eine Bewegung in Ihrem Gespräch wahrnehmen, können Sie dieses Fußverhalten so interpretieren, dass der Kunde etwas Positives empfindet und Sie abschließen können. So war ich nicht weiter verwundert, als ich beim Vorbeigehen die Worte »das ist hervorragend« hörte.

80-Mit einem Bein stehend, stützend mit der rechten Hand und die linke Hand in der Tasche

Bei dieser Geste zeigt Ihr Kunde, wie cool er auf einem Bein stehen kann, was zum Ausdruck bringen könnte, dass er sich dieses Angebot locker leisten kann. Das Stützen aber schwächt seine Lässigkeit und die Gefühlshand ist in der Tasche. Somit verbirgt er seine wahren Gefühle.

81-Auf den Fußballen hin- und zurückrollen

Beim Fußwippen handelt es sich um eine sehr positive Emotion. Wenn Ihr Kunde im Gespräch eine solche Geste macht, sich also auf die Fußballen stellt und sie zurückrollt, dann heißt das:»Ich bin überzeugt von der Sache.« Er macht sich größer, weil er in dem Moment selbstbewusst ist, und das zeigt er unbewusst, indem er viele Muskelgruppen positiv in Spannung versetzt.

82-Die eingeknickte Hüfte

Es gibt zwei Möglichkeiten, diese Haltung zu deuten: entweder Ihre Kunden haben ein unterentwickeltes Selbstbewusstsein oder Sie verhandeln zu aggressiv. So oder so werden sie sich beim Verkaufsgespräch nicht richtig öffnen. Kennen Sie das? Sie beraten diese Kunden und bekommen nur Zustimmung, wissen aber nicht, woran Sie sind und ob der Kunde es richtig ernst meint? Bei der eingeknickten Hüfte handelt es sich um diesen Typ von Kunden. Er benutzt diese, um sich vor Ihnen zu schützen.

83-Verlagerung auf ein Bein

Bei dieser Beinhaltung liegt der Hauptteil des Körpergewichts auf dem Standbein, während das unbelastete Bein leicht gebeugt ist und der Fuß nach außen zeigt. Macht ein Kunde diese Bewegung, nachdem Sie etwas vorgetragen haben, dann ist das ein Zeichen der Ablehnung. Der betreffende Kunde demonstriert Ihnen, dass er sich gerne entfernen will. Er trifft unbewusst die Entscheidung zu gehen, indem er sein Körpergewicht automatisch auf ein Bein verlagert, sodass das andere unbelastete Bein einen Schritt machen kann.

84-Mal rechts, mal links

Mitten in Ihrer Produktpräsentation bemerken Sie, wie Ihr Kunde sein Gewicht von einem Bein auf das andere verlagert und wieder zurück. Ihr Kunde ist entweder nervös oder er fühlt sich unwohl. Durch diese Bewegung versucht er sich selbst zu beruhigen. Achten Sie bitte darauf, was Sie möglicherweise falsch gemacht haben. Diese Bewegungen sind kein Zufall.

Es ist auch ein wichtiger Hinweis für Sie, wenn Ihr Kunde innerhalb eines Satzes vom linken zum rechten Standbein wechselt. Es kann sein, dass er vom Gefühl zur Prüfung übergegangen ist. Jetzt wären in der Nutzenargumentation ein paar Zahlen oder faktische Argumente hilfreich. Er weicht Ihnen oder Ihren Argumenten ständig aus.

85-Füße zeigen in eine andere Richtung
Große Vorsicht ist geboten, wenn Sie während des Gesprächs merken, dass die Füße Ihres Kunden, die Ihnen zuvor zugewandt waren, nun in eine andere Richtung weisen. Wenn ein Fuß während eines Gesprächs nicht zum Gegenüber, sondern in eine andere Richtung zeigt, ist dies ein Zeichen dafür, dass die Person genau dorthin gehen will. Die Fußstellung gibt einen exakten Hinweis auf die tatsächliche Absicht der Person.

Wenn Sie zwei oder drei Personen beraten, können Sie anhand dieser Information herausfinden, wer sich Ihnen gegenüber öffnet und wer nicht. Auch hier achten Sie darauf, wie die Stellung der Füße vorher war. Sollten die Füße der Personen in Ihre Richtung zeigen, können Sie sich sicher sein, dass alles in Ordnung ist und Sie einen guten Stand bei ihnen haben. Wenn sich Ihnen jedoch jemand lediglich mit seinem Oberkörper zuwendet und seine Füße in eine andere Richtung zeigen, ist das ein Hinweis darauf, dass Sie diese Person nicht überzeugt haben. Hier noch ein sehr zuverlässiger Tipp:

Sollte einer der Füße Richtung Ausgang zeigen, können Sie davon ausgehen, dass es vorbei ist. Der

Kunde will so schnell wie möglich raus und redet nur noch aus Höflichkeit mit Ihnen. Es ist ganz einfach: die Füße signalisieren die wahre Absicht! Wenn Ihr Kunde eine verbindliche Aussage trifft und diese Haltung eingenommen hat, können Sie davon ausgehen, dass er sich innerlich vom Gesagten distanziert.

86-Ein Bein vor dem anderen mit angehobener Ferse

Die Stellung, in der das eine Bein vor dem anderen steht und das gebeugte Bein mit der Ferse nach oben zeigt, erinnert an die Startposition für Kurzstreckenläufer. Wenn Sie jemanden sehen, der diese Bewegung nach dem Normalstand einnimmt, dann können Sie davon ausgehen, dass diese Person gehen will. Diese Haltung bedeutet Vorbereitungen für die Flucht zu treffen. Wenn wir körpersprachlich mit beiden Beinen parallel stehen, haben wir weniger Kontrolle, wenn wir flüchten oder angreifen. Also müssen wir einen Schritt machen, um vorwärts zu kommen. In der Position mit dem angewinkelten Fuß können wir viel schneller reagieren. Wenn der Kunde also so reagiert, haben Sie etwas gesagt oder getan, was eine schnelle Reaktion erfordert.

87-Breitbeiniger Stand

Die breitbeinige Beinhaltung signalisiert Dominanz und überdurchschnittliches Selbstvertrauen. Viele setzen diese Geste bewusst ein, um ihr Umfeld einzuschüchtern. Wenn beispielsweise der Schütze beim Fußball zum Freistoß ausholen will, stellt er sich erst einmal für jeden in der Mauer sichtbar breitbeinig hin, um die Spieler einzuschüchtern. Das ist ein typisches Territorialverhalten. Sollten Sie bei Ihrem Kunden eine solche Bewegung feststellen, bei der der Abstand zwischen seinen Beinen immer breiter wird, und er daraufhin körpersprachlich mit den Händen reagiert, die Sie an seinen Hüften angewinkelt sehen, dann haben Sie es mit jemandem zu tun, der die Kontrolle übernehmen möchte. Diese Haltung tritt oft auf, wenn ein Ehepaar beraten wird und der Verkäufer eine Person vernachlässigt. Meistens ist es der dominantere von beiden, der so reagiert, oder jemand – und das ist meistens der Fall – der unzufrieden ist. Diese Haltung sagt eindeutig, dass etwas nicht stimmt und Sie darauf vorbereitet sein sollten, dass der Kunde ein Problem hat und er bereit ist, sich diesem zu stellen.

Manchmal kann das Temperament sogar mit einem durchgehen und es kann Ärger geben. Ein breitbeiniger Stand zeigt eine aggressive Haltung und wenn Sie jemanden mit so einem Stand sehen, empfehle ich Ihnen, zu versuchen, eine andere Strategie zu verfolgen. Wenn Sie sich selbst dabei ertappen, dass Ihre Beine so breit stehen, dann sollten Sie sie schnell wieder zusammenbringen. Ganz besonders introvertierte Kunden werden Sie als aggressiv empfinden. Der Auslöser für dieses Empfinden ist das Alphatier, das in uns durchzukommen scheint und so viel Territorium wie möglich für sich beanspruchen will. Diese Haltung suggeriert Aggressivität.

Sollte ein Kunde breitbeinig stehen, hat er auf der anderen Seite eine starke Bodenhaftung und eine Menge Stehvermögen. Diese Haltung wirkt stabil und signalisiert Ihnen: »Ich bin bereit zu kaufen, ich habe die Kontrolle.«

Füße

Sitzend

88-Beide Hände auf den Knien

Achten Sie beim Verkaufsgespräch darauf, wo Ihr Gegenüber seine Hände hat. Sollten sie unter dem Tisch verschwinden oder auf den Knien liegen, ist das ein klares Zeichen dafür, dass er sich innerlich darauf vorbereitet, das Gespräch zu beenden. Für Sie heißt das, dass Sie auf den Punkt kommen und nicht viel drumherum reden sollten. Normalerweise erfolgt gleichzeitig die Gewichtsverlagerung des Rückens nach vorne, was körpersprachlich signalisiert, dass Ihr Kunde beabsichtigt, aufzustehen und zu gehen.

89-Zurücklehnen nach dem Gesagten

Lehnt sich Ihr Kunde nach einem Statement zurück, müssen Sie aufpassen. Körpersprachlich distanziert er sich von dem, was er ausgesprochen hat. Mit anderen Worten: er sagt Ihnen genau das Gegenteil. Sollte er sich nach dem Gesagten nach vorn lehnen, hat er seine Zusage gegeben.

90-Übereinandergeschlagene Beine

Die Geste der übereinandergeschlagenen Beine kann grundsätzlich sehr vielfältig gedeutet werden und beschreibt in Ihrem Verkaufsgespräch die Kooperationsbereitschaft Ihrer Kunden. Normalerweise signalisiert diese Geste, dass Ihr Gegenüber entspannt und aufmerksam ist. Im Verkaufsgespräch muss die Geste meist im Kontext interpretiert werden.

91-Übereinandergeschlagenes Bein von Ihnen weg

Sie haben mit Ihrem Kunden Platz genommen und sitzen so, dass Sie nebeneinander sind. Wenn Ihr Kunde sein Bein so übereinanderschlägt, dass er eine Barriere baut, ist er Ihnen gegenüber noch verschlossen. Das können Sie daran festmachen und dann feststellen, wie er nach der Bedarfsermittlung sitzt, da er einige Fragen beantworten muss und sein Redeanteil entsprechend groß ist. Wenn er weiterhin so sitzt wie zu Beginn des Gesprächs, ist dies ein Hinweis darauf, dass er noch nicht überzeugt ist. Achten Sie auch auf die Arme, sind diese ebenfalls verschränkt, wird es sehr schwierig, Ihr Produkt zu verkaufen. Achten Sie allein auf die Physiologie. Der Kunde kann in dieser Haltung gar nicht anders, als Ihnen die kalte Schulter zu zeigen, wenn er mit Ihnen redet. Mit dieser Information können Sie sich entweder eine neue Strategie ausdenken, einen neuen Versuch starten oder den Kunden ganz offen damit konfrontieren, dass Sie das Gefühl haben, dass er nicht überzeugt ist, und fragen, woran es liegt.

92-Übereinandergeschlagenes Bein zu Ihnen hin
Sollte Ihr Kunde mit seinem Bein auf Sie hinzeigen, dann sollten Sie dies ebenfalls machen. Dies signalisiert körpersprachlich Zuwendung, Vertrauen und Sympathie. Der Kunde wird nicht umhinkommen, Ihnen gegenüber ebenso zu empfinden. Mit dieser Bewegung zeigt er, dass er sich wohlfühlt.

93-Die Füße schlingen sich um die Stuhlbeine
Ihr Kunde hat sich entschieden und bezieht klare Position – ein deutliches Zeichen an Sie. Er gibt Ihnen körpersprachlich zu verstehen, dass er nicht bereit ist, sich zu bewegen. Das ist ein negatives Zeichen, denn Ihr Kunde ist blockiert und hat Probleme, sich zu entscheiden. Er hat paradoxerweise entschieden, sich nicht zu entscheiden. Ihr Kunde zeigt große Unsicherheit. Unsicherheit erzeugt Zweifel, Zweifel sind der Tod im Verkaufsgespräch.

94-Die doppelt übergeschlagenen Beine
Diese Geste kommt öfter vor, als Sie glauben. Mehr Verkrampfung kann man nicht zum Ausdruck bringen. Diese Geste deutet auf großes Unbehagen Ihres Kunden hin. Sie zeigt eine starke innere Verspannung. In diesem Fall präsentiert der Körper seine ganze Unbeweglichkeit. Jetzt brauchen Sie eine andere Strategie, um den Kunden abzuholen. Finden Sie heraus, was ihn dazu geführt hat, dermaßen zu verkrampfen. Durch das Beobachten erkennen

Sie, wann die Veränderung seiner Beinhaltung ihren Anfang genommen hat. War seine Haltung von Anfang an so oder veränderte sich diese, nachdem Sie etwas gesagt oder getan haben? Was genau war das? Genau da müssen Sie ansetzen. Nach einer Aktion die Beine so zu verschränken, ist kein Zufall. Nehmen Sie, was ihn dazu gebracht hat, und verkehren Sie es ins Gegenteil.

95-Ein kurzes Anheben des Stuhles

Sollten Sie diese Geste oder ein Zurechtrücken des Stuhls entdecken, heißt das, dass Ihr Kunde großes Desinteresse zeigt. Er will auf der Stelle gehen, weil er sich unwohl fühlt. Das kann die Anfangsnervosität sein. Sollten Sie das nach der Referenzhaltung trotzdem erkennen, empfehle ich Ihnen, eine offene Haltung einzunehmen und den Kunden zu fragen, ob er Bedenken hat.

96-Zurücklehnen mithilfe der Fußballen

Das Zurücklehnen mit den Fußballen auf den Hinterbeinen des Stuhles kommt in positiven Fällen oft in der Produktpräsentation oder in der Nutzenargumentation vor. Hier möchte Ihr Kunde sich buchstäblich zurücklehnen und in die Beobachterposition zurückziehen. Er hat seinen Teil erfüllt, nachdem Sie ihn nach seinem Bedarf befragt haben, und jetzt wartet er auf Ihre Reaktion. Sobald er wieder nach vorne kippt, signalisiert er Ihnen, dass er sich jetzt in Szene setzen möchte. Es handelt sich also um eine Geste mit positiven Emotionen, die Sie nutzen können und die Ihnen nach dem Muster des Systems mitteilt (A-Frage 1), weiterzumachen.

97-Ein Bein quer über das andere Bein

Diese Haltung konnten wir meistens nach der Produktpräsentation festmachen. Auf diese Weise formuliert der Kunde innerlich seine Einwände. Legt Ihr Kunde ein Bein quer über das andere, baut er eine Schutzmauer auf. Wenn Sie merken, dass er immer noch so dasitzt, nachdem Sie seine Einwände behandelt haben, wird es schwer sein, ihn von einer anderen Meinung zu überzeugen. Zumindest in dem Moment! Wird das Bein von den beiden Händen festgehalten, handelt es sich um viel Polemik. Der Kunde wird hartnäckig an seiner Meinung festhalten.

98-Weit gespreizte Beinhaltung

Ihr Kunde sitzt mit weit gespreizter Beinhaltung? Daraus lässt sich ableiten, dass er eine sehr selbstbewusste Person ist. Es ist eine typisch männliche Geste. Hier signalisiert Ihr Kunde körpersprachlich, dass er so sicher ist, dass er seine verletzlichen Genitalien ungeschützt zeigt, und gleichzeitig beansprucht er Raum, um sein Territorium zu vergrößern. In diesem Moment ist dieser Kunde eine dominante, arrogante und überhebliche Person.

Wenn er ein Bein weit von sich streckt, können Sie das Ganze noch einmal als Verstärkung betrachten. Dann sitzt Ihnen jemand gegenüber, der seine Macht ausspielen will. Heben Sie die Eigenschaften des Produktes so hervor, dass sein Ego angesprochen wird. Dann kauft er.

Machen Sie niemals den Fehler und sitzen mit weit gespreizten Beinen im Kundengespräch, selbst wenn Sie andocken möchten. Kunden werden diese Geste als aufdringlich und abstoßend empfinden. Es macht den Sympathiefaktor komplett kaputt. Sitzen Sie immer mit schulterbreit geweiteten Beinen.

99-Breit geöffnete Beine und gekreuzte Knöchel

Diese Sitzhaltung wird meistens von Männern eingenommen. Sie haben einen Kunden, der so sitzt? Ihr Kunde ist in diesem Moment unsicher und versucht, die Unsicherheit zu überspielen, indem er Platz beansprucht. Hier sollten wir den Kunden öfter bewusst noch einmal nach seinen Einwänden fragen. Wenn er die Beine geschlossen hatte und seine Hände in den Schoß gewandert sind, sind es ganz sicher Vorwände. Das hören Sie mittels der Argumentationsdynamik sicherlich heraus. Mit der Geste haben Sie einen Beweis.

100-Geschlossene Beine und gekreuzte Knöchel

Wenn die Hände auf den Schoß kommen, sind Demut und Unterwürfigkeit im Spiel. Diese Geste gibt es oft, wenn der Verkäufer dem Kunden den Preis im ganzen Gespräch vorenthält und ihn erst kurz vor dem Abschluss nennt, sodass der Kunde damit abgeschreckt wird. Dadurch wird seine Erwartung zerstört und er minimiert seinen Platzanspruch, was auf Enttäuschung schließen lässt.

101-Zusammengedrückte Beine

Ihr Kunde fühlt sich sehr unwohl. Begleitet wird die Sitzhaltung noch von den Händen, die die Stuhllehne festhalten. Entweder haben Sie ihn unbewusst eingeschüchtert oder Ihr Kunde ist introvertiert und ihm mangelt es an Selbstvertrauen. In diesem Moment müssen Sie viel Einfühlungsvermögen zeigen, wenn Sie ihm etwas verkaufen wollen. Hören Sie sich genau an, was er sagt. Meistens sind es Personen, die sich nicht entscheiden können und einen starken Verkäufer brauchen, der ihnen bei der Entscheidung hilft.

Achtung: Sitzen Sie niemals so! Manchmal sind wir so konzentriert, dass wir gar nicht merken, wie wir sitzen. Dies ist ein unmissverständliches Signal für Ihre Unfähigkeit.

102-Übereinandergeschlagenes Bein mit dem Griff an den Ellbogen

Wenn Ihr Kunde diese Geste macht, ist es schwierig, ihn ernst zu nehmen. Hier können Sie seine Aufrichtigkeit in Frage stellen. Diese Haltung signalisiert: »Ich glaube selbst nicht, was ich gerade sage.« Der Kunde geht körpersprachlich in Deckung. Jemand, der diese Körpersprache hat, kauft nicht!

103-Beide Hände an der Stuhlkante und weit vorne am Stuhl sitzend

Hier signalisiert Ihr Kunde, dass er angespannt und bereit ist zu gehen, denn diese Geste steht für Flucht. Der Kunde vertraut Ihnen nicht und möchte nicht mehr mit Ihnen reden. Das ist eine Art des *Point of no Return* und fast irreversibel.

104-Seitlich auf dem Stuhl sitzend

Ihr Kunde wirkt, als würde er etwas oder jemandem ausweichen wollen. Möglicherweise erfüllt Ihr Produkt nicht seine Erwartungen. Wir haben diese Geste identifiziert, als unser Verkäufer nicht genug Fragen in der Bedarfsermittlung gestellt hat. Sobald die Produktpräsentation beginnt, nimmt der Kunde diese Haltung ein.

Fragen Sie erneut nach, ob es eine Diskrepanz zwischen dem Produkt und seinen Bedürfnissen gibt.

105-Mit gefalteten Händen im Schoß

Die Füße des Kunden sind meist unter dem Stuhl mit gekreuzten Knöcheln versteckt. Sie werden ebenfalls feststellen, dass er Ihrem Blickkontakt ausweicht. Diese Haltung alarmiert Sie, mit Ihrem Kunden eine andere Strategie zu fahren. Egal, wo Sie sich gerade befinden, finden Sie heraus, was mit ihm nicht stimmt. Wenn Sie auf seinen Gang geachtet und dabei bemerkt haben, dass er in kleinen Schritten läuft, seine Fußspitzen nach innen zeigen und die Schritte eher schleppend sind, wissen Sie, dass der Kunde introvertiert ist – mit geringem Selbstvertrauen. Sollte er eine »normale« Gangart haben und er nimmt diese Haltung ein, nachdem er normal gesessen hat, dann gibt es in Ihrer Interaktion mit ihm ein riesiges Problem.

Durch eine Einwandbehandlung und geschlossene Fragen finden Sie heraus, was dahintersteckt, wenn er es Ihnen nicht sagt. Achten Sie darauf, ob das Gesagte mit seiner Körpersprache kongruent ist. Schüttelt er den Kopf, während er Ja sagt oder umgekehrt? Dann wissen Sie ebenfalls, dass er nicht aufrichtig ist.

106-Hand unter dem Oberarm und gleichzeitig übergeschlagenes Bein

Das ist gewiss eine ablehnende Haltung entweder Ihnen als Verkäufer oder Ihrem Angebot gegenüber. Klarer kann der Kunde es nicht ausdrücken. Lassen Sie sich das ganze Verkaufsgespräch noch einmal durch den Kopf gehen und schauen Sie, welches seiner Bedürfnisse Sie außer Acht gelassen haben.

107-Breit übergeschlagenes Bein mit geradem Oberkörper und seitlich gelehnt

Stehen Sie in Verhandlung mit Ihrem Kunden und er zeigt diese Sitzhaltung, handelt es sich hier um jemanden, der so viel antworten wird, wie nur nötig ist. Dieser Kunde hat etwas zu verbergen und wird Ihnen keine Angriffsfläche bieten.

Sollten Sie bei der Begrüßung im Smalltalk sein, empfehle ich Ihnen, das Thema dem Kunden zu überlassen. Fangen Sie keinen Smalltalk an, wenn der Kunde so sitzt. Es sei denn, er fängt selbst damit an.

108-Gekreuzte Knöchel und breitbeinig mit geballten Fäusten auf der Stuhllehne

So sitzen viele Menschen. Sie wollen dadurch selbstbewusster wirken. Das signalisiert Ihrem Gegenüber, dass Sie sehr aggressiv sind. Wenn Ihr Kunde so vor Ihnen sitzt, handelt es sich um eine überhebliche Person, die besserwisserisch unterwegs ist und gerne diskutiert. Sie können mit deeskalierenden Gesten wie offener Oberkörperhaltung und einem Lächeln reagieren. Geben Sie ihm verbal immer Recht und loben Sie ihn für sein Wissen. Das entwaffnet ihn und lädt ihn dazu ein, sich zu öffnen.

109-Breitbeinig mit Händen im Schoß zu einem Dreieck

Hier zeigt Ihr Kunde zwar eine dominante Haltung, er ist jedoch offen für Ihr Angebot und wird Ihnen aufmerksam zuhören. Wenn Sie eine solche Geste bei Ihrem Kunden sehen, ist das ein gutes Zeichen. Er signalisiert damit, dass er auch genau weiß, was er will, und folglich führt das in einem Verkaufsgespräch meistens zum Kauf.

110-Hände hinter dem Kopf verschränkt und ein Bein quer über dem anderen

Mehr Dominanz kann man beim Sitzen nicht zeigen. Wir vergrößern unsere Körperfläche, wenn wir uns mächtig fühlen. Viele Kunden im Luxus-Waren-Bereich nehmen diese Haltung ein. Ihnen gegenüber sitzt jemand, der sich gegenwärtig stark fühlt. Das ist nichts Negatives. Da sind Glückshormone im Spiel. Als Verkäufer nutzen Sie diese Geste und passen Ihr Verkaufsverhalten an. Aus Erfahrung weiß ich, dass es meist um ein vordergründiges Grundbedürfnis geht: Bedeutung und Individualität. Appellieren Sie an seine Bedeutsamkeit, indem Sie den Produktnutzen so formulieren, dass er sich angesprochen fühlt.

111-Ein Bein hängt über die Stuhllehne

Jetzt werden Sie sagen: »Um Gottes Willen. Wann setzt man sich schon so hin? Dann noch bei einem Verhandlungsgespräch?« Je nachdem, in welchem Bereich Sie arbeiten: glauben Sie mir, das haben wir alles schon erlebt. Die Frage ist, welche Bedeutung wir dieser Haltung geben sollen. Meist sieht das lässig aus. Sollten Sie eine Note Ungezwungenheit erkennen, dann ist Ihr Kunde überhaupt nicht interessiert. Ihr Angebot ist ihm egal.

112-Vollständige Nutzung der Sitzfläche

Sitzt Ihr Kunde mit seinem vollen Körpergewicht auf der ganzen Sitzfläche des Stuhles, erklärt er Ihnen damit, dass er vorhat, eine Weile zu bleiben. Sind Sie in einer Verhandlung, kann dies bedeuten, dass Ihr Verhandlungspartner sich nicht leicht abservieren lassen wird. Ist das jedoch ein Kunde, können Sie sich glücklich schätzen, denn er fühlt sich offensichtlich wohl und Sie können weiterarbeiten mit dem, was Sie gerade machen.

113-Stehend über dem Kunden

Wenn Ihr Kunde sitzt, sollten Sie nicht den Fehler machen und stehend Ihr Verkaufsgespräch führen. Es sei denn, Sie möchten eine Präsentation vortragen. Ansonsten hat das etwas von einem Geier, der auf seine Beute herabblickt. Setzen Sie sich auf Augenhöhe zu Ihrem Kunden, sonst kontert er unbewusst mit einer Abwehrreaktion.

114-Mit dem Rücken zum Kunden

Sollten Sie als Verkäufer stehend präsentieren, dürfen Sie sich niemals mit dem Rücken zum Kunden stellen. Das kann schnell passieren, wenn Sie etwas mit PowerPoint oder am Flipchart vortragen. Wie sollen Sie Ihren Kunden überzeugen, wenn er keine Aufmerksamkeit von Ihnen bekommt? Seien Sie immer offen, schauen Sie ihn an und wenn Sie etwas zeigen müssen, sprechen

Sie nicht über Ihre Schulter. Seien Sie im Mittelpunkt und nicht das Flipchart.

115-Werkzeuge & Barrieren auf dem Tisch

Sollte Ihr Kunde Ihnen gegenübersitzen und Sie wollen ihm Ihr Angebot in Papierform (Prospekt, Katalog oder Präsentation) oder auf Ihrem Notebook zeigen, dann tun Sie das immer seitlich zum Kunden. Machen Sie nicht den Fehler und bauen eine Mauer auf. Sie halten ihm damit etwas vor die Nase und ziehen damit eine Wand zwischen sich und Ihrem Kunden hoch. Das blockiert den Fluss Ihres Verkaufsgesprächs und Ihr Kunde wird sich unbewusst abgeschirmt fühlen. Wie interessant Ihr Angebot auch sein mag, Sie fahren immer besser, die Unterlagen so zu zeigen, dass Sie sie beide gleichzeitig sehen können, und setzen Sie offene Handgesten ein.

Sollten Sie einen Koffer bei Ihrem Kunden aufklappen, dürfen Sie nie die Klappe als eine Wand vor dem Kunden geöffnet lassen. Öffnen Sie den Koffer so, dass Ihr Kunde hineinschauen kann. Sie suggerieren damit, dass Sie nichts zu verbergen haben und signalisieren Vertrauen. Stellen Sie auch nichts auf die Seite Ihres Kunden. Sie nehmen dadurch zu viel Platz in Anspruch und Ihr Kunde wird sich erst einmal zurückziehen. Jedes Eindringen in das Territorium des Kunden wirkt wie eine Bedrohung. Er wird unweigerlich blockieren.

Füße

Gehend

116-Der Blick auf den Boden

Sollte Ihr Kunde beim Gehen auf den Boden schauen, ist er jemand, der alles prüfen möchte. Ihre Argumente werden ihn nicht genug überzeugen, wenn Sie ihn nicht aktiv am Produkt teilhaben lassen. Ob Sie ihm das Produkt in die Hand drücken oder zum Testen mitgeben – er muss es selbst prüfen können. Außerdem handelt es sich um jemanden, der seine Umgebung kontrollieren will, bevor er seinen Fuß auf den Boden setzt. In Ihrem bevorstehenden Verkaufsgespräch bedeutet das, dass Sie ihm etwas anbieten sollten, was ihm vertraut ist. Etwas, das er kennt und über das er informiert ist. Ein Kunde, der so geht, zieht es vor, in Produkte zu investieren, die ihm bekannt sind. Er ist kein risikofreudiger Mensch.

117-Die Brust nach vorne

Die voranzeigende Brust beim Gehen drückt Ehrgeiz und das Streben nach mehr aus. Dieser Kunde will immer mehr erreichen. Seine Brust geht voraus, aber die Beine kommen nicht nach. Mit einem begründeten Sprachstil in der Nutzenargumentation erreichen Sie solche Kunden immer.

118-Die Fußspitzen nach innen

Geht Ihr Kunde mit den Fußspitzen nach innen, so können Sie davon ausgehen, dass diese Person zurückhaltend ist. Überprüfen Sie dies anhand der Stellung der Brust. Wenn diese auch noch eingefallen ist und die Schultern nach innen gebeugt sind, handelt es sich sehr wahrscheinlich um einen introvertierten Menschen. Jemand, der mit den Fußspitzen nach innen geht (einwärts gewandt), geht, als ob er sich bremst. Warum, wissen wir nicht. Mit der Andock-Technik, der 30:70-Regel und den Augenzugangsbewegungen werden Sie sich Zugang verschaffen. Je mehr Sie ihn sprechen lassen und Sie auf seine Sprachmuster eingehen, desto wohler wird er sich fühlen und sich öffnen. Dies spiegelt sich dann im Oberkörper wider. Sie werden bemerken, dass sich seine Brustpartie öffnet. Dies passiert am häufigsten in der Abschlussphase, denn bei ihm entsteht ein Widerspruch. Er deutet die Bereitschaft zum Kauf an, aber wenn es tatsächlich um die Abschlussdokumente geht, blockiert ihn irgendetwas. Seine Bereitschaft (offener Oberkörper und Fußspitzen nach innen gehend) ist größer als seine Fähigkeit oder Kompetenz. Eine sehr komplizierte Kundensituation, denn hier geht es häufig um Budgets, über die diese Person nicht allein verfügt. Hier müssen Sie Geduld zeigen und einen neuen Termin vereinbaren, aber die halbe Miete haben Sie bereits, denn diese Art von Kunden sind meistens auch loyale Kunden, weil sie sich schwertun, zwischenmenschliche Beziehungen aufzubauen. Sie wenden eine Menge Energie darauf, die Hemmschwelle zu überwinden, die ihre eingekehrten Füße repräsentieren. Dies kann zwei Gründe haben: ein seelisch bedingter Zustand und die Fußhaltung ist nur ein Ausdruck dieser Barriere oder eine physische Veranlagung, die sich auf seine Weltanschauung, Zustand oder Verfassung zurückwirkt und diese Blockade erst auslöst.

119-Die Fußspitzen nach außen

Wie im vorherigen Beispiel könnte man meinen, dass die Fußspitzen die innere Haltung eindrucksvoll dokumentieren. Introvertierte Menschen richten ihre Aufmerksamkeit eher nach innen und dorthin tendieren auch ihre Fußspitzen. Bei extrovertierten Menschen ist diese Haltung eher nach außen gerichtet, was bedeutet, dass sie der Außenwelt zugewandt sind. Wenn Sie jemanden im Verkauf treffen, dessen Fußspitzen beim Gehen nach außen tendieren, können wir physiologisch betrachtet sehen, dass Energie verschwendet wird, weil die Beine die Energie beim Voranschreiten seitlich umsetzen. Diese Person neigt zu Ablenkungen, was bedeuten kann, dass ein bestimmtes Grundbedürfnis Abwechslung sein kann. Schauen Sie genau hin, ob beide Füße oder eine Kombination den Richtungsschwung ausmachen. Sollte beispielsweise das linke Bein auffallend nach außen tendieren, bedeutet das, dass diese Person emotionalen Einflüssen offen und für eine emotionale Ansprache des Produktes empfänglich ist.

120-Hinterer Fuß stößt den ganzen Körper entscheidend nach vorne

Haben Sie einen Kunden beobachtet, der beim Stellen des einen Fußes noch im letzten Moment vom hinteren Fuß den entscheidenden Stoß bekommen hat, dann haben Sie es hier mit jemandem zu tun, der einen versteckten Ehrgeiz hat. Solche Kunden werden bei Verhandlungen noch im letzten unerwarteten Moment zu einem harten Kampf ansetzen und für sich das Maximale herausholen wollen.

Teil III

Aktive Einbindung der Körpersprache im Verkaufsprozess

In diesem Teil werden Sie einige wirkungsvolle Tipps für die einzelnen Verkaufsabläufe bekommen. Diese werden Ihnen von großem Nutzen sein, denn Sie können jetzt sowohl die individuellen Bedürfnisse als auch die soziale Position und die gesellschaftliche Stellung Ihrer Kunden anhand der Merkmale ihrer Körpersprache erkennen. Somit sind Sie perfekt auf Ihren Kunden vorbereitet!

Wenn wir nun im gesamten Verkaufs- oder Verhandlungsprozess die Wechselbeziehung, das Verifizierungs- und Navigationssystem durchsetzen wollen, sind unsere Authentizität, das Beziehungsmanagement, unsere Präsenzoptimierung und unsere Performance-Maximierung gefordert. Mit diesen Techniken haben Sie Zugriff auf jeden Kunden.

Denken Sie noch einmal daran: Reden ist Silber, Schweigen ist Gold. Es ist unabdingbar, dass Sie normatives Zuhören im kompletten Prozess beachten. Dieses Verhältnis des Gesprächsanteils einzuhalten ist nicht nur wichtig, damit der Kunde uns seine Wünsche mitteilt, sondern wir brauchen auch die Zeit, um ihn zu beobachten. Im Verkaufsgespräch geht es nicht darum, rhetorisch zu glänzen. Sie brauchen nur anhand der Körpersprache Ihres Kunden dem weiteren Verlauf des Gesprächs folgen.

Begrüßung

Die Information ist der wichtigste Gebrauchsgegenstand, den es gibt. Je mehr Informationen Sie gegenüber Ihrem Wettbewerber haben, desto mehr sind Sie im Vorteil, sei es an der Börse, in der Produktentwicklung, Personalführung oder im Vertrieb. Der Grund, warum Sie in der Lage sind, Ihre Freunde oder Ihren Partner auf einer tieferen Ebene zu verstehen, ist, dass Sie eine Menge Informationen über deren Vorlieben, Werte und familiären Hintergründe haben. Wir alle haben schon einmal die Erfahrung gemacht, unsere Meinung über jemanden, den wir gut zu kennen glaubten, nach einer Weile revidieren zu müssen, weil wir mehr oder bessere Informationen erlangt haben. Je schneller wir die Weltanschauung unseres Gegenübers schon bei der Begrüßung erfassen, desto schneller und tiefgreifender können wir auf ihn zugreifen. Schon die Art und Weise, wie Ihr Kunde Ihnen bei der Begrüßung die Hand gibt, sagt viel aus. Der eine Kunde zieht Sie herunter, der andere wischt Sie weg. Wie reagieren Sie auf dieses soziale Sich-Beschnuppern?

In meinen Seminaren lasse ich die unterschiedlichen Begrüßungsformen und ihre Wahrnehmungen nachspielen. Der eine lässt seinen Partner Widerstand spüren, hält ihn aber nicht fest. Der nächste richtet sich beweglich auf der jeweiligen Position ein, als ob er sagen würde:»Ich bin flexibel.« Ich kommentiere:»Du bist einerseits flexibel, andererseits ist es für dich wichtig, dass jeder seine Position beibehält. Das bedeutet, die Entfernung zwischen dir und deinem Partner wird immer die gleiche sein.« Hinter dieser Anschauung steckt die Aussage, dass jeder wissen muss, wo er hingehört, wo sein Platz ist. Wenn wir diese Anschauung wahrnehmen und respektieren, werden wir mit diesem Kunden eine echte Beziehung aufbauen können.

Grundsätzlich beginnt jede Begegnung mit einer Begrüßung. Wir begrüßen einander, um klarzumachen: Ich komme in friedlicher Absicht. Gleichzeitig dient das Begrüßen dazu, einer Begegnung zwischen Menschen eine Struktur zu geben und – vor allem im Verkauf – Rollen festzulegen. Eine Begrüßung ist selbstverständlich auch ein Zeichen der Wertschätzung. Gerade Verkäufer können ein Lied davon singen, wie es sich oft anfühlt, eine Art unsichtbare Unperson zu sein. Umgekehrt schützt eine selbstbewusste Begrüßung davor, selbst ignoriert zu werden.

Die Begrüßungsphase beginnt mit der Distanz, aus der sich der Kunde soweit genähert hat, dass ein Augenkontakt aufgebaut werden kann, und endet in dem Moment, in dem sich der Kunde begrüßt fühlt. Die Begrüßungsphase ist entscheidend, um einen angenehmen Gesprächseinstieg zu schaffen. Bleiben Sie bei der Begrüßung stehen, damit Ihr Kunde entscheidet, wie nah er rankommt – eines der wichtigsten Dinge, die Sie bei einer Begrüßung machen können. Bleiben Sie stehen und lassen Sie den Kunden den letzten Schritt machen, damit er für sich entscheidet, wie nah er sich bei Ihnen wohl fühlt. Lassen Sie den Kunden die Distanz bestimmen.

Seien Sie aufgeschlossen und betrachten Sie jeden Kunden in einem neuen Licht. Jeder Kunde, den Sie treffen, ist wie ein unbeschriebenes Blatt mit einer ganz eigenen psychologischen Beschaffenheit, die Sie sorgfältig erkennen müssen und nicht kategorisieren dürfen. Das, was Ihr Kunde denkt und empfindet auf ein einziges Logo zu reduzieren, bedeutet immer, dass alle Einzelteile seines tatsächlichen Denkens und Charakters beschädigt werden. Wenn Sie diese Vereinfachung vermeiden, werden Sie positiv überrascht sein von dem, was Sie entdecken! In einem Verhandlungsgespräch rechne ich damit, dass mein Gegenüber zu Anfang nervös ist. Diese Nervosität legt sich mit der Zeit. Wenn mein Gegenüber, nachdem ein bestimmtes Thema angesprochen wurde, aber wieder unruhig wird, dann muss ich mich fragen, auf welche Ursache diese plötzliche Verhaltensänderung zurückzuführen ist. Sie können sich sicher sein, dass Sie sonst Ihr Angebot aus einer Position der Schwäche heraus unterbreiten werden.

Wenn wir verkaufen, brauchen wir den Kunden in einem entspannten Zustand mit dem beschriebenen hormonellen Cocktail. Das bedeutet, dass Sie bei der Begrüßung Ihren Kopf leicht nach links oder rechts neigen müssen, wenn Sie dem Kunden zuhören. Dies suggeriert unbewusst das Signal der kooperativen und zustimmenden Haltung. Es fördert das Sicherheitsgefühl des Kunden und verringert gleichzeitig jeden konfrontativen Aspekt des Gespräches.

Bei der Begrüßung ist das Festmachen der Referenzhaltung die wichtigste Phase im Verkaufsgespräch. Nur wenn man den Normalzustand kennt, ist man auch in der Lage, Abweichungen zu erkennen und zu identifizieren. Im Verkauf treffen wir oft auf jemanden, dem wir nur einmal begegnen. Sie sollten also stets versuchen, sich vom ersten Moment an sein ursprüngliches Verhalten einzuprägen. Nur so können Sie feststellen, ob er davon abweicht – was Ihnen wiederum wichtige Informationen liefern kann.

Wenn Sie einen Kunden zum ersten Mal sehen, ist die Beobachtung von Fuß- und Beinverhalten besonders wichtig. Denn darin zeigt sich, welche Haltung Ihr Kunde Ihnen gegenüber einnimmt. Bei der ersten Begegnung lehnen Sie sich am besten nach vorne, schütteln dem Kunden herzlich die Hand oder auch nicht (abhängig von den angemessenen kulturellen Normen in der Situation oder einer Pandemie in dem jeweiligen Ort), Stellen Sie Blickkontakt her, gehen Sie zurück und warten dann ab, was passiert.

Der erste Eindruck

Unser Gehirn verarbeitet Informationen ähnlich wie ein Computer – es nimmt fantastische Mengen an Daten auf und ordnet sie so an, dass sie für uns einen Sinn ergeben. Ein Computer kann nichts tun, wenn er kein Programm geladen hat, das die Struktur für die Lösung einer bestimmten Aufgabe vorgibt, und Sie müssen sich mit diesem Programm gut auskennen, weil es so entscheidend ist, dass Sie diesen Prozess zu hundert Prozent beherrschen, weil der Kunde Sie im Bruchteil einer Sekunde eingeordnet hat. Diese Schritte laufen bei uns in Windeseile ab. Das ist sehr wichtig für unser Verkaufsgespräch, weil es keinen großen Unterschied macht, ob man eine Person nur wenige Sekunden sieht oder ein halbstündiges Verkaufsgespräch mit ihr führt. Denn der erste Eindruck verändert sich in der Regel nicht signifikant. Das kann auch bedeuten, dass Sie mit Ihrem Kunden noch kein einziges Wort gewechselt haben und er trotzdem schon weiß, dass er bei Ihnen nicht kaufen wird. Das mag unfair wirken, denn dann ist auch völlig egal, ob Sie fachlich überragend sind. Das spielt keine Rolle mehr. Vergessen Sie bitte nie, wie irrational unser Gehirn in solchen Fällen arbeitet. Das limbische System wird entweder Gefahr oder Vertrauen melden. Es geht, körpersprachlich gesehen, nach wie vor um das Überleben der Art! Hat der Kunde mehr Zeit, um Sie einzuschätzen, ändert sich lediglich die Sicherheit, mit der er sein Urteil fällt. Und es heißt auch, dass der erste Eindruck bei vielen Käufern der gleiche ist. Ist ein Verkäufer jemandem auf Anhieb sympathisch, hat er auf andere wahrscheinlich die gleiche Wirkung. Wenn Sie das dem Zufall überlassen, läuft es meistens gegen Sie und Sie müssen viel Überzeugungsarbeit leisten, um seinem Urteil etwas entgegenzusetzen. Wir haben gar nicht die Wahl, ob wir jemanden sympathisch finden oder nicht, weil wir Emotionen als etwas erleben, das mit uns passiert; wir entscheiden uns nicht dafür.

Viele Kunden sind beeindruckt, weil ich Ihnen immer zuvorkomme und Ihre Wünsche ausspreche, ohne dass sie diese überhaupt verbalisiert haben. Ich wusste etwas, was ich eigentlich nicht hätte wissen können.

Kennen Sie folgende Situation? Sie treffen eine Person zum ersten Mal. Und noch während die Person auf Sie zugeht, noch bevor sie ein Wort sagt, ist sie Ihnen aus unerklärlichen Gründen sympathisch. Entsprechend offen reagieren Sie. Oder umgekehrt: Erstmals begegnen Sie einer Person und auf Anhieb ist sie Ihnen unsympathisch. Entsprechend reserviert oder kühl reagieren Sie. Bestimmt haben Sie das schon erlebt und sich gefragt: »Wie ist das möglich? Das ist doch völlig irrational!« Stimmt! Aber es geht Ihnen wie allen Menschen. Wenn wir jemanden erstmals treffen, entscheidet sich meist binnen weniger Sekunden, wie wir ihn finden. Der Begutachtungsprozess, wie wir unser Gegenüber wahrnehmen, läuft innerhalb von nur einer Zehntelsekunde ab. Wenn man bedenkt, dass neben der Optik auch Faktoren wie Duft, Händedruck, Blickkontakt, die Wortwahl sowie ein grobes Raster aus Kriterien wie Freund/Feind, bekannt/unbekannt, männlich/weiblich, alt/jung, attraktiv/unattraktiv, groß/klein, dick/dünn eine Rolle spielen, erscheint einem diese Zeitspanne als sehr gering. Eine Zehntelsekunde, in der alles richtig oder alles falsch gemacht werden kann. Dies belegt eine Studie der Carleton Universität in Kanada. Die Forscher wollten wissen, wie attraktiv bestimmte zufällig ausgewählte Webseiten empfunden werden. Einer Probandengruppe wurden die Webseiten weniger als eine halbe Sekunde lang gezeigt, etwa so lange wie ein Augenschlag dauert. Anschließend sollten sie die Attraktivität der Webseiten einstufen. Eine zweite Gruppe konnte die Webseiten so lange testen und betrachten, wie sie mochte. Das erstaunliche Ergebnis: die Übereinstimmung der Attraktivitätsurteile beider Gruppen war hoch. Es macht also keinen Unterschied, wie lange sich die Probanden mit einer Website beschäftigt hatten! Das Urteil war das Gleiche. Wie ist das möglich? Der Autopilot hat die Informationen sofort diskutiert, analysiert, bewertet und hat eine Entscheidung getroffen. In einem Zeitraum von einem Lidschlag! Mehr Analyse führt nicht unbedingt zu einer besseren Entscheidung. Und so ist es auch beim ersten Eindruck: unser erster Eindruck liegt bei der Beurteilung von Unbekannten meist richtig.

Im Dialog achten wir nicht so sehr auf die Argumente oder den Inhalt des Gespräches, sondern vielmehr auf das Wie. Ist der andere authentisch, natürlich oder gekünstelt? Schüchtern oder draufgängerisch? Offen oder eher verschlossen? Schon der Händedruck – ob kräftig, schlapp, nur mit den Fingerspitzen, weich, langanhaltend oder flüchtig, mit beiden Händen, schüttelnd, heranziehend, wegdrückend – bietet eine Fülle von Informationen. Deshalb ist die Begrüßung der wichtigste Prozess im Verkaufsablauf. Sie haben sicherlich schon einmal den Spruch gehört: »You never have a second chance to make a first impression – Es gibt keine zweite Chance für einen ersten Eindruck.« Aus evolutionärer Sicht ist das sinnvoll: Freund von Feind schnell und sicher unterscheiden zu können, kann schließlich in brenzligen Situationen über Leben und Tod entscheiden. Ich wiederhole: nur eine Zehntelsekunde braucht das Gehirn, um ein Urteil über einen Unbekannten zu fällen.

Was den ersten Eindruck und uns selbst betrifft, müssen wir uns mit einem anderen Maßstab messen. Unser Maßstab ist die objektive Realität. Das Problem ist, dass wir dazu neigen, den Zusammenhang zwischen einzelnen Aspekten einer Persönlichkeit falsch einzuschätzen. Wir nehmen scheinbare Korrelationen zwischen Variablen an, die tatsächlich aber nur zufällig gemeinsam auftreten. Bestimmte Verhaltensweisen oder Eigenschaften von Personen werden immer dann aufmerksamer wahrgenommen, wenn sie in unser grundsätzliches Bild von Menschen passen.

Grundsätzlich sehen die Menschen nicht so aus, wie sie sind, sondern wie sie auf uns wirken. Und diese Erscheinung ist normalerweise irreführend. Erstens haben wir gelernt, in sozialen Situationen eine Fassade zu präsentieren, die angemessen ist und positiv beurteilt wird. Wir scheinen den edelsten Zielen zugeneigt und stellen uns selbst als fleißig und gewissenhaft dar. Wir halten diese Maske für die Realität. Zweitens neigen wir dazu, dem Halo-Effekt zu erliegen: wenn wir an einer Person bestimmte positive oder negative Eigenschaften erkennen (Unsicherheit im Umgang mit Menschen oder Intelligenz), schließen wir auf andere positive oder negative Eigenschaften, die mit diesem Bild übereinstimmen. Wir behalten diese Meinungen gerne bei, auch wenn die Sachlage unser Bild keineswegs unterstützt. Prüfen Sie kritisch, wie Ihre Kunden Sie wahrnehmen. Wie wirken Sie? Wie wollen Sie rüberkommen? Welches Bild wollen Sie Ihnen vermitteln? Achten Sie auf Ihr Äußeres. Notfalls konzipieren Sie eine Figur, die ausschließlich diesem Bild entspricht und lernen Sie sie durch ständiges Training authentisch zu verkörpern. Mit den hier erwähnten Mitteln lässt sich viel erreichen. Gestalten Sie den ersten Eindruck gezielt. Trainieren Sie Ihr Verifizierungssystem.

Sozialer Status

Aus meiner Erfahrung weiß ich inzwischen, dass vor allem zwei Dinge wichtig sind, wenn wir das erste Mal einem Verkäufer gegenüberstehen: Vorrang vor allem anderen hat die Einschätzung, ob mein Gegenüber glaubwürdig und sympathisch oder aber aggressiv und hinterhältig ist. Sympathie, Überzeugungskraft und Glaubwürdigkeit entstehen maßgeblich aus der Körpersprache und dem Erscheinungsbild.

Bei der Begrüßung achte ich auf das Händeschütteln, aber auch auf die Beschaffenheit der Hände des Kunden. Ist die Hand glatt oder rau? Gepflegte Hände lassen auf einen Beruf in einer Kanzlei oder Agentur schließen. Wenn diese noch manikürt sind, können Sie Handwerker ausschließen. Dennoch kann es sein, dass Sie raue Stellen bei Ihrer Zielgruppe feststellen. Dann können Sie davon ausgehen, dass Ihr Kunde ein handwerkliches Hobby hat oder eine Sportart ausübt wie Golf oder Angeln. Grundsätzlich: wenn man die Hände der Kunden ansieht, ist es manchmal möglich, zu erraten, welchen beruflichen Tätigkeiten oder anderen Beschäftigungen sie nachgehen. Die Hände eines Menschen, der körperliche Arbeit verrichtet, sehen häufig rau aus, haben Hornhaut und Schwielen. Eventuelle Narben können auf die

Arbeit in einem landwirtschaftlichen Betrieb hinweisen. Jemand, der seine Hände in die Hüften stemmt, hat vielleicht früher einmal bei Militär gedient. Und Gitarristen weisen zum Beispiel an den Fingerkuppen der linken Hand Hornhaut auf. Jemand, der handwerklich viel arbeitet, ist wahrscheinlich von seinem Charakter her praktischer veranlagt, setzt die Dinge schneller um als jemand, der ein Schriftgelehrter ist oder jemand, der künstlerisch veranlagt ist. Diese Menschen neigen eher dazu, die Dinge mehrfach zu überdenken und vielleicht gar nicht wirklich ins Handeln zu kommen. Diese Menschen haben meistens sehr lange und feine Finger und man sieht ihnen an, dass sie eher nachdenken als anpacken. Es gibt auch eine Mischform. Je kräftiger beispielsweise ein Daumen ist, desto mehr packt derjenige auch im buchstäblichen Sinne an. An der Nageldiagnostik können Sie erkennen, ob derjenige gewisse Vitamine braucht oder nicht. Wenn jemand weiße Flecken auf den Fingernägeln hat, leidet diese Person unter Kalziummangel. Darüber hinaus kann man von den Händen auch ablesen, wie sehr wir uns um uns selbst kümmern und was wir von sozialen Konventionen halten. Hände können gepflegt oder ungepflegt sein. Fingernägel können maniküt sein oder abgekaut. Lange Nägel wirken bei Männern eigenartig und Nägelkauen wird typischerweise als Zeichen von Nervosität oder Unsicherheit gedeutet. Ein aufmerksamer Blick auf die Arme eines Kunden kann ebenfalls viel über dessen Leben verraten. Die glatten, gepflegten, ellbogenverwöhnten Wohlstandsmenschen unterscheiden sich deutlich von jenen, die von der täglichen Arbeit gekennzeichnet, sonnengegerbt oder gar vernarbt sind. Eine gelbe Hand kann Ihnen Hinweise auf Krankheitsbilder geben (Leber- oder Gallenprobleme). In diesem Fall ist Ihr Kunde leicht reizbar. Blasse Hände lassen auf Blutarmut schließen und folglich auf Müdigkeit und Trägheit. Das bedeutet, dass Ihr Kunde nicht ausreichend konzentriert für ein langes Verkaufsgespräch ist. Kunden mit roten Händen sind oft starke Macher und Entscheider. Rote Hände können auch auftreten, wenn man vom Kalten ins Warme kommt.

Kleidung

Neben der Körpersprache zeigt auch die Kleidung eine machtvolle Wirkung.

Bei dem Thema Kleidung und Mode ist historisch interessant, dass sehr lange Einheitskleidung getragen wurde. Denken Sie an die Mao-Uniformen. Die Mode war bis Ende des 18. Jahrhunderts kein Ausdruck der Individualität, sondern signalisierte Klassenzugehörigkeit und Standeszugehörigkeit. Alle Bauern sahen gleich aus, alle Handwerker sahen gleich aus und das Bürgertum unterschied sich in der Frage, ob man Kniebundhosen trägt oder nicht. Heute hat man ein unglaubliches Warenangebot und somit eine unendliche Auswahl. Der Sinn der Mode ist im Wortsinn, dass sie Angebote an den Mainstream macht, denen möglichst viele folgen sollen. Mit der Mode gehen. Eine Louis-Vuitton-Tasche ist also nicht Ausdruck von Individualität, sondern ein teures Massenprodukt. Die Leute kaufen es, um gleich auszusehen. Und innerhalb des Gleichaussehens geht es dann um Nuancen in der Kombination. Es geht also in der Mode nicht um den Ausdruck von Individualität. Vielmehr steht Mode nach wie vor für ein gewisses Statusbewusstsein. Die Menschen in Golfclubs sind alle ähnlich gekleidet. In Düsseldorf haben die höheren Töchter aus Oberkassel alle die gleichen Uhren, die gleichen Schuhmarken, die gleichen Taschen. Das ist eine totale Uniformierung, die durch den Status bedingt ist. Die Statuszugehörigkeit auszudrücken und mit einer kleinen individuellen Nuance zu versehen ist sozusagen die Königsdisziplin. Danach strebt man: dazuzugehören und sich trotzdem zu unterscheiden. Jedenfalls sind Kleidung und Mode so stark in unsere Kultur implementiert, dass wir nach dem Aussehen beurteilen. Weil wir zuerst den visuellen Eindruck wahrnehmen, zählt das, was wir sehen, und wenn uns das nicht gefällt, ist schnell ein Urteil gefällt. So wie Sie sich anziehen, so wirken Sie auf andere. Unser Gehirn muss bewerten. Wenn wir jemanden nicht einordnen können, fällt die Meinung meist zu Lasten unseres Gegenübers aus. Einstein hat schon gesagt, dass die Oberfläche wichtig ist, weil sie das Einzige ist, was man sieht. Ich kann Ihnen eindringlich dazu raten, nicht nur nach der Kleidung zu urteilen. Stellen Sie sich vor, Pablo Picasso wäre zu Ihnen als Kunde gekommen. Seine Kleidung war immer sehr lässig und hatte auch mal Farbflecken. Wirkt Ihr Kunde eher ungepflegt oder ist nachlässig gekleidet, tun Sie am besten so, als hätte Ihr Gegenüber alles Geld der Welt, um danach seine Kreditlinie genau zu prüfen. Auch wenn Sie sich als Verkäufer nicht von der Kleidung eines Kunden beeinflussen lassen sollten, ist eins aber sehr klar: Andere werden Sie, ob Sie es wollen oder nicht, nach Ihrer Kleidung beurteilen. Es ist unmöglich, diesen Aspekt zu ignorieren. Die Art, wie wir uns kleiden, symbolisiert, wer wir sind, und viele Menschen akzeptieren diese Tatsache, ohne weiter nachzufragen. Überlegen Sie einmal, wie viele Diebe das für sich entdeckt haben. Wenn wir keine Widersprüchlichkeiten ausstrahlen, dann signalisiert unsere Kleidung sehr oft unserem Gegenüber, wer wir sind. Daher ist die

Kleidung ein wichtiger Teil des firmenkulturellen Angleichens. Ich möchte betonen, dass elegante Kleidung, die dem Anlass oder der Situation nicht angepasst ist, den Kontakt ebenso abbrechen lassen kann wie konforme Kleidung.

Aber wie soll man sich kleiden? Es kommt auf die Gelegenheit an. Versuchen Sie sich vorzustellen, Sie möchten mit Arbeitern am Fließband Kontakt aufnehmen. Jetzt stehen Sie vor ihnen und tragen einen Designeranzug, helles Hemd, schicke Krawatte, feine italienische Schuhe und haben einen ledernen Aktenkoffer bei sich. Werden Sie an diesem Fließband Kontakt aufbauen können? Werden die Arbeiter Ihnen ihre Bedürfnisse, Sorgen und Vorstellungen anvertrauen? Eher nicht. Das heißt allerdings nicht, dass ich Ihnen empfehle, sich wie ein Arbeiter anzuziehen, wenn Sie als Manager versuchen, Kontakte herzustellen und Methoden zu entwickeln, um Arbeitsabläufe zu modernisieren. Das könnte nach hinten losgehen, da Sie unnatürlich und unauthentisch und somit unglaubwürdig rüberkommen könnten. Sie sollten sich entsprechend Ihrer Rolle und der Situation angemessen kleiden. Grundsätzlich sollten Sie sich einen Tick besser kleiden als Ihre Kunden und eine Stufe schlechter als Ihr Chef. Kleiderregeln sind in unserer Gesellschaft das A und O. Achten Sie darauf, dass der Anzug bei Ihnen richtig sitzt. Wenn jemand zu mir ins Verkaufsgespräch kommt, achte ich auf Einzelheiten und versuche, mir ein Bild von meinem Kunden zu machen. Hat er einen Anzug an oder trägt er Jeans mit Turnschuhen? Was mir sehr viel verrät, ist der Schmuck, den ein Kunde trägt. Was für ein Anhänger befindet sich an seiner Kette oder welche Ringe trägt er an welchen Fingern? Ist ein Ehering dabei?

Ringe können eine Menge Informationen liefern. Jeder Finger ist ein Symbol für Bedürfnisse. An welchem Finger wir einen Ring tragen, ist ein Hinweis auf das konkrete Bedürfnis, das wir haben. Eine signifikante Rolle spielt auch, an welcher Hand Ihr Kunde die Ringe trägt.

Es gibt Menschen, die alle Finger voller Ringe haben. Damit zeigen sie unbewusst, dass ihre Bedürfnisse in allen Bereichen nicht befriedigt sind. Kunden, die Ringe am Mittelfinger tragen, haben das Bedürfnis nach Individualität. Sie streben nach etwas, mit dem sie sich von anderen abheben können. Ein außerordentlich markanter Ring am Ringfinger lässt darauf schließen, dass diese Person wenig Zuneigung bekommt. Ringe am kleinen Finger zeigen das Bedürfnis nach Status und Geltung. Der Gesellschaftsfinger drückt aus, dass diese Person gesellschaftlichen Status sucht. An den Fingern zeigt Ihnen der Kunde, was ihm wichtig ist, ohne dass Sie nur ein einziges Wort mit ihm gesprochen haben. Vorsicht: achten Sie auf den Ehering. Er wird zwar am Ringfinger getragen, aber hier ist das vielmehr traditionell gemeint, als dass es ein Bedürfnis anspricht.

Welche Uhr trägt der Kunde? Eine Rolex? Ist es echt oder eine Fälschung? Das können Sie auch an seinem allgemeinen Erscheinungsbild erkennen. Jemand, der mehrere Tausend Euro für eine Uhr ausgibt, legt Wert auf seine Kleidung. Jemand, der billige Schuhe trägt – diese erkennen Sie am billigen Leder – oder dessen Schuhe schmutzig sind, trägt auch meist keine teure Uhr. Werfen Sie einen Blick auf seine Autoschlüssel. Welches Auto fährt er? Autos symbolisieren sehr oft, wer wir sind. Sie sind viel mehr als nur ein Transportmittel. Trägt er einen neuen Anzug oder einen mit ausgefransten Hosentaschen? Wenn eine Dame ihre Handtasche öffnet, sollten Sie einen unauffälligen Blick hineinwerfen. Hat sie einen Schnuller darin oder hochwertiges Make-up?

Bedarfsermittlung

Bei Ihren Verkaufsgesprächen verfügen Sie wahrscheinlich über eine Reihe von spezifischen Fragen, um festzustellen, ob Sie mit dem richtigen Interessenten sprechen und welche Kaufbedürfnisse der potenzielle Kunde haben könnte. Normalerweise geht es um das wer, was, wo, wann, warum und wie.

Wir wissen, dass die Gemütslage des Kunden entscheidend ist für den Kauf unseres Produktes. Wie wir ebenfalls wissen, reagieren wir auf Ereignisse in erster Linie gefühlsmäßig. Die Gefühle, die diese Zustände hervorrufen, können wir während eines Verkaufsgesprächs ganz bewusst und gezielt anregen. Um den Kunden als Menschen kennenzulernen – und damit meine ich nicht, ihn als Freund gewinnen zu wollen –, müssen wir genau wissen, was ihm fehlt. Was treibt ihn an? Welches Grundbedürfnis ist das führende und welches Wertesystem leitet ihn? Stellen Sie viele offene Fragen, um ihn zum Reden zu bringen. Lassen Sie ihn sprechen. Lassen Sie ihn der Star der Show sein. So fällt es Ihnen leichter, seine Motivation zu erkennen. Es lohnt sich, seine Meinungen und Werte zu verstehen, indem wir normativ zuhören. Eine solche Aufmerksamkeit ist in dieser Welt so selten und die Menschen sehnen sich so sehr danach, dass sie bei einer derartigen Validierung ihr Schutzschild senken und ihren Geist für die Ideen öffnen werden, die Sie ihnen nahebringen wollen. Ihr erster Zug ist daher, einen Schritt zurückzutreten und im Verhältnis zum Kunden eine unterlegene Position einzunehmen. Versuchen Sie die Absichten Ihres Kunden zu identifizieren. Hinter jeder Intention steckt fast immer eine Emotion, und jenseits des Gesagten stimmen Sie sich auf das ein, was der Kunde wirklich will – seine Ziele, die sich auch körperlich bemerkbar machen, wenn Sie darauf achten. Statt sich nur auf seine Worte zu fokussieren, die vielleicht Interesse und Begeisterung signalisieren, sollten Sie sich auf seine allgemeine Stimmung konzentrieren, die Sie im Folgenden aufgreifen:

- Wie genau hört er zu?
- Stellt er regelmäßig Blickkontakt her?
- Welche Ebene des Zuhörens übt der Kunde bei Ihnen aus?
- Haben Sie den Eindruck, dass er in sich versunken ist, obwohl er Ihnen zuhört?

Wenn Sie ihn verstehen, haben Sie immer das Zepter in der Hand. Um herauszufinden, wie es um seine Stimmung bestellt ist, müssen Sie kommunizieren. Vermeiden Sie jedoch Wiederholungsfragen. Wenn Sie sich das alles nicht merken können, was der Kunde Ihnen mitgeteilt hat, machen Sie sich Notizen. Es ist wichtig, sich dann später auf diese Notizen zu beziehen, um sich wieder daran zu erinnern, welche Fragen Sie schon gestellt haben und was der Kunde bezüglich seiner Bedürfnisse bereits gesagt hat. Es passiert leicht, besonders wenn man nervös ist, dass man eine Frage wiederholt, einfach weil man vergessen hat, ob man sie schon einmal gestellt hat. Bitte vergessen Sie nicht, den Kunden um Erlaubnis zu bitten, Notizen machen zu dürfen, bevor Sie das Gespräch mit ihm beginnen. Manche Menschen werden nervös, wenn das, was sie sagen, mitgeschrieben wird; wahrscheinlich sehen sie sich dabei im Geiste bei einer Vernehmung im Gerichtssaal schmoren.

Der Spitzenverkäufer fragt erst einmal, anstatt den Kunden mit Informationen zu überschütten. Sobald Sie Ihren Kunden dazu bringen, die richtigen Hormone auszuschütten, haben Sie ihn für den Verlauf des weiteren Gesprächs positiv gestimmt. Der große wirtschaftliche Erfolg, den Sie haben, hängt damit zusammen, dass die Kunden nicht nach dem Bedarf einkaufen, den sie tatsächlich haben, sondern nach dem, den Sie in ihnen wecken. Wir leben in einer Bedarfsweckungsgesellschaft und nicht in einer Bedarfsdeckungsgesellschaft. Und all das lässt Ihre eigene Ökonomie erblühen, wenn Sie es richtig machen. Hier ist Ihre eigene Körpersprache wichtig. Es ist nämlich unmöglich, ohne stimulierende Signale einen Bedarf zu wecken. Wenn Sie sich mit schlaffem Körper präsentieren und versuchen, etwas zu verkaufen, wird die unbewusste Wahrnehmung Ihres Kunden sein, dass von Ihnen nicht viel kommen wird. Wenn jemand ohne Körpersprache oder ohne Energie vor uns steht, werden wir, egal was diese Person uns anbietet, nicht darauf reagieren. Die besten Argumente werden nie ankommen, wenn sie ohne Spannung vorgetragen werden. Nur wenn der Körper wach ist, verspricht er eine Aktion oder ein Geschehen.

Wenn Sie Fragen stellen, wenden Sie das Verifizierungssystem an. Sie fragen und beobachten. Schauen Sie ihm während seiner Antwort in die Augen. Sie kennen die Augenzugangshinweise, die Ihnen verlässliche Hinweise darauf geben, wie Ihr Kunde Informationen abruft. Sie werden schnell feststellen, ob er dies visuell, auditiv oder kinästhetisch tut. Wenn Ihr Kunde beim Beantworten der Fragen immer nach oben schaut, ist er ein visueller Typ. Er ist jemand, der in Bildern denkt. Schaut er mittig, ist er ein auditiver Typ und nutzt primär seine tonalen Kanäle zur Sinneswahrnehmung. Schaut er nach unten, ist er ein Gefühlsmensch, der auf Emotionen anspricht.

Wenden Sie die Andock-Technik an. Dazu spiegeln Sie ihn während der Bedarfsermittlung:

- Gleichen Sie, während Sie Ihre Fragen stellen, Ihre Kopf- und Beinhaltung Ihrem Kunden an.

- Gleichen Sie die Sprache der Hände an.

- Übernehmen Sie Richtung und Geschwindigkeit der Bewegung.

- Passen Sie Stimmlage, Betonung, Lautstärke und Sprechgeschwindigkeit an.

- Übernehmen Sie den Atemrhythmus und den Ort der Atmung (Bauchatmung oder Brustatmung).

- Versetzen Sie sich in die Lage Ihres Gesprächspartners.

- Halten Sie Blickkontakt und vermeiden Sie andere Aktivitäten während der Kommunikation.

- Schweigen Sie während der Sprechphase Ihres Kunden und geben Sie Aufmerksamkeitssignale wie Nicken und nutzen Sie aktive Hinhörlaute wie »mmh«, »aha«, »ja«.

- Wenn Sie sprechen und Ihr Kunde Sie dauernd unterbricht, will er nicht, dass Sie sprechen, sondern er will, dass er spricht, sonst hört er Ihnen nicht mehr zu.

- Lassen Sie Ihren Gesprächspartner komplett aussprechen.

- Machen Sie sich Notizen.

Einfach zu deuten bei der Bedarfsermittlung ist der geneigte Kopf. Diese Geste sagt aus, dass der Kunde Interesse hat, eine Verbindung herstellt und Sie mag.

Produktpräsentation
Die Angst vor dem großen Publikum

Sollten Sie eine Verkaufspräsentation vor Publikum halten, empfehle ich Ihnen einen Standpunkt einzunehmen. Sie dürfen erst einmal nichts sagen. Stellen Sie sich aufrecht hin, gerader Stand, beide Schultern im klaren Winkel zum Publikum, nehmen Sie Blickkontakt auf und dann lächeln Sie. Das Lächeln darf kein unterwürfiges Lächeln, sondern muss ein aufrichtiges und freudiges Lächeln sein. Stellen Sie sich im Geiste etwas vor, was Sie zum Lächeln bringt denn das ist der entscheidende Faktor. Sobald Sie lächeln, sorgen Sie sowohl bei sich als auch bei den Zuhörern für eine gelöste Stimmung und Ihre Präsentation wird normalerweise zum Selbstläufer. Für einen unerfahrenen Verkäufer ist diese Herangehensweise im ersten Moment verständlicherweise eine dramatische Situation. Schließlich ist er nicht damit vertraut, dort zu stehen und einfach nur das Publikum anzuschauen. Eventuell halten Sie diesen Moment für eine peinliche Pause. Es ist genau andersherum, diese Pause hat eine spürbare Wirkung auf Ihr Publikum. Sie strahlen dadurch besondere Sicherheit aus.

Jeder, der vor einer großen Kulisse eine Rede halten durfte, kennt es: ein beschleunigter Herzschlag, angespannte Muskeln, Schweißausbrüche oder die schlaflose Nacht davor. All das sind Merkmale, die der Flucht vorausgehen. In unserem deutschsprachigen Kulturraum sind mehr als 75 Prozent der Menschen introvertiert. Wir lieben es nicht unbedingt, im Mittelpunkt zu stehen und die wenigsten von uns suchen die Öffentlichkeit. Im Gegenteil, wir sind zumeist froh, schnell wieder aus einer derartigen Situation entlassen zu werden. Lampenfieber ist eine Empfindung, die viele Verkäufer in solchen Situationen erfasst und überkommt. Man bereitet sich perfekt auf jenen Auftritt vor. Man geht am Morgen alles durch, ist im Thema und fühlt sich gut. Doch dann stehen wir panisch vor unserem Publikum und haben plötzlich eine zittrige Stimme, Übelkeit, Schweißausbrüche, Herzrasen, einen leeren Kopf und zitternde Knie. Das sind bekannte Begleiterscheinungen einer Rede vor Publikum: Die meisten Menschen haben gefühlt mehr Angst davor, öffentlich zu präsentieren oder vor einem Publikum eine Rede halten zu müssen als vor dem Tod. In einer Statistik von Statista.com über die größten Ängste der Deutschen war die öffentliche Rede in einer Top-Ten-Aufstellung mit 41 Prozent unangefochten auf Platz eins. Gefolgt von großen Höhen, Geldmangel, tiefem Wasser, Ungeziefer und Krankheit/Tod.

Lampenfieber basiert auf drei Säulen:

- Unseren Gefühlen

- Unseren Gedanken, die leider dann, wenn wir konzentriert sein sollten, eher ungeordnet umherschwirren

- Körperlichen Signalen

Gerade der Umstand, dass wir eine Präsentation vor einem hochkarätigen oder fremden Publikum halten müssen, kann dieses Lampenfieber auslösen. In meinen Trainings habe ich schon sehr oft erlebt, wie Teilnehmer bei der Vorbereitung völlig entspannt waren, bis sie vor den anderen Seminarteilnehmern standen. Sobald sie aufstanden, vor die Versammlung traten und ihren ersten Beitrag vor einem fremden Publikum hielten, waren die ersten Nervositätserscheinungen sichtbar. Bei einigen Teilnehmern ging es sogar bis zu großer Übelkeit und zum Blackout. Ich beobachte immer wieder beschleunigten Puls und Atmung, schwitzende Hände und – nicht selten bei Frauen – eine auffallende Rötung der Haut in der Halsgegend sowie ein überhöhter Schluckreflex. Am schlimmsten ist es aber, wenn die Muskeln verkrampfen, was zu einer aufgesetzten, wenig authentischen Körpersprache führt, wenn man diesen inneren Kampf zu beherrschen versucht, was sich oft in einer schwachen, zittrigen Stimme bemerkbar macht. Das sind alles klassische Lampenfieber-Symptome. Diese Angst, die dahintersteckt, ist nichts weiter als die Angst, sich vor seinen Zuhörern zu blamieren. Es ist die Angst davor, dass dem Publikum unsere Unsicherheit auffällt. Es ist diese Urangst, von anderen schlecht bewertet zu werden.

Natürlich ist die Art, wie wir Nervosität empfinden, völlig unterschiedlich. Wir verspüren nicht alle die gleichen Symptome in der gleichen Ausprägung. Wie wir wissen, ist die Spezies Mensch ein so komplexes psychologisches Konstrukt, dass sich bei jeder Person verschiedene Kennzeichen ausbilden. Sie sind evolutionär geprägt. Die Angstreaktion, die wir bei der Nervosität spüren, stammt aus der früheren Zeit der Menschheitsgeschichte, in der unsere Vorfahren ihr Leben durch Kampf beziehungsweise Flucht sichern mussten. Im Übrigen sind auch Durchfall und Übelkeit evolutionäre Reflexe. Bei drohender Gefahr leerten unsere Vorfahren den Darm, um durch eine leichtere Flucht ihr Überleben zu sichern. Aber ein Verkaufsvortrag ist in der zivilisierten Welt kein lebensbedrohlicher Moment. Das müssen wir uns immer wieder vergegenwärtigen. Aus den beschriebenen Gründen kann es sich jedoch durchaus um eine unangenehme Situation handeln, in der wir uns unsicher fühlen und aus der wir gerne fliehen möchten. Diese Angst ist jedoch unbegründet und ein evolutionäres Erbe, das wir leicht abschütteln können.

Lampenfieber kontrollieren und überwinden

Das Allerwichtigste bei Nervosität ist die Atmung. Atmen Sie tief aus. Keine Sorge, denn das Einatmen machen Sie dann schon automatisch und die Lungen füllen sich reichlich mit dem benötigten Sauerstoff. Beginnen Sie erst nach der Pause mit Ihrem Einstieg. Das Überwinden Ihrer Angst ist etwas, woran Sie während des gesamten Präsentationsprozesses arbeiten können. Manche Leute werden schon nervös, wenn sie nur daran denken. Wenn Sie vor einer größeren Kundengruppe präsentieren müssen und ein stärkeres Lampenfieber haben (aus welchen Gründen auch immer), stellen Sie sich aufrecht hin und rollen mit den beiden Füßen von der Ferse bis zu den Fußspitzen von hinten nach vorne und wieder zurück. Dies machen Sie eine gewisse Zeit lang, um den Puls in einen ordentlichen Takt zu bekommen. Denn durch dieses Rollen sinkt Ihr Puls merklich ab. Woran liegt das? An den Füßen kommen besonders viele Nervenenden zusammen. Wenn Sie diese Stellen auf diese Weise in langsamem Tempo stimulieren, hat das beruhigende Auswirkungen auf Ihren Körper und den Puls: Ihr Lampenfieber sinkt. Das ist wichtig, denn Unsicherheiten werden unbewusst mit dem Produkt assoziiert. Ein weiterer Tipp, um das Lampenfieber zu überwinden, ist ein Papierknäuel. Reißen Sie ein Stück Papier aus einem Blatt heraus und falten Sie das Ganze zu einer Papierkugel. Die Kugel sorgt dafür, dass Nervosität überfließt. Sie können die Kugel in der einen Hand halten, mit der Sie gestikulieren oder Sie halten sie in der neutralen Hand.

Wenn Sie Ihre Ausführungen mit der Geste beendet haben, halten Sie die Kugel am besten mit beiden Händen. Die Papierkugel fällt niemandem auf und gleichzeitig hilft sie uns, die Hände im oberen Gestenbereich zu halten.

Auf jedes Grundbedürfnis eingehen

Nachdem Sie herausgefunden haben, welche Motivation den Kunden am meisten antreibt, müssen Sie folglich auch in der Lage sein, auf jedes Grundbedürfnis einzugehen und ihn mit diesen Informationen in Hochstimmung zu bringen. Infolgedessen haben wir gelernt, ihn in bestimmte Gefühlszustände zu versetzen und wenn seine Emotionen ihren Höhepunkt erreicht haben, wenn die Empfindungen am intensivsten sind, bringen wir solange unser Produkt ins Spiel, bis er diese automatisch mit dem gewünschten Gefühl verbindet. Dies funktioniert am besten, wenn wir die Sprachmuster nutzen, die an seine Grundbedürfnisse appellieren. Welche Wörter hat er in der Bedarfsermittlung häufig benutzt? Was war genau die Wortbedeutung? Waren es visuelle Wörter? Von einem Kunden, der mit einem gerade gerichteten unbeweglichen Kopf geht, nehme ich an, dass er höchstwahrscheinlich zielstrebig ist. Wahrscheinlich ist es so. Ihm jedoch drei verschiedene Ziele zu nennen, wäre sicherlich falsch, da er jeweils nur ein Ziel verfolgen kann und nicht verschiedene gleichzeitig. Sobald ich seine Denkhaltung erkenne, werde ich ihm zuerst Angebot A, dann B und schließlich C unterbreiten, ohne eine weitere Auswahl zu präsentieren. Ein Kunde, der ein Ziel konsequent verfolgt, ist wie eine Lokomotive. Er braucht einen Fahrplan und hat unterwegs keine Zeit für Unvorhergesehenes. Vor Antritt der Reise können wir Haltestationen einbauen; ist der Prozess jedoch in Gang gesetzt, wird erwartet, dass der Plan eingehalten wird. Alles, was rechts und links am Wegesrand liegt, bedeutet Ablenkung und wird oft gar nicht wahrgenommen. Dies kann beispielsweise folgendermaßen aussehen:

Individualität

Beziehen Sie sich auf den Markennamen des angebotenen Produktes. Dieser Kunde definiert sich über Marken. Mit dem Kauf dieses besonderen Produkts steigert er sein Selbstwertgefühl, weil er sich soziale Anerkennung erhofft.

Liebe

Bauen Sie eine authentische Atmosphäre auf, durch die Sie dem Kunden Ihre Glaubwürdigkeit vermitteln. Beim nach Liebe strebenden Kunden nehmen Sie deshalb eine zentrale Rolle ein. Sie werden zum Mittelpunkt der Kaufentscheidung. Der Kunde soll das Vertrauen gewinnen, bei seiner Entscheidung professionell begleitet zu werden.

Sicherheit

Stellen Sie beispielsweise detailliert und genau erklärend die Lebensdauer des Produktes oder die angebotene Garantieleistung in den Vordergrund. Der Kunde sollte sich mit dem Produkt wohl fühlen und ein Gefühl der Sicherheit haben.

Denken Sie daran, dass nicht nur Ihr Produkt das Grundbedürfnis des Kunden befriedigt, sondern auch die Art, wie er kommunizieren will. Das hängt stark miteinander zusammen.

Sinne schärfen

Wichtig ist, dass Sie die Fähigkeit besitzen, auf jede Grundmotivation die passende Antwort zu haben. Das funktioniert nur durch regelmäßige Übung und erstklassige Warenkenntnisse. Davon gehe ich aus, dass Sie so professionell sind. Handelt es sich um einen Stammkunden, können Sie beispielsweise im Kundenverwaltungssystem Ihres Unternehmens vermerken, welche Motivation den Kunden am meisten angetrieben hat. Beachten Sie jedoch, dass sich Motivationen ändern könnten. Zuallererst sollten wir also unsere Sinne schärfen für das Konstrukt der Körpersprache bei der Produktpräsentation.

Denn wie wichtig unsere Sinneswahrnehmungen dabei sind, können wir anhand eines Beispiels auf biologischer Ebene sehen. Wenn wir Hunger haben, müssen unsere Sinneswahrnehmungen uns verlässliche Informationen über das Sehen oder Riechen geben, ob etwas essbar ist oder nicht. Sieht es gut aus? Riecht es gut? Dann gehen wir davon aus, dass es essbar ist. Wenn wir diese Informationen nicht erhalten, werden wir nichts Essbares finden und unser Grundbedürfnis kann nicht gestillt werden. Motivationen ändern sich; das Grundbedürfnis ändert sich nie.

Deshalb nutzen Sie alle Sinne in Ihrer Präsentation. Einer Studie zufolge bewerten Kunden den Wert eines Produktes um 300 Prozent besser, wenn sie es sehen, anfassen und ausprobieren können. Drei Sinneswahrnehmungen fließen in die Betrachtung ein. Je mehr Sinne involviert sind, desto wertvoller wird das Produkt erscheinen.

Abhängig von der Tätigkeit, die wir gerade verrichten, ist mal der eine Sinn stärker aktiv, mal der andere. Aus diesem Grund ist die körpersprachliche Einbindung des Kunden als Wertschöpfungsfaktor so wichtig. Der Kunde wird mit Ihrem Produkt seine eigene Wirklichkeit kreieren, die nichts mit der objektiven Realität zu tun haben muss. Denn was wir sehen und hören oder ertasten und erfühlen, was wir riechen und schmecken, ist nur ein kleiner Bruchteil dessen, was tatsächlich existiert. Unser bewusstes Wirklichkeitsmodell ist eine niedrigdimensionale Projektion der unvorstellbar reicheren und gehaltvolleren physikalischen Wirklichkeit, die uns umgibt und uns trägt. Aus diesem Grund ist der kontinuierlich ablaufende Vorgang des bewussten Erlebens weniger ein Abbild der Wirklichkeit als vielmehr ein Tunnel durch die Wirklichkeit. Die Grenzen unserer Sinneserlebnisse und die Vorstellungen, die wir aufgrund unserer Erfahrungen machen können, bestimmen die Grenzen unserer Welt. Wir nehmen nur bestimmte Kontraste wahr, andere hingegen nicht. Wir sehen nur manche Ähnlichkeiten, andere nicht. Und was wir nicht wahrnehmen, was uns nicht nah geht, geht uns nicht an. Wir sehen kein ultraviolettes Licht wie viele Vögel und Insekten. Und wir spüren auch keine elektromagnetischen Schwingungen im Wasser wie Haie oder Wale. Unsere Sinne und unser Gehirn selektieren gnadenlos aus, was wir aufnehmen und was draußen bleibt. Und nur mithilfe solcher Hochleistungsfilter können wir uns den Weg durch die Welt bahnen. Hätten wir unsere Sinneswahrnehmungen nicht, würde uns die Reizüberflutung hilflos und orientierungslos machen, und damit entscheidungsunfähig. Den Sinn, den die Dinge, die Worte und Handlungen für uns haben, haben sie nicht von sich aus, sondern wir interpretieren ihn in sie hinein. Unser ganzes Leben besteht aus solchen Interpretationen, die mit unseren Zuständen zu tun haben. So nehmen wir etwas mit Freude, mit Gleichgültigkeit, mit Bedauern, mit Interesse, mit Wut oder mit Liebe anders wahr. Wir haben nie die Chance, die Dinge ganz und gar zu erfassen, weil wir permanent alles durch den Filter unserer Bedürfnisse betrachten. Sie sind unsere Antriebskraft. Unser Zustand formt die Bedeutung, die Gefühle und letztendlich die Handlungen – emotional und physisch. Je mehr Sinne involviert sind, desto besser der Zustand.

Unterscheidung zwischen Empfindung und Wahrnehmung

Es ist allerdings wichtig, zwischen Empfindungen und Wahrnehmungen zu unterscheiden, wobei Letztere als Interpretationen von Empfindungen zu charakterisieren sind. Dieser Unterschied zwischen Empfindung und Wahrnehmung lässt sich an einem alltäglichen Geschehen verdeutlichen. Nehmen wir an, Sie fahren im

Auto eine Straße entlang und sehen in der Ferne irgendetwas, das sich bewegt. Das sich bewegende Etwas ist eine visuelle Empfindung. Wenn Sie nun die Geschwindigkeit verringern, weil Sie glauben, dass es sich um ein Tier handelt, das die Straße überquert, dann haben Sie Ihre Empfindung so interpretiert, dass daraus eine Wahrnehmung wurde – Sie haben ein Tier auf der Straße wahrgenommen. Es mag sich herausstellen, dass Ihre Wahrnehmung falsch war: beim Näherkommen entdecken Sie, dass es sich nur um eine Plastiktüte gehandelt hat, die über die Straße geweht wurde. Empfindungen dagegen können nicht falsch oder richtig sein; sie sind nur die von den Sinnesorganen gelieferten Rohdaten, auf denen Wahrnehmungsurteile basieren. Das bedeutet jedoch nicht, dass Empfindungen die absolut korrekte Widerspiegelung der Außenwelt sind. Äußere Reize und innere Empfindungen unterscheiden sich sehr oft. So mögen uns zum Beispiel zwei Töne, die sich in der Tonhöhe minimal unterscheiden, als ein und derselbe Ton vorkommen. Das bedeutet, dass wir diese Töne als identisch wahrnehmen, denn unser Gehör ist nicht sensibel genug, um den kleinen Unterschied zu erfassen.

Die Auflösungsfähigkeit unserer Sinne, also die kleinste Differenz zwischen zwei Reizen, die noch entdeckt werden kann, war Thema der Forschungsarbeit von Ernst Weber, dem Begründer der experimentellen Psychologie und der Psychophysik. Auf ihn geht das Weber-Fechner-Gesetz zurück. Seine Methode bestand darin, seine Versuchspersonen darum zu bitten, zwei Reize miteinander zu vergleichen. Er ließ zum Beispiel eine Versuchsperson ein Gewicht von 100 Gramm in die eine Hand nehmen und ein Gewicht von 101 Gramm in die andere Hand. Dann sollte sie angeben, ob die beiden Gewichte identisch seien. Antwortete die Versuchsperson mit »Ja« (und in der Regel war es so), dann ließ Weber sie das Standardgewicht weiter in der einen Hand halten, und in die andere wurde ihr ein Gewicht von 102 Gramm gelegt. Wieder wurde sie gefragt, ob die beiden Gewichte gleich schwer seien. Dieses Verfahren wurde wiederholt, wobei das Vergleichsgewicht jedes Mal ein wenig erhöht wurde, bis die Versuchsperson angab, dass sie zwischen den beiden Gewichten einen Unterschied wahrnahm. Wenn das 100-Gramm-Gewicht als Standardgröße diente, stellte Weber fest, dass die Versuchsperson ein Vergleichsgewicht von 102 Gramm benötigte, um einen Unterschied zwischen beiden erfassen zu können. Hielten sie jedoch ein 200-Gramm-Gewicht in der einen Hand, konnten sie es in der Schwere nicht von einem 202-Gramm-Gewicht in der anderen unterscheiden. Das Vergleichsgewicht musste mindestens 204

Gramm schwer sein, um eine unterschiedliche Empfindung hervorzurufen. Bei einem 400-Gramm-Standardgewicht mussten es 408 Gramm im Vergleichsgewicht sein. Um eine Unterscheidung in der Schwere der Empfindung hervorzurufen, musste das Vergleichsgewicht im selben Maße steigen, wie das Standardgewicht schwerer wurde. Das allein ist noch nicht sonderlich überraschend. Bei jedem unserer fünf Sinne wird die Bedeutung eines bestimmten Reizniveaus durch den Hintergrund bestimmt, vor dem die Empfindung stattfindet. Webers Vergleichsverfahren ist natürlich nicht nur auf Gewichte anwendbar. Die Fähigkeit, zwischen der Helligkeit zweier Lichtquellen, der Lautstärke zweier Klänge, der Temperatur zweier Wasserproben, ja selbst dem Geschmack zweier Salzlösungen zu unterscheiden, kann jeweils mehr oder weniger auf die gleiche Art getestet werden. Tatsächlich wandte Weber dieses Verfahren auf die unterschiedlichsten Sinnesempfindungen an und kam jedes Mal zu einem recht merkwürdigen Ergebnis. In einem dunklen Raum scheint das Anzünden eines Streichholzes ein sehr helles Licht hervorzurufen, während dieselbe Flamme bei Tageslicht nur marginal wahrgenommen wird. Ähnlich ist es bei Klängen: ein Geräusch, das uns nachts in einem stillen Zimmer aus dem Schlaf schreckt, mag uns im Geräuschpegel des Tages gar nicht auffallen.

Die physischen Eigenschaften Ihres Produktes, also alles, was der Kunde über seine Sinne wahrnehmen kann, aktivieren bei ihm unbewusst bestimmte Emotionen. Ohne sinnesspezifische Informationen können wir nur raten, wo wir am besten ansetzen, um Einfluss zu nehmen. Gehen wir noch einmal alle fünf Sinne durch:

* Sehen
* Hören
* Fühlen
* Schmecken
* Riechen

Sehen

Auf unserer Netzhaut entscheiden 120 Millionen Stäbchen über Hell und Dunkel. Sechs Millionen Zapfen ermöglichen es uns, in Farbe zu sehen. Wann immer wir ein Produkt sehen, aktiviert das im Gehirn genau die Hirnareale, die für den Umgang mit dem Produkt relevant sind, vom Aussehen bis zum Greifen. Die meisten Menschen lernen und verstehen am besten, wenn sie so viele Sinne wie möglich daran beteiligen; allerdings verfügen die meisten normalerweise über einen dominierenden Sinn (visuell, auditiv oder kinästhetisch – siehe Abschnitt »Mimik«). Manche lernen am besten, wenn sie mit geschlossenen Augen zuhören. Andere haben das starke Bedürfnis, Dinge anzufassen und zu befühlen. Die meisten Leute verstehen jedoch am besten, wenn sie Dinge ansehen. Sicher haben Sie schon einmal den Satz gehört »sehen heißt glauben«. Das rührt von dem Wunsch der meisten Leute her, einen sichtbaren Beweis für das haben zu wollen, was man ihnen erzählt oder gesagt hat. Nehmen Sie sich einen Moment Zeit, um sich den Unterschied klarzumachen, jemandem ein Produkt zu beschreiben oder ihm das Produkt sehen zu lassen, entweder in einer Abbildung oder sogar in einer realen Vorführung.

Hören

Im Innenohr befinden sich 20.000 Härchen, die Schallwellen in Impulse umwandeln, damit unser Gehirn sie als Geräusch wahrnehmen kann. Was das Hören mit unserem Zustand macht, haben wir ausreichend besprochen.

Fühlen

Fühlen oder Tasten ist etwas wie die Essenz des Gefühls. Um zu fühlen, muss man berühren. Berührungen bestimmen unser Denken, Fühlen und Sein. Sie verbinden uns mit unseren Mitmenschen. Es geht nicht nur um den Kontakt, sondern auch um die Nähe zu anderen, subtile Signale und alles, was nicht verbal ist, sondern was durch den Körper kommuniziert wird. Die Haut ist unser größtes Organ. Unser Tastsinn erschließt uns die Welt. Es ist eine Vergewisserungsstrategie. Nur dort, wo er berührt, ist der Mensch ganz Mensch. Im Mutterleib ist der Tastsinn der Sinn, der ausgebildet wird, noch bevor Seh- oder Hörsinn sich entwickeln. Dieser Sinn verleiht uns unser Selbstempfinden.

Zwei Billionen Nervenenden verarbeiten jede Berührung. Warme Reize, die unser Körper erfährt, kombinieren wir schon sehr früh mit positiven Gefühlen. Manchmal braucht es nur eine flüchtige Umarmung, die uns stunden- oder sogar tagelang positive Emotionen verschafft. Von Beginn unseres Lebens an verbinden wir mit Wärme starke Gefühle. Die dadurch entstandenen positiven Emotionen werden mit der warmen Mutterbrust assoziiert und beeinflussen die Wahrnehmung unserer Umwelt. Fühlen wir uns gut, scheinen wir auch warmherziger zu urteilen. Vor allem ist die Hand eines der wichtigsten Instrumente aktiver Wahrnehmung zwischen uns und der Außenwelt. Wir nehmen etwas mit den Augen wahr – das gibt uns ein Bild, und wir machen uns eine ungefähre Vorstellung. Das perspektivische Sehen erlaubt uns eine Schätzung von Größe und Entfernung. Doch genauere Informationen und reale Größenverhältnisse erhalten wir erst, wenn wir die Dinge, die in unserer Reichweite sind, berühren können. Wenn Sie die Wahrscheinlichkeit erhöhen wollen, dass Ihr Kunde bei der Präsentation präsent ist, können Sie dies einfach durch Berührungsreize herbeiführen. Die Biochemie seines Gehirns wird sich auf dramatische und positive Art und Weise verändern.

Randnotiz: Bei 34 Grad ist der Effekt am stärksten. Das entspricht der Temperatur unserer Fingerspitzen

Schmecken

Unsere Zunge kennt fünf verschiedene Geschmacksrichtungen. Wissenschaftler haben herausgefunden, dass die Geschmacksknospen auf der ganzen Zunge alle fünf Geschmacksrichtungen wahrnehmen können. Jede Geschmacksknospe besteht aus 50–150 einzelnen Sinneszellen, deren feine Haarfortsätze auf der Zungenoberfläche eine »Geschmackspore« bilden.

Überall auf der Zunge (außer in der Mitte) finden sich Geschmacksporen, die aus Sinneszellen bestehen. Sie sitzen auf Geschmacksknospen. Es gibt drei verschiedene Typen von Geschmacksknospen, die in unterschiedlichen Regionen der Zunge vorkommen.

Riechen

Zehn Millionen Riechzellen auf der Nasenschleimhaut können tausende Gerüche wahrnehmen und voneinander unterscheiden. Gute Gerüche bedeuten meistens gute Erinnerungen, weil in unserem Gehirn das Erinnerungszentrum und das Riechzentrum direkt nebeneinander liegen. Sie wirken unmittelbar auf das limbische System. Und Ereignisse, die mit starken Gefühlen verknüpft sind, bleiben sehr viel besser im Gedächtnis haften. Jeder hat schon einmal erlebt, wie Gerüche Erinnerungen zurückbringen.

Marketing-Experten haben nachgewiesen, dass der Einsatz von Düften die Umsätze steigern kann. Sei es Raumparfüm für Hotels, Düfte für die Bekleidungsindustrie oder einfach beruhigende Gerüche in Warenhäusern: Ein richtig eingesetzter Duft weckt Gefühle und steigert Umsätze. Diesen Effekt hatte der US-Neurowissenschaftler Alan Hirsch Mitte der 1990er-Jahre nachweisen können: er ließ ein Wochenende lang in einem Casino bei den Spielautomaten angenehme Düfte verströmen. Das Ergebnis war beeindruckend: mit Automaten, die in der Duftwolke waren, wurde im Schnitt 45 Prozent mehr Gewinn eingenommen als üblich.

Das Swiss-Hotel am Berliner Kurfürstendamm hat das Ganze in Perfektion umgesetzt. Sobald Sie das Hotel betreten, riecht es sauber, frisch und modern. Über die Klimaanlage wird das Hotel mit einem Designerduft versorgt, der den Corporate Smell repräsentieren soll (unsichtbares Logo), welcher nach Enzian, Edelhölzern und roter Pfefferbeere sowie schlanken hellen Hölzern duftet. Diese Kombination soll sowohl die Alpen als auch die »Schweizer Präzision« implizieren.

Sinneswahrnehmungen: Kombinationen von Mentalem und Physischem

Die billige Verpackung der Produkte oder eine hohe Lieblosigkeit im Umgang mit dem Produkt spiegelt eine Art und Weise, wie wir mit ihnen interagieren, und diese fällt auf uns zurück. Das sind keine toten Dinge, wir sind alle mit dem Produkt im Dialog.

Was heißt das nun für Sie? Da wir die Wechselwirkung von Mentalem und Körperlichem kennen, können wir das auch für uns nutzen. Produkte aktivieren mit ihren physischen Eigenschaften, ihrer Temperatur, Form, Oberflächenkonsistenz, Größe, Verpackung, ihren Geräuschen und so weiter automatisch auch eine dahinterliegende mentale Ebene im Gehirn. Wie aber funktioniert diese Übersetzung physischer Eigenschaften in mentale?

Die implizite Koppelung von physischen und mentalen Eigenschaften ist ein allgemeines Organisationsprinzip im Gehirn. Physische und soziale Distanz zum Beispiel werden im selben Hirnareal reguliert. Warum ist das so? Es ist effizient, denn so kann das Gehirn auf dasselbe Netzwerk zurückgreifen, egal, ob es sich um physische oder soziale beziehungsweise mentale Distanz handelt. Wäre das nicht so, müsste unser Gehirn alles doppelt verarbeiten und wäre weniger effizient. Die physische und die mentale Ebene werden daher nicht getrennt voneinander im Gehirn verarbeitet, sondern sie entsprechen sich auch neuronal. Die beiden Ebenen sind aus Effizienzgründen eng miteinander verbunden und es gibt keinerlei Spaltung zwischen ihnen. Sie werden durch dieselben neuronalen Netzwerke reguliert. Zusätzlich beeinflusst die Farbe von Pillen die physiologische Wirkung. So erhöhen rote, aber sonst wirkungslose Pillen den Blutdruck, blaue senken ihn.

Berücksichtigen Sie dies in Ihrer Präsentation: Wenn Sie etwas vortragen, heißt das noch nicht, dass Ihr Kunde es genauso wahrnimmt. Dazu kommen noch die Einschränkungen durch die Reize. Nutzen Sie daher Signale, die die Emotionen des Kunden beeinflussen. Diese können physische Eigenschaften Ihres Produkts sein, die der Kunde bewusst oder unbewusst wahrnimmt: Duft, Geräusche, Farben, Material und auch Ihre sprachliche Darstellung des Produktes. Das Wichtigste bei diesem Prozess ist es, Ihrem Kunden genau das zu zeigen, was er braucht, und vor allem, ihn mit einer angemessenen Präsentation emotional anzusprechen. Ausgehend von seinem erkannten Bedarf erstreckt sich seine Aufmerksamkeit nach der Präsentation des Produkts bis zu einem Punkt, an dem er kein Verlangen mehr danach verspürt. Das erkennen Sie daran, dass er ungeduldig wird, z. B. mit den Füßen wippt oder den Blickkontakt vermeidet. Folglich sollte Ihre Präsentation die maximale Länge von 18 Minuten nicht überschreiten. Die Zeitspanne gilt als ideale Dauer für unsere Aufmerksamkeit. Ihr Fokus ist in dieser Phase darauf ausgerichtet, eine emotionale Bindung des Kunden zum Produkt herzustellen. Das können Sie tun, indem Sie Blockaden vermeiden. Blockaden entstehen schnell, wenn unser rationales Denken das emotionale Befinden übertrifft. Das können Sie daran erkennen, dass Ihr Kunde sich mehr mit seiner rechten Körperseite bewegt, dass er auf seinem rechten Fuß steht oder mit seiner rechten Hand gestikuliert. Die meisten Gründe für das rationale Abwägen sind Fehler in der Produktpräsentation. Wenn der Verkäufer mehr als drei Produkte zur Wahl stellt, fangen die Kunden an zu überlegen und haben Schwierigkeiten, sich zu entscheiden.

Der Schlüssel ist und bleibt in dieser Verkaufsphase die Einführung eines auf den Kunden zugeschnittenen Präsentationsstils. Je stärker Sie als Verkäufer wahrgenommen werden, desto attraktiver wird Ihr Produkt. Das können Sie ganz einfach mit der Andock-Technik initiieren und mit Ihrer eigenen Physiologie nehmen Sie Einfluss auf Ihren Kunden. Mit dem Navigationssystem können Sie nachvollziehen, was der Kunde in jedem Stadium will.

Alles, was den Kunden nicht interessiert, blendet er aus. Dieses Ausblenden ist ein Signal für Desinteresse. Beeinflussen Sie Ihren Kunden, indem Sie ihn aktiv teilhaben lassen. Schauen Sie währenddessen Ihrem Kunden also nicht ins Gesicht, sondern beispielsweise auch auf die Hände und Füße. Sind diese beispielsweise schon nach außen gedreht, als wolle der andere sich im nächsten Moment abwenden? Hat er die Arme vor dem Oberkörper verschränkt, was eher Abgrenzung signalisiert, oder legt Ihr Gegenüber beim Stellen der A-Fragen interessiert den Kopf schräg, was dafürspricht, dass das, was Sie sagen oder anbieten, ihn auch emotional anspricht? Legt Ihr Gegenüber die Stirn in Falten, während Sie reden, haben Sie ein Thema getroffen, das ihm wichtig ist. Übrigens: ein sehr sicheres Indiz dafür, dass Sie bei Ihrem Kunden gut ankommen, sind vergrößerte Pupillen. Wenn Sie beide nicht gerade in einem abgedunkelten Raum miteinander sprechen, wo das Weiten der Pupillen rein physiologisch bedingt wäre, dürfen Sie dies als Zeichen echten Interesses werten.

Damit Sie den Rhythmus oder die Richtung Ihres Kunden beibehalten, müssen Sie konstant auf Kopfsignale und Interesse achten. Registrieren Sie Veränderungen in seinem Tonfall wie zum Beispiel »Oh, das ist ja interessant.« Weitere Fragen und Unterbrechungen seitens Ihres Gesprächspartners signalisieren fast immer Interesse und Kaufbereitschaft. Sich plötzlich vorzulehnen, stärker mit dem Kopf zu nicken und zuzustimmen, ist oft ein Kaufsignal. Und selbst Fragen bezüglich des Lieferdatums, der Farbauswahl und der Verpackung können Anzeichen für einen verstärkten Kaufimpuls sein.

Stellen Sie sicher, dass Ihre Präsentation Ihren Kunden so zum Reden kommen lässt, wie er es sich wünscht. Menschen lieben es zu reden, weil es ihnen das Gefühl von Wichtigkeit und Kontrolle gibt.

Zu viele Argumente während der Präsentation haben manchmal die perfide Eigenschaft, dass sie zu aggressiv interpretiert werden. Die Nutzenargumentation während einer Präsentation vorzubringen hat etwas bittstellerisches und überfrachtet den Kunden. Bringt man zu viele Argumente ist der Kunde entweder negativ emotionalisiert, was die Chancen eines Kaufes minimiert, oder er schaltet seine Ratio mit ein, sodass diese die Herrschaft über die Gefühlswelt hat und er unentschlossen ist. Wenn wir grundsätzlich unsere Kunden dazu bringen nachzudenken, ist ihre Entscheidungsfähigkeit blockiert. Es beinhaltet meistens Fehler in der Annahme der Vielfalt, die der Verkäufer anbietet. Wie soll man sich zwischen mehreren Optionen entscheiden? Die Komplexität ist so groß, dass sie von unserem Piloten allein nicht bewältigt werden kann. Denken wir an die ±4 Regel. Wir können also maximal fünf Informationen, in diesem Fall Fakten über das Produkt, gleichzeitig verarbeiten. Kommt eine sechste dazu, müssen wir eine Information dafür aufgeben, es sei denn, Sie präsentieren in Blöcken. Sollten Sie sich trotzdem in dieser Situation befinden, lassen Sie den

Kunden aktiv am Produkt teilnehmen. Ganz konkret können Sie ihm das Produkt oder eine Broschüre zum Produkt in die Hand geben, damit er aktiv am Verkaufsgespräch partizipiert. Denn alles, was wir hören, behalten wir zu 20 Prozent. Alles, was wir sehen, behalten wir zu 40 Prozent. Alles, was wir tun, behalten wir zu 90 Prozent.

Gedanken, Gefühle und die damit verbundenen Zustände sind für den Durchschnitt der Menschen unsichtbar. Hier ist es wichtig für Sie, wie Sie das Unsichtbare nehmen und für sich sichtbar machen. Bündeln Sie das Negative zum Positiven und den Nachteil zum Vorteil, sodass der Kunde gar nicht merkt, wie rational und vernünftig es ist, Ihr Produkt zu kaufen. Fragen Sie ihn zum Schluss, wie er die Vorteile beurteilt, die sich für ihn ergeben, und achten Sie auf seine körpersprachliche Reaktion.

Wohin mit den Händen bei der Präsentation?

Der korrekte Einsatz von Gestik und Mimik zählt zu den Hauptschwierigkeiten ungeübter Verkäufer in der Präsentation. Ich erlebe es immer wieder, wie die Arme in die Hüfte gestemmt werden (Dominanzsignal). Ich sehe Kugelschreiber, mit denen die tollsten Pirouetten vorgeführt werden (Desinteresse, Nervosität). Allerdings sehe ich selten Sicherheit. Eine der wichtigsten Punkte gerade in der Präsentation ist die angesprochene Authentizität. Es handelt sich hier nicht um eine Eigenschaft, sondern um eine Qualität, die uns vom Kunden zugeschrieben wird. Wenn unsere Hände kongruent mit dem Gesagten sind, dann können wir diese Wirkung herbeiführen. Wenn Sie Ihre Präsentation beginnen, stehen Ihre Füße ungefähr schulterbreit auseinander im normalen Winkel. Legen Sie Ihre Hände sieben Zentimeter oder eine Handbreit über dem Bauchnabel ineinander. Nicht ineinander greifend, sondern ineinander liegend, mit den Handflächen leicht nach oben. Das funktioniert auch, wenn Sie einen Presenter zur Bedienung von PowerPoint oder Stichwortkarten in der Hand halten. Und dann beginnen Sie mit Begeisterung, Freude und viel Spaß. Diese Emotionen sind für Ihre Kunden sichtbar, unter anderem durch Ihre Gestik.

Was die Körpersprache angeht unterscheiden wir drei Bereiche, die den Bereich unserer Hände definieren. Wir unterscheiden den oberen, mittleren und unteren Körperbereich. Diese Bereiche sind unterschiedlichen Emotionen zugeordnet. Habe ich es mit positiven, mit neutralen oder mit negativen Aussagen zu tun? Erinnern Sie sich an die Bewegung entgegen der Schwerkraft? Die Menschen springen, sie jubeln, und die Hände sind dabei immer oben. Sie freuen sich. Das ist der positive Körperbereich. Während Sie reden, werden sich Ihre Hände automatisch bewegen. Es sei denn, Sie machen bewusste Gesten. Das können Sie vermischen. Sagen wir beispielsweise: »Mit unserem Umsatz in der Firma muss es auch nach oben gehen!«, schnellt dabei unser Finger in die Höhe. Wir zeigen wie in einer Statistik auf, wohin sich der Umsatz bewegt. Wir können viel mit Sachbewegungen arbeiten, die wir mit dem Verstand steuern. Der Großteil unserer Gestik wird jedoch vom Unterbewusstsein gesteuert. Sie unterstützt unseren Charakter natürlich, wodurch wir authentisch wirken. Wenn Sie also die Argumente auspacken, dann sollten Sie im oberen Körperbereich gestikulieren. Verwenden Sie es nicht inflationär; das bedeutet, wenn Sie sachlich sind und ausholen, sollten Ihre Hände circa auf Bauchnabelhöhe sein. Jede Geste im oberen Körperbereich sollte eine Pointe sein. Wenn Sie beispielsweise über Konkurrenzprodukte sprechen oder beim Thema Bedarfsweckung vorne ansetzen, indem Sie mit den Ängsten der Kunden arbeiten, dann sollten Ihre Hände rund um den Gürtel oder noch tiefer positioniert sein, um den niederen Körperbereich und gleichzeitig den dritten Bezugspunkt anzuvisieren.

Probeabschluss

Mit der Zeit, wenn Ihre Präsentation Fortschritte gemacht hat, können Sie das Ganze vertieft für einen Probeabschluss einsetzen. Wenn Sie eindeutige Signale erkannt haben und angenommen haben, dass Sie die wichtigsten Themen Ihrer Konzeption angesprochen haben, lassen Sie uns weiter annehmen, dass Ihr potenzieller Kunde auf jeder Stufe Ihrer Präsentation großes körpersprachliches Interesse gezeigt hat. Ihr Probeabschluss in Form einer Vertiefung kann dann lauten: »Wenn es sich im Rahmen Ihres Budgets bewegt, wären Sie dann am Kauf interessiert?« Schauen Sie auf die Reaktion des Kunden. Was hat sich getan? Hat er immer noch Interesse gezeigt? Oder haben Sie negatives Feedback bekommen? Wenn Sie an diesem Punkt jedoch ein Einverständnis erhalten, dann können Sie es durch weiteres Vertiefen verstärken und sagen: »Wenn es also im Rahmen Ihres Budgets bliebe, kämen wir dann heute zu einem Abschluss?« Wenn daraufhin ein »Ja« kommt, wäre damit der Abschluss perfekt. Viele Verkäufer trauen sich nicht, einen Probeabschluss in der Präsentation anzusprechen, weil sie Angst haben, dass sie den Kunden abschrecken oder sie als aufdringlich empfunden werden könnten. Sie können das jedoch ganz entspannt und locker durchziehen, da Sie nun die Körpersprache des Kunden verstehen. Reagiert er falsch auf den Probeabschluss, indem er die entsprechenden Signale aussendet, können Sie einfach mit der Präsentation fortfahren und den Abschluss nach der Einwandbehandlung machen.

Die Meinungsbildner identifizieren

Wenn Sie bereits damit begonnen haben vor einer Gruppe zu präsentieren, stellen Sie Augenkontakt zu jedem im Raum her und versuchen Sie herauszufinden, wer unter Ihren Zuhörern die Hauptfigur dieses Spiels ist. In jeder Gruppe gibt es eine solche Person. Es kann die Person sein, mit der Sie bereits gesprochen haben, muss es aber nicht. Wenn Sie nun darauf achten, wie die einzelnen Mitglieder Ihres Publikums miteinander interagieren, sollten Sie die Schlüsselfigur schnell finden können. Das Verhalten von Menschen am Arbeitsplatz unterscheidet sich kaum von dem der Wölfe in ihrem Rudel, wie Sie bestimmt schon einmal in einem Dokumentarfilm im Fernsehen beobachtet haben. Territoriales Verhalten. Wie in einem Wolfsrudel unterscheiden sich auch am Arbeitsplatz die Rangniederen in ihrem Verhalten von dem der Ranghöheren, sobald eine ernste Situation eintritt. Und noch ein Tipp, um die Leitwölfe am Arbeitsplatz zu erkennen: sie suchen sich immer den besten Platz im Zuschauer- und Zuhörerraum. Das ist meistens der Platz am Kopf des Tisches oder aber die 12-Uhr-Position an einem runden Tisch.

Tipp

Wir hören mit dem rechten Ohr besser. Kaum zu glauben, aber belegt. Wenn Sie ein absolutes Top-Argument platzieren wollen, sprechen Sie dem Kunden ins rechte Ohr. Das verbessert Ihre Chancen enorm. Die Wahrscheinlichkeit eines positiven Feedbacks steigt.

Einwandbehandlung

Die meisten Verkäufer kennen es aus ihren Verkaufsgesprächen: die leidigen Einwände, die der Kunde bringt. Sätze wie:

- Ich muss eine Nacht drüber schlafen
- Da haben wir schon jemanden
- Ich muss noch mit meinem Lebenspartner sprechen
- Dafür haben wir kein Geld
- Ich habe keine Zeit

Die Einwandbehandlung ist die kritischste Stufe des ganzen Prozesses. Hier kann man schnell viel falsch machen. Vor allem nonverbal. Sie ist die entscheidende Phase des Verkaufsgesprächs und der Wegweiser zum Erfolg. Die meisten neuen Lösungsansätze helfen nur kurzfristig. Für 1-2 Verkaufsgespräche mag es besser laufen, aber schon bald kehren die alten Probleme bei der Einwandbehandlung zurück. Das liegt daran, dass den Einwänden nicht mit der nötigen Sympathie und Lockerheit begegnet wird. Außerdem kennen die meisten den Unterschied zwischen Vor- und Einwänden nicht. Mit der zunehmend mangelnden Lockerheit entsteht auch noch Druck. Druck im Verkauf hilft niemandem. Druck erzeugt nur Gegendruck und verschlimmert die Situation. Wir müssen die Ursache für die Probleme in der Vor- und Einwandbehandlung erst einmal kennen, um darauf richtig reagieren zu können. Sonst sind wir blind und wissen nicht, wo wir ansetzen müssen.

Eine offene Körperhaltung ist bei der Einwandbehandlung unabdinglich. Je mehr Offenheit Sie signalisieren, desto weniger Einwände werden von Ihrem Kunden geäußert. Mit Offenheit laden Sie Ihren Kunden ein, seine Bedenken ausführlich mit Ihnen zu teilen. Ihre Hände sollten seitlich von Ihrem Körper wegzeigen. Ihre Handflächen sind sichtbar. Damit suggerieren Sie Ihre Verletzbarkeit. Körpersprachlich machen Sie Ihren Bauch frei und zeigen, dass Sie nichts zu verbergen haben. Das beeinflusst das Unterbewusstsein Ihres Kunden. Er kann Ihnen jetzt offen und ehrlich seine Meinung darüber mitteilen, warum er nicht bei Ihnen kaufen würde, oder andere Gründe, die ihn stören. Meistens hat der Kunde nicht die Möglichkeit, seine Bedenken zu äußern, und tarnt seine wahren Gründe aus Höflichkeit oder Angst.

Wenn der Kunde einen Einwand vorbringt, müssen Sie normativ zuhören. Lassen Sie ihn aussprechen. Wenn Sie voreilig eine Antwort geben, nehmen Sie dem Kunden die Befriedigung, wirkungsvoll kommuniziert zu haben, und manchmal sogar die Möglichkeit, auf seine eigenen Bedenken selbst eine Antwort zu finden.

Glücklicherweise können wir heute sagen, dass das Thema Einwandbehandlung längst nicht mehr so gefragt ist wie früher. Wenn ich beratend verkaufe, weiß ich automatisch, dass ich es mit vielen Einwänden zu tun habe. Angst vor Einwänden muss nur der haben, der sich nicht mit seinem Job identifizieren kann, sich nicht weiterbildet und keine Ahnung von Produktdetails und Servicedienstleistung hat. Ich spreche schon gar nicht davon, mit Körpersprache zu verkaufen.

Wenn wir in die Einwandbehandlung einsteigen, müssen wir uns eine einfache Frage stellen. Wie fühlt sich der Kunde? Wenn wir eine Körperhaltung einnehmen und diese längere Zeit beibehalten, wirkt sich das normalerweise darauf aus, wie wir uns fühlen. Wenn Sie im Stehen auf seine Einwände eingegangen sind, achten Sie auf seinen Stand. Solange er auf derselben Stelle steht und sich nicht bewegt hat, hält er seinen Einwand aufrecht und benötigt weitere Informationen, um absolut sicher zu sein, dass sein Einwand unbegründet ist. Er bleibt körpersprachlich an demselben Standpunkt stehen. Um seinen Standpunkt zu ändern, müsste er sich im wahrsten Sinne bewegen. Bringen Sie ihn dazu, diesen Punkt zu verlassen. Wenn wir uns körperlich bewegen, dann bewegen wir uns auch geistig und das stimuliert neue Ansätze und Überlegungen. Sie können es selbst ausprobieren. Sobald Sie mit einer Sache beschäftigt sind und sich dabei bewegen, ist nicht nur der Körper in Bewegung. Das verändert die Gemütsfassung und sorgt für neues Blut und somit neue Gedanken und Ideen. Friedrich Nietzsche stellte fest: »Nur die Ideen, die man beim Wandern hat, sind wirklich etwas wert.« Wenn Sie das Ziel haben, einen Kunden von seinem Standpunkt wegzubewegen und einen Zugang zu anderen Argumenten zu realisieren, sind Sie gut beraten, wenn Sie seinen Körper in Bewegung setzen und sein Blut in Wallung bringen.

Wenn Sie nicht weiterkommen, wenden Sie die Verlinkungs-Technik an und achten Sie auf sein Gesicht. Es wird unmöglich für den Kunden sein, nicht zu reagieren. Sie fragen sich, wovon seine Entscheidung abhängt, und Sie haben einige Anhaltspunkte? Stellen Sie ihm geschlossene Fragen und achten Sie auf seine Mikrogesten, denn seine Körpersprache kennt die Antwort. Folgende fünf Mikrogesten zeigen die häufigsten Einwände in der Mimik:

Mikrogeste 1 – Hochziehen der Augenbrauen

Zeigt Ihr Kunde diesen Ausdruck, kann das auf Skepsis, Zweifel, übertriebenes Erstaunen oder sogar Ungläubigkeit hinweisen.

Mikrogeste 2 – Anspannen eines Mundwinkels

Tritt diese Geste auf, signalisiert Ihr Kunde Verachtung. Das kann verschiedene Bedeutungen haben. Zum Beispiel, dass Ihr Gegenüber unentschlossen ist, ungeduldig wird oder Bedenken hat.

Mikrogeste 3 – Herunterziehen der Lippen

Diese Geste kann Bedenken, Misstrauen, Pessimismus oder Ungläubigkeit zum Ausdruck bringen. Auf der anderen Seite kann sie auch eine starke Bestätigung dessen, was Sie gesagt haben, bedeuten. Allerdings müsste sie von einem Kopfnicken begleitet werden.

Mikrogeste 4 – Die Oberlippe geht nach oben

Mit dieser Geste signalisiert Ihnen Ihr Kunde Zweifel und lehnt das Gesagte ab. Emotional empfindet er eine starke Ablehnung. Dieses Zeichen ist auch ein Zeichen von Ekel. Das, was Sie gegenwärtig machen, schmeckt Ihrem Kunden nicht.

Mikrogeste 5 – Zusammengezogene Augenbrauen

Wenn Ihr Kunde die Augenbrauen zusammenzieht, ist die häufigste Ursache hierfür die Irritation, gefolgt von Ärger (wenn die Augenlider angespannt sind). Verwechseln Sie diesen mimischen Einwand nicht mit Abwägen oder Nachdenken. Aber achten Sie auf jeden Fall darauf, dass Ihr Kunde nicht von der Sonne geblendet wird.

Schmerz und Freude in der Einwandbehandlung

Jeder Einwand wird mit einem Schmerz verbunden. Beispielsweise hängt die Zahlungsbereitschaft beim Preis immer vom Ziel ab. Menschen zahlen für die Erreichung ihrer Ziele. Je relevanter das implizite Ziel ist, desto höher ist auch die Zahlungsbereitschaft. Grundsätzlich aktivieren Preise das Schmerzareal im Gehirn – dasselbe Areal, mit dem wir auch körperlichen Schmerz oder soziale Ausgrenzung, also sozialen Schmerz, verarbeiten. Das Eurozeichen ist für das Gehirn also ein Code für den Preis und damit auch für den Schmerz, und Schmerz gilt es zu vermeiden beziehungsweise zu reduzieren. Um eine dauerhafte Veränderung in der Einwandbehandlung zu bewirken, müssen Sie das frühere Verhalten des Kunden mit Schmerz und sein neues Verhalten mit Freude assoziieren und ihn solange darauf konditionieren, bis dieses Muster fest verankert ist. Sie können die Gedanken, Gefühle und den Körper darauf konditionieren, Schmerz und Freude mit beliebigen Dingen zu verknüpfen. Wenn Sie diese Assoziationen verändern, verändern Sie auch unverzüglich sein Verhalten. Es gibt Situationen, in denen Kunden aus heiterem Himmel anders entscheiden, weil sie mit dem Gesagten oder Gezeigten Schmerz oder Freude assoziieren. All dies kann eine plötzliche Wendung Ihres gesamten Verkaufsgesprächs bedeuten. Die Profis wissen, dass man sich das Bestreben, Schmerz zu vermeiden und Freude zu gewinnen, zu Nutze machen kann; Sie müssen lediglich die Emotionen beeinflussen, welche die Konsumenten mit Ihren Produkten verknüpfen. Das geht am besten, wenn Sie die vier Fokuspunkte für Ihre Einwandbehandlung einsetzen. Nutzen Sie den direkten Blickkontakt, um Freude zu vermitteln, und den dritten Bezugspunkt für die negativen Botschaften.

Vorwand

Wenn der Kunde Fragen stellt, müssen Sie herausfinden, ob es sich dabei um einen Ein- oder um einen Vorwand handelt. Wir lügen, um soziale Konflikte und negative Emotionen zu vermeiden. Lügen dient als automatische Schutzreaktion zur Prävention von seelischem und eventuell sogar körperlichem Schmerz. Die beste Maske ist in diesem Fall eine falsche Emotion. Sie führt den Gegenüber nicht nur auf eine falsche Fährte, sondern stellt die beste Tarnung dar. Es ist furchtbar schwer, ein ausdrucksloses Gesicht zu zeigen oder die Hände ruhig zu halten, wenn einen die Gefühle überwältigen. Wenn beispielsweise die Augenbrauen nach oben gehen, kennt Ihr Kunde die Antwort auf die gestellte Frage.

Früher gab es noch solche Behauptungen wie »wer seine Nase oder seinen Mund berührt, lügt«. Das ist alles Unsinn. Die meisten können Betrug nicht erkennen. Sie könnten genauso gut eine Münze werfen. Wenn jemand seine Augen nach oben links oder unten rechts richtet, lügt er angeblich. Das ist ein Märchen. Nach der Lektüre des Kapitels zu den Augenzugangshinweisen wissen Sie es besser. Im Schnitt lügen Menschen zwei bis drei Mal am Tag. Treffen sich zwei Fremde, lügen sie sich innerhalb von zehn Minuten durchschnittlich drei Mal an. Täuschung gehört im Alltag dazu. Von der Notlüge bis zum Betrug. Das ist ein fester Bestandteil sozialer Interaktion. Meine Überzeugung ist, wenn Ihre Kunden Sie anlügen, haben Sie sie de facto bereits verloren. Warum wollen Sie es erst dazu kommen lassen, wo Sie doch bereits Vertrauen aufgebaut haben? Warum suchen wir nicht nach einer besseren Verbindung? Warum verwenden wir nicht Mikroausdrücke, um herauszufinden, wie es um Ihren Kunden gerade bestellt ist? Was sind seine Sorgen, Hoffnungen und Ängste? Ihr Job ist es in diesem Stadium anhand der Körpersprache genau das herauszufinden. All das ist für Sie sichtbar. Diese Expressionen bleiben nur den Laien verborgen. Die Gefühle, die jemand gewollt verbergen will, werden durchsickern und selbst derjenige, der sie verursacht, wird es nicht bemerken. Warum sind wir nicht viel selbstkritischer? Wo ist unser Anteil an der Misere? Wir haben Einfluss darauf, ob und wann der Kunde uns anlügt. Warum werden wir nicht besser darin, nicht nur die Lügen der Kunden zu entdecken, sondern ein viel tieferes Einfühlungsvermögen und Mitgefühl für den Kunden zu entwickeln, um Lügen zu verhindern? Ihre Kunden sollen eine so gute Verbindung zu Ihnen haben, dass Sie nicht lügen müssen. Es macht einfach Spaß und ist großartig so zu kommunizieren, mit Transparenz und ohne etwas permanent verstecken zu müssen. Da dieses Buch von Verbundenheit und Beziehung zum Kunden handelt, wäre es tatsächlich in Ihrem Verkaufsgespräch nicht sinnvoll, sich auf das Erkennen von Lügen zu konzentrieren, wenn Sie anfangen müssen, die Person zu analysieren, ob sie lügt oder nicht. Wichtiger ist die Frage, was bedeutet es, dass sie diese Emotion gerade zeigt? Das heißt, dass Sie sich also nicht auf die Person konzentrieren, Sie konzentrieren sich nicht auf sie als menschliches Wesen. Sie konzentrieren sich nur auf das Äußerliche, auf das, was es in Ihren Augen reflektiert. Auf dieser Ebene können Sie sich nicht nachhaltig mit der Person verbinden. Deshalb ist es viel wichtiger, das Wissen über Mikroausdrücke zu nutzen, um eine tiefere Kommunikation anzustreben. Diese Beziehungen mit Kunden, die solche Verbindungen zu Ihnen herstellen, halten länger und das sind die Kunden, die Ihr Geschäft anderen weiterempfehlen.

Diese Warnsignale können Ihnen dabei helfen sich zu hinterfragen, weshalb Ihre Kunden sich unwohl fühlen:

- Schwitzen

- Trockener Mund

- Erhöhter Puls

- Atemnot

- Vermeidung des Blickkontaktes

- Veränderung der Stimmlage

- Nervöses oder verschmitztes Lächeln

- Starrheit

- Inkongruenz

Für Ihren Erfolg ist es essenziell, den Unterschied zwischen einem Einwand und einem Vorwand zu erkennen. Aus zwei Gründen: erstens arbeiten Sie viel effektiver, wenn Sie herausfinden, dass Ihr Kunde lügt und Sie Ihre Energie anders leiten können.

Manchmal gibt es Kunden, die gar nicht vorhaben, etwas zu kaufen, sondern Sie nur testen wollen, oder es sind Personen, die Ihren Service ausnutzen, um woanders zu kaufen. Und zweitens können Sie unter Umständen das Gespräch noch drehen, indem Sie den wahren Grund ermitteln und entsprechende Strategien einsetzen. Nichtsdestotrotz gibt es auch Kunden, die nicht überzeugt werden können. Das frühzeitig zu erkennen ist sehr viel wert. Andernfalls verschwenden Sie Ihre kostbare Zeit mit einem Kunden, den Sie schon längst verloren haben. Des Weiteren können Sie ein Muster ausarbeiten, das für derartige und zukünftige Kunden gilt, um präventiv im Vorfeld darauf einzugehen.

Wortgenaue Wiederholungen einer Frage

Es kann durchaus vorkommen, dass Ihr Kunde Ihre gestellte Frage eins zu eins wiedergibt. Fragen Sie ihn: »Spricht Sie das Produkt an?«, und er antwortet: »Spricht mich das Produkt an? Ja, das tut es«, kann dies auf eine Lüge hindeuten. Warum? Durch die Wiederholung der Frage schindet unser Gesprächspartner Zeit. Er verzögert seine Antwort, um sich eine Lüge einfallen zu lassen. Ähnlich verhält es sich auch mit der Gegenfrage »Wie bitte? Können Sie die Frage wiederholen? Ich habe Sie nicht verstanden« Für diesen Fall müssen wir uns natürlich sicher sein, dass unser Gegenüber die Frage auch wirklich verstanden hat. Hat er dies und fragt trotzdem nach: Verzögerungstaktik!

Die wahre Emotion hinter dem Vorwand erkennen

Mit Mikrogesten können Sie erkennen, was sich hinter der Fassade tatsächlich abspielt. Schauen Sie genau hin. Gewisse Anzeichen einer verheimlichten Emotion werden durchsickern. Je stärker die Emotionen sind, die bei einer Lüge eine Rolle spielen, und je mehr unterschiedliche Emotionen im Spiel sind, desto wahrscheinlicher ist es, dass sich irgendwelches Verhalten Bahn bricht, das die Lüge verrät. Täuscht Ihr Kunde eine andere Emotion vor, die er nicht wirklich fühlt, kann dies dazu beitragen, die tatsächlich empfundene und verheimlichte Emotion zu verschleiern. Die Verfälschung einer Emotion kann das Durchsickern einer verheimlichten Emotion nicht auf Dauer verhindern. Außerdem können Sie auf den abgebrochenen Ausdruck, das Leck in den verlässlichen Muskeln, das Blinzeln, die Pupillenerweiterung, Tränenbildung, das

Erröten und Erblassen, Asymmetrien, Fehler in der zeitlichen Abfolge, Positionsfehler und falsches Lächeln im Gesicht achten.

Grundsätzlich gibt es zwei Möglichkeiten für ein Täuschungs-
manöver: das Durchsickern, wenn der Kunde versehentlich die
Wahrheit verrät, und der Täuschungshinweis, wenn das Verhalten
des Kunden offenbart, dass er lügt. Sowohl das Durchsickern als
auch der Täuschungshinweis sind verlässliche Quellen.

Ein Vorwand, der oft als Einwand verstanden wird, ist: »Das ist
mir zu teuer!« Meist gehen die Verkäufer darauf ein und machen
einen besseren Preis. Das liegt daran, dass viele Verkäufer auf
diese Frage nicht mit der nötigen Lockerheit und Spaß reagieren,
sondern ein unangenehmes Gefühl haben und lieber Preisnach-
lässe geben als in die Preisargumentation einzusteigen. Sie könnten auch freudig entgegnen: »Würden Sie sich von einem zweit-
klassigen Chirurgen operieren lassen, nur weil dieser günstiger
ist?« Mit einem Nachlass haben Sie immerhin etwas verkauft,
wenn auch zum schlechteren Preis. »Das ist mir zu teuer« ist in
den meisten Fällen ein Vorwand. Die beste Reaktion auf Vorwände ist eine Gegenfrage: »Verglichen womit?« Und dann achten Sie
auf die Körpersprache.

Ein Einwand zeichnet sich durch eine konkrete Formulierung
und damit durch eine stimmige Körpersprache aus, während der
Vorwand eine Floskel ist und die Körpersprache sich dazu entsprechend asynchron verhält. Sie müssen also differenzieren können, um was es sich handelt. Zu viele Verkäufer knicken bei Vorwänden ein, weil sie nicht die körpersprachlichen Werkzeuge zur
Hand haben. Wenn Verkäufer körpersprachlich geschult sind, dürfen sie zulassen, dass der Kunde mit Vorwänden das Verkaufsgespräch abbricht. Sie müssen dann dem Kunden zeigen, dass Sie
den Vorwand vernommen haben, aber ihm helfen, einen Einwand
daraus zu machen.

Sollte Geldknappheit doch ein Einwand sein, schaffen Sie dann
ein Verständnis darüber, dass Sie etwas zu verkaufen haben, was
seine Aufmerksamkeit wert ist, wenn wieder genug Geld vorhanden ist, um von Ihrem Angebot zu profitieren. Es kann sein, dass
Ihr Kunde damit emotional auf eine echte oder angenommene
kurzfristige Bargeldknappheit reagiert. Wenn das, was Sie verkaufen, langfristigen Nutzen verspricht, können genau diese Bedenken, die anfänglich so schwer gegen Sie sprechen, die Waage in
die andere Richtung kippen, wenn das Produkt im Licht des langfristigen Nutzens präsentiert wird.

Abschluss

In den meisten Verkaufsgesprächen kommen wir früher oder später an den Punkt, an dem unsere Kunden bereit sind, eine Zusage zu machen. Hier müssen wir jederzeit bereit sein, den Sack zuzumachen, denn das Timing ist beim Abschluss entscheidend. Dieser Moment kann eine Sekunde oder einen Monat lang dauern. Egal, wie viel Zeit unser Kunde für seine Entscheidung benötigt – wir müssen ständig intensiv nach Kaufsignalen suchen und die Bereitschaft zum Kauf fördern. Kurz: nach irgendeinem Signal, das der Kunde sagt oder tut und das darauf hindeutet, dass er gegenüber dem Kauf unserer Produkte oder Dienstleistungen eine positive Haltung einnimmt. Um Kaufsignale optimal zu verstehen, ist es hilfreich, an unser eigenes Empfinden zu denken, wenn wir als Kunden ein gutes Gefühl beim Kaufen haben: können wir uns in Gegenwart des Verkäufers entspannen? Bebt unsere Stimme vor Nervosität? Sprechen wir schneller? Bewegen wir uns schneller? Es kann gut sein, dass unsere Kunden ähnlich reagieren. Bringen Sie sich in einen kraftvollen authentischen Zustand und in Abschlussstimmung. Wenn Sie einen separaten Abschlusstermin haben, planen Sie einige Minuten zusätzlich für Ihre mentale Vorbereitung ein. Konditionieren Sie sich so, dass Sie nicht den leisesten Zweifel am Zustandekommen des Geschäfts haben.

Das Gute an unserem Körper ist, dass es konkrete Bewegungen gibt, die eine Veränderung nach innen nach sich ziehen. Gehen wir noch einmal auf die Power Posing Untersuchung von Amy Cuddy ein. Stellen Sie sich mal für zwei Minuten mit gerader Körperhaltung hin, die Brust etwas nach vorne, lächeln Sie dabei (auch wenn es ein falsches Lächeln ist) und atmen Sie tief ein und aus. Sie können sich bei dieser Haltung nicht schlecht fühlen, weil diese Haltung bestimmte Hormone freisetzt und Ihre Biochemie beeinflusst wird. Genauso gibt es negative, nach innen gerichtete Bewegungen.

Mir fällt auf, dass gerade in Deutschland diese Haltung häufig kurz vor dem Abschluss eingenommen wird. Statt die positive Entscheidung zu finalisieren, beschränken sich Verkäufer häufig gedanklich darauf zu fragen: »Und wollen Sie's jetzt oder nicht?«

Hier plädiere ich für die orientalische Kultur des Verhandelns und Feilschens. Ein Verkauf, bei dem mein Gegenüber einfach nur kauft, ist langweilig. Interessant wird es für mich erst mit dem Navigationssystem, wenn ich all das, was ich vorher im Gespräch verifiziert habe, auch zur Anwendung bringen kann. Hier ist das Timing entscheidend. Ein Mangel an Timing kann Ihren Abschluss zerstören und die Beziehung gefährden. Wenn Sie zu früh abschließen wollen, nimmt Sie Ihr Kunde als aufdringlich wahr und wenn Sie zu spät abschließen wollen, denkt Ihr Kunde, Sie stehen nicht hinter dem Produkt.

Wenn Sie einmal die Erfahrung gemacht haben, in einem orientalischen Land mit einem Teppichhändler verhandelt zu haben, wird Ihnen mit Sicherheit die Kultur des orientalischen Verkaufsgesprächs lebhaft in Erinnerung geblieben sein. Wurde Ihnen Tee angeboten, haben Sie sich in aller Ruhe hingesetzt und ist der Verkäufer genau auf Ihre Wünsche eingegangen, haben Sie häufig von ganz anderen Themen gesprochen? Für viele Menschen ist der Kauf eines Autos, eines Hauses oder anderer wichtiger Gegenstände ein Abenteuer, das sie genießen wollen. Vermitteln Sie Ihren Kunden diesen Spaß am Kauf und Sie werden selbst viel mehr Spaß und Erfolg haben. Zelebrieren Sie das, dann kommt das Timing von ganz allein.

Stellen Sie Ihrem Kunden ausschließlich geschlossene Fragen, wenn Sie überhaupt nicht wissen, warum er nicht kaufen will. Lassen Sie ihm den Freiraum für seinen mentalen Bildschirm. Mit Hilfe der Verlinkungs-Technik können Sie herausfinden, warum Ihr Kunde sich grundsätzlich verschlossen gegenüber Ihrem Reiz verhält. Im Normalfall ist der Kunde auf Grund unserer Beobachtung und den damit verbundenen Abläufen sehr transparent. Trotzdem kann es vorkommen, dass ein Kunde Sie ohne Kaufabschluss verlassen will, obwohl Sie meinen, er habe sich vollkommen unauffällig verhalten. Oder Sie können im Gespräch nicht erkennen, welche Motive den Kunden zögern lassen. In solchen Situationen stehen wir vor der Frage nach den Beweggründen des Kunden. Seien Sie hartnäckig und stellen Sie Ihre geschlossenen Fragen, die er also entweder mit »Ja« oder »Nein« beantworten kann.

In der Einwandbehandlung hat er Ihnen bereits mitgeteilt, wovon seine Entscheidung abhängt. Sie wollen allerdings genauer wissen, was los ist. Wenn Ihnen Zweifel kommen und Sie Gründe dazu haben, dann gehen Sie es direkt an. Sie könnten direkt fragen, ob es am Preis liegt. Sie wissen ja, wie jemand körpersprachlich darauf reagiert. Fragen Sie so lange, bis Sie wissen, was Sie wissen wollen. Im Zweifelsfall ist es besser, einen Kunden zu verlieren, weil er Sie für aufdringlich hält, als zehn Kunden falsch einzuschätzen, weil Sie deren wahren Motive nicht erkannt haben. Wenn es bei diesem einen Kunden nicht klappt, dann beim nächsten, der vielleicht ähnliche Probleme hat. Sollten sich an seiner körpersprachlichen Reaktion Hinweise ergeben, beispielsweise aufgrund des Preises, dann haben Sie eine wichtige Information.

Vielleicht haben Sie nicht den richtigen Preis oder nicht den richtigen Preis für diese Art von Kunden oder nicht den richtigen Kunden für Ihr Produkt.

Wichtig beim Abschluss ist eine Unterschrift. Gefaltete Hände bedeuten, dass Ihr Kunde weiß, was er will, und sich sicher ist, dass er einen guten Preis erzielt. Mit der Unterschrift ist der Deal perfekt. Wenn Ihr Kunde aber beim Durchlesen des Vertrags plötzlich seine Augenbrauen zusammenkneift, dann gibt es Zweifel oder er ist sich unsicher geworden. Dies ist eine wichtige Information für den Fall, dass er Ihnen nicht die Gründe seines Unbehagens mitteilt. Eine bestimmte Stelle des Textes hat ihn dazu veranlasst.

Irgendwann schaltet der Kunde ab und bekommt nicht mehr mit, wenn der Verkäufer zum Abschluss ansetzen will. Ein Kunde, der nicht ganz bei der Sache ist, wird auf Ihren Abschluss nicht reagieren können, weil er innerlich noch beschäftigt ist. Wenn Sie hier nicht die Körpersprache richtig lesen können, werden Sie denken, er zweifelt. Dabei überlegt er, wie er das Produkt einsetzen will. Was macht der Verkäufer? Er packt weitere Argumente aus, der Kunde wird noch leiser, der Verkäufer wird noch panischer und so weiter.

Wir wissen jetzt, dass der Körper nicht nicht reagieren kann. Ob Sie beim Abschluss die Signale bewusst oder unbewusst senden, ist aus der Sicht Ihres Kunden vollkommen egal. Im Verkaufsgespräch ist das wichtig, was beim Empfänger ankommt. Der Empfänger interpretiert Signale möglicherweise anders, als Sie sie gemeint haben. Seine Reaktion richtet sich nach seiner Interpretation. Das ist einer der wichtigsten Aspekte beim Abschluss eines Verkaufsgesprächs. In der Körpersprache gilt ein Gesetz: wichtig ist nur, wie ich wirke, und nicht, was ich meine. Wenn die Wirkung nicht dem entspricht, was Sie meinen, ändern Sie immer zuerst Ihre eigene Kommunikation und versuchen dann herauszufinden, was Ihr Körper gemacht hat und was die ungewünschte Reaktion verursacht hat. Wenn Sie beispielsweise gerade dabei sind, die Abschlussfrage zu stellen und gleichzeitig den Vertrag anbieten, während Sie eine Lesebrille tragen, sollten Sie niemals Ihren Kunden über die Lesebrille hinweg anschauen. Das erzeugt eine völlig andere Wirkung als die, die Sie beabsichtigen und formulieren. Sie sollten vermeiden, an den strengen Lehrer zu erinnern, der tadelnd über den Brillenrand blickt. Der Blick über die Brille ist ein Urteil. Wenn uns jemand mit diesem Blick etwas fragt, erleben wir unbewusst unangenehme Emotionen aus der Schulzeit, als wir wegen schlechter Noten bestraft wurden. Wie anders wirkt es dagegen, wenn Sie die Brille abnehmen und Ihren Kunden mit offenem Blick ansehen? Ihr Kunde wird auf jeden Fall offener sein für Ihr Angebot sein.

Welcher Blickkontakt ist der richtige beim Abschluss? Schaut Ihr Kunde nach unten, anschließend nach links und rechts? Sucht er einen Fluchtweg, was impliziert: »Wie komme ich aus dieser Situation heraus?«

Manchmal gibt es Kunden oder Situationen, die können wir nicht so richtig einschätzen. Dafür gibt es die unterschiedlichsten Gründe. Achten Sie immer auf die Navigation. Die drei A-Fragen, mit denen Sie Kurskorrekturen vornehmen, könnten Sie im selben Stil einsetzen, um die nächste Einverständnisebene zu erreichen. Sollte das Feedback positiv sein, könnten Sie bei einem Kunden beispielsweise folgendes sagen: »Wäre es denn richtig zu sagen, dass wir uns, wenn ich Ihnen ein Gerät zeige, das Ihnen gefällt, zu einem Preis, der Ihnen zusagt, heute einig werden könnten?« Wenn der Kunde damit einverstanden ist, dann haben Sie die Brücke gebaut, um direkt zu einem Geschäftsabschluss zu kommen.

Folgende Signale können Sie dazu veranlassen, den Kauf abzuschließen:

- Entspannte Haltung – besonders, wenn der Kunde seine Handflächen zeigt.
- Sein Gesichtsausdruck ist freudig und entspannt, wenn Sie ihm die Situation beschreiben, in die ihn Ihr Produkt versetzt. Auch daran erkennen Sie: er spürt seine zukünftige Zufriedenheit körperlich.
- Der Kunde lehnt sich in Ihre Richtung.
- Er setzt eine freundliche Miene auf.
- Er signalisiert Zustimmung, indem er nickt.
- Er tritt einen Schritt zurück und bewundert Ihr Produkt.
- Er trifft eine kleine Vorentscheidung, die die endgültige Kaufentscheidung vorbereitet.
- Er hat ein ungewöhnliches Leuchten in den Augen und die Pupillen sind geweitet.
- Er benimmt sich so, als habe er Ihr Produkt bereits gekauft.

- Der Kunde schaut sich das Ausstellungsstück ein weiteres Mal an.
- Er greift nach dem Angebot beziehungsweise dem Bestellschein.
- Er bewegt seine Augen in verschiedene Richtungen.
- Er blättert in seinen Unterlagen.
- Er greift nach dem Infomaterial und liest darin.
- Die Gesten Ihres Kunden führen weg von seinem Körper, hin zu Ihnen.
- Er sucht Ihren Blickkontakt.
- Er nickt mit einer freudigen Mikrogeste, wenn Sie ihm den Nutzen schildern.
- Er nimmt eine entspannte Körperhaltung ein. Er hat gefühlt bereits die Qual der Entscheidung hinter sich gebracht.
- Er atmet tief aus dem Bauch.

Es besteht immer die Gefahr, dass Sie gar keine Kaufsignale entdecken können, weil die Zeichen zu widersprüchlich sind. Zum Beispiel kann ein Kunde unser Ausstellungsstück auch begutachten, weil es ihm schlicht nicht gefällt. Oder er nimmt sich unser Infomaterial und schiebt es zur Seite, was bedeutet, dass sich das Thema erledigt hat, oder er verstaut es in seinem Aktenschrank, weil er das Gespräch beenden möchte. Wenn Sie unsicher sind, ob ein nonverbales Signal ein Kaufsignal ist oder nicht, können Sie jederzeit auf unsere zwei Bausteine zurückgreifen. Fragen Sie sich: welche Bewegung wurde wann gemacht, zu welchem verbalen Inhalt, in welcher Situation und mit welchen anderen Begleitbewegungen?

Folgende Signale können Sie dazu veranlassen, Kurskorrekturen vorzunehmen:

- Stirnrunzeln

- Angespannte Haltung

- Zurücklehnen

- Distanz zum Anschauungsmaterial

- Unaufmerksamkeit

- Verschränkte Arme

- Wechsel der Stimmlage

- Zunehmende Gesprächspausen

- Wiederholtes Auf-die-Uhr-Sehen

- Teilnahmslosigkeit / Desinteresse

- In Papieren und Akten wühlen, die nichts mit der Sache zu tun haben

- Auf dem Stuhl hin- und herrutschen

- Nachlassende Freundlichkeit

- Einen Anruf annehmen

- Mit den Augen rollen

- Flaches Brustatmen

Genauso wie nicht jedes Kaufsignal ein Kaufsignal ist, lassen sich auch Warnsignale falsch interpretieren. Unter diesen Signalen versteht man normalerweise all das, was ein Kunde sagt oder tut, um anzuzeigen, dass wir den Bezug, sein Vertrauen oder sein Interesse verloren haben. Wenn der Kunde beispielsweise die Sitzung beenden möchte, kann das geschehen, weil er noch einen anderen Termin hat. Wenn er Telefonanrufe annimmt, hofft er vielleicht nur darauf, von seinem Chef zu hören, der die ganze Woche nicht im Büro war. Wenn er auf seine Uhr schaut, kann es auch sein, dass er ein Geschenk bewundert, das er gerade erhalten hat. Es ist unerlässlich, dass wir verifizieren und die gesamte Situation betrachten.

Preisverhandlungen

Häufig kommt es vor, dass Kunden – insbesondere professionelle Käufer – während des Verhandlungsprozesses Dinge sagen, die sie nicht wirklich meinen, um eine emotionale Antwort zu provozieren. Wenn es um Preise geht, können sie mit sehr bewährten Tricks arbeiten. Da müssen Sie aufpassen. In so einem Fall wirft der Kunde einen Köder nur aus, um zu beobachten, ob Sie anbeißen. Falls Ihnen so etwas widerfährt, bleiben Sie einfach ruhig und schweigen Sie. Wenn Sie ruhig bleiben, manipulieren Sie nicht, sondern Sie wollen die gute Atmosphäre wahren und keine Feindseligkeiten provozieren. Wie mit der 30:70-Regel schweigen wir, damit wir die Möglichkeit haben, uns aus dieser Tretmine herauszuhalten und vor allem in Ruhe über einen klugen nächsten Schritt nachzudenken. Was wir nicht machen dürfen, ist, eine ähnlich emotionale oder übertriebene Antwort zu geben, denn dann könnten wir den Kunden in die Enge treiben oder ihm zu verstehen geben, dass wir glauben, er irrt sich. Auf diesen Trick fallen die meisten Verkäufer herein, indem sie unnötige Zugeständnisse machen, aus lauter Angst und Perspektivlosigkeit, das Geschäft könnte noch platzen. Die 30:70-Regel gibt uns einen Augenblick Freiraum, um rational entscheiden zu können, ob Zugeständnisse wirklich die letzte Lösung sind. Die gleiche Strategie kann Ihr Kunde auch bei Ihnen anwenden: in einer Verhandlung wirkt Schweigen auf beiden Seiten. Unser Kunde schweigt vielleicht, nachdem wir unser letztes Zugeständnis gemacht haben. Er kann dasitzen, uns ansehen und einfach nur still sein. Es kann gut sein, dass er einfach nur darüber nachdenkt, was wir gesagt haben. Hier sind Sie klar im Vorteil; achten Sie auf seine Mikroausdrücke und auf die Augenzugangshinweise. Sehen Sie ein unterdrücktes Lächeln, ein Zeichen von unterdrückter Freude, weil er mehr bekommen hat als erwartet? Oder vielleicht unterdrückte Verachtung, weil die Erwartungen nicht erfüllt wurden? So oder so müssen Sie sich in solchen Situationen darüber im Klaren sein, dass Kunden auch schweigen, weil sie bloß sehen möchten, ob Sie weiterreden – und hoffentlich weitere Zugeständnisse machen. Warum funktioniert das? Schweigen kann angsteinflößend sein – und weil wir uns höchst unwohl fühlen, wenn wir Angst haben, reden wir zu viel. Derjenige, der das Schweigen bricht, wird in der Regel ein Zugeständnis machen. Bei Preisverhandlungen, die kurz vor dem Abschluss stehen, sind folgende körpersprachliche Signale von Bedeutung:

- Brillenträger schieben mit den Fingerspitzen die Gläser vor die Augen, wenn sie etwas genauer durchschauen wollen.
- Die Fingerspitzen spielen an den Lippen, wenn der richtige Ausdruck für einen schwierigen Zusammenhang gefunden werden muss.
- Die Finger streichen unter der Nase über der Oberlippe, wenn ein Gedanke der letzten Prüfung unterzogen wird.
- Der Finger fährt zwischen Hals und Kragen, wenn uns eng wird und wir mehr Luft und Raum verlangen, um eine Entscheidung zu treffen.

Achten Sie bei der Abschlussfrage auf das Territorialverhalten des Kunden am Tisch. Bilden die Utensilien auf dem Tisch eine Mauer? Sind Grenzbefestigungen parallel zur Tischkante aufgebaut? Der Kunde lässt niemanden in sein Territorium eindringen und wird seine Entscheidung allein fällen, was immer wir sagen. Es sei denn, er öffnet die Mauer und räumt ein paar der Sachen beiseite – dann lässt er uns an sich heran.

Schlusswort

Warum tun Menschen etwas für uns? Die Antwort ist klar: weil sie uns mögen. Und warum mögen uns Menschen? Weil wir so zu ihnen sprechen, wie sie es brauchen, wie sie es verstehen und wie sie es gerne haben. Dafür mögen sie uns. Das nenne ich Verkaufen. Leider werden die Kunden da draußen endlos vollgequatscht. Nie war der Markt so hart und intransparent wie heute. Machen wir uns nichts vor: in den Augen der meisten Kunden sind Verkäufer eine im Überfluss vorhandene Ressource. Viele Kunden lassen sich von ihnen beraten und bestellen im Internet, nicht unbedingt, weil sie einen Preisvorteil sehen. Die Art und Weise, wie der Kunde abgeholt werden will, ist in vielen Verkaufsgesprächen nicht gewährleistet. Ich gehe so weit und sage, dass viele Verkäufer de facto sogar Anti-Akquise betreiben. Eine interessante Verkehrung. Es findet also genau das Gegenteil von Kundenakquise statt: einem potenziellen Kunden wird zum Nichtkauf verholfen oder Bestandskunden werden durch fragwürdiges Verhalten vertrieben.

Wenn ein Kunde vor 20 Jahren überlegt hat, ob er ein Produkt der Marke X oder der Marke Y kaufen soll, hatte er nicht viele Möglichkeiten, sich zu informieren. Der Verkäufer war damals eine nützliche Anlaufstelle. Heute gibt es für jede Frage eine App. Deshalb müssen Verkäufer gerade jetzt einen Mehrwert anbieten. Mit dem Fortschritt des Informationszeitalters und der Technologie haben wir viele grundlegende und effiziente Verfahren geschaffen. In diesem dynamischen System ändern sich Verfahren stetig, aber das Grundbedürfnis ändert sich nie. Wir unterschätzen, wie stark das Bedürfnis von Menschen ist, mit realen Menschen zu tun zu haben. Deswegen sind einige wenige Verkäufer heute so erfolgreich, weil sie verstanden haben, dass das Individuum Gemeinschaftserlebnisse braucht, und sie diese Lösungen anbieten. Es sind gleichzeitig auch jene Verkäufer, die nicht die alten Zeiten zurückwollen. Der technologische Fortschritt ist irreversibel. Nichts hat die Menschheit so zurückgeworfen wie das Festhalten am Alten, Bewährten. Wir wollen, dass die Welt um uns herum vertraut ist. Was nicht berechenbar erscheint, verbinden wir mit Chaos und Bedrohung. Daraus entsteht das Bedürfnis, die Dinge und Ereignisse kontrollieren zu wollen. Um Kontrolle auszuüben, halten wir an alten Überzeugungen fest, doch es gibt in der Geschichte der Menschheit kein freiwilliges Zurück. Das hat es noch nie gegeben! Wir sind in einer historisch bedeutsamen Situation, weil diese Art von Gesellschaft, in der wir leben, sich gerade auflöst und wir eine andere Art von Gesellschaft bekommen, die man noch gar nicht benennen kann.

Die Technologie hat die Welt effizienter und die Kunden anspruchsvoller gemacht. Gerade in unserer Zeit, wo durch das Internet alle Informationen durch einen einzigen Mausklick verfügbar sind, sind wir alle ungeduldiger geworden. Die Kunden von heute hören nicht mehr zu wie vor 15 oder 20 Jahren. Für sie ist Bequemlichkeit alles und sie akzeptieren keinen geringeren Standard. Sie tolerieren weder Ineffizienz noch Langsamkeit.

Auch Sie sind mit einer Welt voller Hindernisse und Druck konfrontiert, in der der Wettbewerb komplizierter, globaler und intensiver ist als je zuvor. Was bedeutet das für Sie? Heute reicht es nicht mehr, nur redegewandt, freundlich und kompetent zu sein. Das ist längst überholt und Schnee von gestern. Individuelles Beziehungsmanagement ist und bleibt der wichtigste Erfolgsfaktor. Dazu brauchen wir Werkzeuge und Mittel. Um diese Werkzeuge und Mittel zu finden, müssen Sie eine größere Bereitschaft zum Experimentieren haben und ohne Angst vor einem Scheitern neue Dinge ausprobieren. Wie sagte Albert Einstein? Die Definition von Wahnsinn ist, immer wieder das Gleiche zu tun und andere Ergebnisse zu erwarten. Das bedeutet für den Verkauf auch, dass andere Werkzeuge Chancen sind. Derjenige, der versteht, damit richtig umzugehen und bereit ist, andere Maßnahmen zu wählen, wird sich durchsetzen. Die gute Nachricht ist: in vielen Branchen wird die Verkaufskunst nicht so einfach von Maschinen, kostengünstigen Systemen oder personalfreien Alternativen ersetzt. Ab einer bestimmten Summe brauchen wir Menschen, die wir ansprechen und denen wir vertrauen können. Trotzdem sind Sie konfrontiert mit dem Druck der gegenwärtigen Alternativlösungen. Aber das braucht Sie nicht zu beunruhigen, denn ob Sie genug verkaufen können, ist letztendlich ein reines Glaubwürdigkeitsproblem.

Dieses Buch hat Ihnen hoffentlich das Wissen und das Handwerkszeug vermitteln können, mit dem Sie Ihre Abschlüsse beim Verkaufen von Mensch zu Mensch verbessern können. Es hat Ihnen eines der erfolgreichsten Modelle des Verkaufens und der Kommunikation vorgestellt, das Sie sinnvoll nutzen sollten, um mit Ihren Mitmenschen besser kommunizieren können. Vielleicht hilft es Ihnen auch, generell bessere Beziehungen aufzubauen. Nun sind Sie am Zug. Entscheiden Sie, ob und wie Sie dieses Insiderwissen für Ihre berufliche wie private Zukunft nutzen wollen.

Ich wünsche Ihnen viel Erfolg!
In diesem Sinne

Moez Dridi

Literaturverzeichnis

Adler, Alfred. Menschenkenntnis. Köln: Anaconda, 2008.

Arglye, Michael. Körpersprache & Kommunikation: Nonverbaler Ausdruck und soziale Interaktion. Paderborn: Junfermann Verlag, 2013.

Bandler, Richard und Grinder, John. Patterns: Muster der hypnotischen Techniken Milton H. Ericksons. Paderborn: Junfermann Verlag, 2015.

Bauer, Joachim. Warum ich fühle, was du fühlst: Intuitive Kommunikation und das Geheimnis der Spiegelneurone Boston: Heyne Verlag, 2006.

Bargh, John. Before You Know It: The Unconscious Reasons We Do What We Do. William Heinemann. 2017.

Bazerman, Max H. Judgment in Managerial Decision Making. New York: Wiley, 2013.

Binswanger, Mathias. Wir müssen weiter wachsen, ob wir wollen oder nicht. Deutschlandfunk, 2020.

Bloom, Paul. How Pleasure Works: The New Science of Why We Like What We Like Gebundene Ausgabe. New York: W. W. Norton & Company. 2010.

Bude, Heinz. Die Angst macht uns zu wilden Egoisten. Süddeutsche Zeitung, 2020.

David Buss. Die Evolution des Begehrens. Geheimnisse der Partnerwahl Perfect Paperback. München: Goldman, 1998.

Cameron-Bandler, Leslie. The Emprint Method: A Guide to Reproducing Competence. Real People Press, 1985.

Cannon, Walter B. Wisdom Of The Body. New York: W.W. Norton, 1963.
Chomsky, Noam. Sprache und Geist. Frankfurt am Main: Suhrkamp, 1999.

Cozolino, Louis. Die Neurobiologie menschlicher Beziehung. Kirchzarten: VAK, 2007.

Crawshay-Williams, Rupert. The Comfortsnof Unreason: A Study of the Motives behind Irrational Thought. Westport, CT: Greenwood, 1970.

Cuddy, Amy. Presence: Bringing Your Boldest Self to Your Biggest Challenges. Little, Brown Spark, 2015.

Cudworth, Ralph. A Treatise Concerning Eternal and Immutable Morality With A Treatise of Freewill. Cambridge University Press, 1996.

Damasio, Antonio. Im Anfang war das Gefühl: Der biologische Ursprung menschlicher Kultur. München: Siedler, 2017.

Darwin, Charles. Der Ausdruck der Gemütsbewegungen bei dem Menschen und den Tieren. Norderstedt: Vero Verlag, 2019.

Deacon, Terrence W. The Symbolic Species: The Co-Evolution of Language and the Brain. New York: W.W. Norton. 1997.

Descartes, René. Die Passionen der Seele. Hamburg: Felix Meiner Verlag, 2014.

Döring, Sabine A. Philosophie der Gefühle. Frankfurt am Main: Suhrkamp, 2018.

Diamond, Jared. Der dritte Schimpanse: Evolution und Zukunft des Menschen. München: Fischer Taschenbuch, 2006.

Ekman, Paul. Gefühle lesen: Wie Sie Emotionen erkenne und richtig interpretieren. Berlin: Springer, 2016.

Ekman, Paul. Telling Lies: Clues to Deceit in the Market-place, Politics, and Marriage. W. W. Norton: New York, 2009.

Ekman, Paul und O´Sullivan, Maureen: Who can catch a liar? American Psychologist, 1991.

Freud, Sigmund. Das Ich und das Es: Metapsychologische Schriften. Frankfurt am Main: Fischer, 1992.

Freud, Sigmund. Zur Psychopathologie des Alltagslebens: Über Vergessen, Versprechen, Vergreifen, Aberglaube und Irrtum. Frankfurt am Main: Fischer, 2009.

Fromm, Erich. Anatomie der menschlichen Destruktivität. Hamburg: Rowohlt, 1977.

Galton, Francis . Genie Und Vererbung (Classic Reprint). London: FB&C LTD, 2018.

Gilbert, Ryle. Der Begriff des Geistes. Stuttgart: Reclam, Philipp, jun. GmbH Verlag, 2015.

Gladwell, Malcolm. The Tipping Point: How Little Things Can Make a Big Difference. Boston: Little Brown, 2001.

Goodwill, Jane. Wilde Schimpansen: Verhaltensforschung am Gombe-Strom. Hamburg: Rowohlt, 1994.

Grice, Paul. Studies in the Way of Words. Cambridge, MA: Harvard University Press, 1991.

Grice, Paul. Stanford Encyclopedia of Philosophy: https://plato.stanford.edu/entries/grice/#Over, 2017.

Habermas, Jürgen. Noch einmal: Zum Verhältnis von Moralität und Sittlichkeit - Vortrag von Jürgen Habermas. Vortrag. YouTube, 2019.

Hartmann, Martin. Die Praxis des Vertrauens. Frankfurt am Main: Suhrkamp, 2012.

Hubel, David H. und N. Wiesel, Torsten. Brain and Visual Perception: The Story of a 25-year Collaboration. Oxford University Press, 2004.

James, Williams. William James und der philosophische Pragmatismus. https://www.swr.de/swr2/wissen. 2016.

Jerison, harry J. Evolution of the Brain and Intelligence. New York Academic Press, 1973.

Jung, C.C. Psychologische Typen. Mannheim: Patmos, 2011.

Kahneman, Daniel und Krueger, Alan. A Survey Method for Characterizing Daily Life Experience: The Day Reconstruction Method, Journal of Economic Perspectives, 2006.

Kant, Immanuel. Kritik der reinen Vernunft, Hamburg: Meiner Verlag, 1998.

Kandel, Eric R. Principles of Neural Science. New York: McGraw-Hill Education, 2012.

Kohut, Heinz. Narzissmus: Eine Theorie der psychoanalytischen Behandlung narzisstischer Persönlichkeitsstörungen. Frankfurt: Suhrkamp, 1976.

Laing, R.D., H. Phillipson, und A.R. Lee. Interpersonelle Wahrnehmung. Frankfurt: Suhrkamp, 1978.

Lakoff, George. Linguistik und natürliche Logik, Frankfurt am Main: Athenäum Verlag, 1971.

LeDoux, Joseph. Anxious: Using the Brain to Understand and Treat Fear and Anxiety. London: Penguin Books, 2016.

Lewontin, Richard C. Biology as Ideology: The Doctrine of DNA. New York: Harper Perennial, 1991.

Lieberman, Philip. Lieberman, P: Unpredictable Species: What Makes Humans Unique. New Jersey: Princeton Univers. Press, 2013.

Liessmann, Paul. Auf ein Wort... Schönheit. YouTube, 2018.

Lotter, Maria-Sibylla. Scham, Schuld, Verantwortung. Frankfurt am Main: Suhrkamp, 2012.

Luhmann, Niklas. Soziale Systeme: Grundriss einer allgemeinen Theorie. Frankfurt am Main: Suhrkamp, 1987.

Maslow, Abraham H. Motivation und Persönlichkeit. Hamburg: Rowohlt, 1971.

Matsumoto, David. Culture and Psychology. Cengage Learning, 2016.

Metzinger, Thomas. Der Ego-Tunnel: eine neue Philosophie des Selbst: von der Hirnforschung zur Bewusstseinsethik.Berlin: Berlin Verlag, 2009.

Michalak, Johannes. Viele Menschen vernachlässigen im Homeoffice den Körper. Zeit. 2021.

Newman, David. Do It! Marketing: 77 Instant-Action Ideas to Boost Sales, Maximize Profits, and Crush Your Competition. New York: Amacom, 2013.

Peter, Burkhard. Hypnose in Psychotherapie, Psychosomatik und Medizin: Manual für die Praxis. Springer, 2015.

Rifkin, Jeremy. Die empathische Zivilisation: Wege zu einem globalen Bewusstsein. Frankfurt am Main: Campus Verlag, 2012.

Rizzolatti, Giacomo. Empathie und Spiegelneurone: Die biologische Basis des Mitgefühls. Frankfurt am Main: Suhrkamp, 2008.

Rosen, Sidney und Hoffman, Lynn . Die Lehrgeschichten von Milton H. Erickson. Salzhausen: Iskopress, 2009.

Roth, Gerhard, Aus Sicht des Gehirns. Frankfurt am Main: Suhrkamp Verlag, 2009.

Russell, Bertrand. Eroberung des Glücks: Neue Wege zu einer besseren Lebensgestaltung. Frankfurt am Main: Suhrkamp Verlag, 1977.

Schachter, Stanley. Zwei-Faktoren-Theorie der Emotion. Wikipedia.

Sibony, Daniel. L'amour inconscient: Au-delà du principe de séduction. Paris: B. Crasset, 1983.

Schopenhauer, Arthur. Die Welt als Wille und Vorstellung. Köln: Anaconda Verlag, 2009.

Schopenhauer, Arthur. Aphorismen zur Lebensweisheit. Stuttgart: Reclam, 1991.

Schulz von Thun, Friedemann, Ruppel, Johannes und Stratmann, Roswitha. Miteinander reden Praxis: Kommunikationspsychologie für Führungskräfte. Hamburg: Rowohlt, 2003.

Tomasello, Michael. Das einzigartige Tier. Süddeutsche Zeitung. 2020.

Thornhill, Randy. The Parasite-Stress Theory of Values and Sociality: Infectious Disease, History and Human Values Worldwide Switzerland: Springer International Publishing, 2014.

Treasure, Julian. How to be Heard: Secrets for Powerful Speaking and Listening. Bristol: Mango Media, 2017.

Walker, Wolfgang: Abenteuer Kommunikation – Bateson, Perls, Satir, Erickson und die Anfänge des Neurolinguistischen Programmierens (NLP). Stuttgart: Klett-Cotta. 1996.

Watzlawick, Paul, Bavelas, Janet Beaving und Jackson, Don D. Pragmatics of Human Communication: A Study of Interactional Patterns, Pathologies and Paradoxes. New York: W.W. Norton, 2011.

Wilson, Edward. On Human Nature. Cambridge, MA: Harvard University Press, 2004.
Wittgenstein, Ludwig, Philosophische Untersuchungen. Suhrkamp, 2003.

Zaki, Jamil. The War for Kindness: Building Empathy in a Fractured World. New York: Crown, 2019.

www.ingramcontent.com/pod-product-compliance
Lightning Source LLC
Chambersburg PA
CBHW051902170526
45168CB00001B/209